方东美机体主义思想研究

A Study of Organicist Thought in Fang Dongmei

杨晓薇 著

导师 李承贵

中国社会科学出版社

图书在版编目(CIP)数据

方东美机体主义思想研究 / 杨晓薇著. — 北京：中国社会科学出版社，2022.3
（中国社会科学博士论文文库）
ISBN 978-7-5203-9563-2

Ⅰ.①方…　Ⅱ.①杨…　Ⅲ.①方东美(1899—1977)—哲学思想—研究　Ⅳ.①B261.5-53

中国版本图书馆 CIP 数据核字(2022)第 007193 号

出 版 人	赵剑英
责任编辑	刘亚楠
责任校对	张爱华
责任印制	李寡寡

出　　版	中国社会科学出版社
社　　址	北京鼓楼西大街甲 158 号
邮　　编	100720
网　　址	http://www.csspw.cn
发 行 部	010-84083685
门 市 部	010-84029450
经　　销	新华书店及其他书店
印　　刷	北京明恒达印务有限公司
装　　订	廊坊市广阳区广增装订厂
版　　次	2022 年 3 月第 1 版
印　　次	2022 年 3 月第 1 次印刷
开　　本	710×1000　1/16
印　　张	16.25
字　　数	275 千字
定　　价	89.00 元

凡购买中国社会科学出版社图书，如有质量问题请与本社营销中心联系调换
电话：010-84083683
版权所有　侵权必究

《中国社会科学博士论文文库》
编辑委员会

主　　任：李铁映
副主任：汝　信　江蓝生　陈佳贵
委　　员：(按姓氏笔画为序)
　　　　　王洛林　王家福　王缉思
　　　　　冯广裕　任继愈　江蓝生
　　　　　汝　信　刘庆柱　刘树成
　　　　　李茂生　李铁映　杨　义
　　　　　何秉孟　邹东涛　余永定
　　　　　沈家煊　张树相　陈佳贵
　　　　　陈祖武　武　寅　郝时远
　　　　　信春鹰　黄宝生　黄浩涛
总编辑：赵剑英
学术秘书：冯广裕

总　序

在胡绳同志倡导和主持下，中国社会科学院组成编委会，从全国每年毕业并通过答辩的社会科学博士论文中遴选优秀者纳入《中国社会科学博士论文文库》，由中国社会科学出版社正式出版，这项工作已持续了12年。这12年所出版的论文，代表了这一时期中国社会科学各学科博士学位论文水平，较好地实现了本文库编辑出版的初衷。

编辑出版博士文库，既是培养社会科学各学科学术带头人的有效举措，又是一种重要的文化积累，很有意义。在到中国社会科学院之前，我就曾饶有兴趣地看过文库中的部分论文，到社科院以后，也一直关注和支持文库的出版。新旧世纪之交，原编委会主任胡绳同志仙逝，社科院希望我主持文库编委会的工作，我同意了。社会科学博士都是青年社会科学研究人员，青年是国家的未来，青年社科学者是我们社会科学的未来，我们有责任支持他们更快地成长。

每一个时代总有属于它们自己的问题，"问题就是时代的声音"（马克思语）。坚持理论联系实际，注意研究带全局性的战略问题，是我们党的优良传统。我希望包括博士在内的青年社会科学工作者继承和发扬这一优良传统，密切关注、深入研究21世纪初中国面临的重大时代问题。离开了时代性，脱离了社会潮流，社会科学研究的价值就要受到影响。我是鼓励青年人成名成家的，这是党的需要，国家的需要，人民的需要。但问题在于，什么是名呢？名，就是他的价值得到了社会的承认。如果没有得到社会、人民的承认，他的价值又表现在哪里呢？所以说，价值就在于对社会重大问题的回答和解决。一旦回答了时代性的重大问题，就必然会对社会产生巨大而深刻的影响，你也因此而实现了你的价值。在这方面年轻的博士有很大的优势：精力旺盛，思想敏捷，勤于学习，勇于创新。但青年学者要多向老一辈学者学习，博士尤其要很好地向导师学习，在导师的指导下，发挥自己的优势，研究重大问题，就有可能出好的成果，实现自己的价值。过去12年入选文库的论文，也说明了这一点。

什么是当前时代的重大问题呢？纵观当今世界，无外乎两种社会制度，一种是资本主义制度，一种是社会主义制度。所有的世界观问题、政治问题、理论问题都离不开对这两大制度的基本看法。对于社会主义，马克思主义者和资本主义世界的学者都有很多的研究和论述；对于资本主义，马克思主义者和资本主义世界的学者也有过很多研究和论述。面对这些众说纷纭的思潮和学说，我们应该如何认识？从基本倾向看，资本主义国家的学者、政治家论证的是资本主义的合理性和长期存在的"必然性"；中国的马克思主义者，中国的社会科学工作者，当然要向世界、向社会讲清楚，中国坚持走自己的路一定能实现现代化，中华民族一定能通过社会主义来实现全面的振兴。中国的问题只能由中国人用自己的理论来解决，让外国人来解决中国的问题，是行不通的。也许有的同志会说，马克思主义也是外来的。但是，要知道，马克思主义只是在中国化了以后才解决中国的问题的。如果没有马克思主义的普遍原理与中国革命和建设的实际相结合而形成的毛泽东思想、邓小平理论，马克思主义同样不能解决中国的问题。教条主义是不行的，东教条不行，西教条也不行，什么教条都不行。把学问、理论当教条，本身就是反科学的。

在21世纪，人类所面对的最重大的问题仍然是两大制度问题：这两大制度的前途、命运如何？资本主义会如何变化？社会主义怎么发展？中国特色的社会主义怎么发展？中国学者无论是研究资本主义，还是研究社会主义，最终总是要落脚到解决中国的现实与未来问题。我看中国的未来就是如何保持长期的稳定和发展。只要能长期稳定，就能长期发展；只要能长期发展，中国的社会主义现代化就能实现。

什么是21世纪的重大理论问题？我看还是马克思主义的发展问

题。我们的理论是为中国的发展服务的,绝不是相反。解决中国问题的关键,取决于我们能否更好地坚持和发展马克思主义,特别是发展马克思主义。不能发展马克思主义也就不能坚持马克思主义。一切不发展的、僵化的东西都是坚持不住的,也不可能坚持住。坚持马克思主义,就是要随着实践,随着社会、经济各方面的发展,不断地发展马克思主义。马克思主义没有穷尽真理,也没有包揽一切答案。它所提供给我们的,更多的是认识世界、改造世界的世界观、方法论、价值观,是立场,是方法。我们必须学会运用科学的世界观来认识社会的发展,在实践中不断地丰富和发展马克思主义,只有发展马克思主义才能真正坚持马克思主义。我们年轻的社会科学博士们要以坚持和发展马克思主义为己任,在这方面多出精品力作。我们将优先出版这种成果。

2001 年 8 月 8 日于北戴河

机体主义哲学的优雅呈现

李承贵

自 19 世纪末始,西学输入中土的速度突然加快、规模迅速扩大,叔本华、尼采、黑格尔、康德、怀特海、柏格森、罗素等的哲学接踵而至,五光十色的西方哲学学说纷纷登场,抢占了中国哲学的思想舞台,形成了前所未有的影响,中国哲学的新局面由此开启。面对神奇多彩而又咄咄逼人的西方哲学,中国哲学学者们纷纷加入学习的行列,在结识西方哲学这位新朋友的同时,也认识自己的哲学,当然更希望从自己哲学传统中发掘足以与西方哲学媲美的内容,以抗衡西方哲学,以消化西方哲学。熊十力、冯友兰、贺麟、张岱年、方东美、唐君毅、牟宗三等,都是当时的杰出代表。而与熊十力的"新唯识论"、冯友兰的"新理学"、贺麟的"新心学"、张岱年的"新唯物论"、牟宗三的"道德哲学"、唐君毅的"人文哲学"等不同的是,方东美别具一格,其提出的"机体主义"哲学,引人瞩目。

中国哲学讲究"天人和一"、"万物一体"、"和合"等理念,方东美的"机体主义"不仅与众不同,而且更切近中国哲学特质。方东美以"机体主义"为方法,对中国古代哲学进行了热情洋溢而又理性冷静的发掘、梳理,在欣赏着中国古代哲学的万种风情时,亦沉思于中国古代哲学的博大精深,"机体主义"自然地从其头脑中流出。方东美认为儒家哲学是机体主义的,他说:"天大其生,万物资始,地广其生,万物咸亨,合天地生生之大德,遂成宇宙,其中生气盎然充满,旁通统贯,毫无窒碍。"(《中国人生哲学》,中华书局 2012 年版,第 39 页)道家哲学也是机体主义,他说:"统摄万有,包举万类,处处皆有机体统一之迹可循,诸如本体之统一，存在之统一，生命及价值之统一。"（《生生之德》中华书局2013年版，第236页）佛教哲学也是机体主义的，他说："华严哲学，乃是一套机体主义之哲学体系，预涵透澈分析，然却尽能超越其一切限制与虚妄，旨在得证一切无上智慧，彰显一切差别境界，统摄一切完全整体，融合一切真际层面，悉化入无差别之法界总体，宛如天上奇观，回清倒影，反映于娑婆若全知慧海——而海印三昧，一时炳现。"（《中国哲学精神及其发展》上册，中华书局2012年版，第303页）并将"机体主义"定义为中国古代哲学的基本特征，他说："中国先哲所观照的宇宙不是物质的机械系统，而是一个大生机。在这种宇宙里面，我们可以发现旁通统贯的生命，它的意义是精神的，它的价值是向善的，惟其是精神的，所以生命本身自有创造才能，不致为他力所迫胁而沉沦，惟其是向善的，所以生命前途自有远大希望，不致为魔障所锢蔽而陷溺。我们的宇宙是广大悉备的生命领域，我们的环境是浑浩周遍的价值园地。中国先哲所体验的人生不是沉晦的罪恶渊薮，而是一种积健为雄的德业。在这里面，我们也可以察觉中和昭明的善性。它的本原是天赋的，它的积累是人为的，因为是天赋的，所以一切善性在宇宙间都有客观的根据，不随人人之私心而汨没；因为又是人为的，所以一切善行，均待人人之举凡自为，不任天之好恶而转移。我们先天的禀赋兀自与善性混然同体，我们后天的德业兀自与善性浩然同流。宇宙的普遍生命迁化不已，流行无穷，挟其善性以贯注于人类，使之渐渍感应，继承不隔。人类的灵明心性虚受不满，存养无害，修其德业以辅相天与之善，使之恢宏扩大，生化成纯。天与人和谐，人与人感应，人与物均调，处处都是以体仁继善，集义生善为枢纽，所以我在前面屡次提醒过，我们的宇宙是价值的增进，我们的生活是价值的提高，宇宙与人生同是价值的历程。"（《中国人生哲学》，第86页）更为重要的是，方东美将"机体主义"作为理解、解释中国传统哲学的钥匙。他说："余尝以机体主义一辞，解说中国哲学之主流及其精神特色，视为一切思想形态之核心。此思想形态，就其发挥为种种旁通统贯之整体、或表现为种种完整立体式之结构统一而言，恒深蕴乎中国各派第一流哲人之胸中，可谓千圣一脉，久远传承。其说摒弃截然二分法为方法，更否认硬性二元论为真理，同时，更进而否认：一、可将人物相互对峙，视为绝对孤立之系统；二、可将刚健活跃之人性与宇宙全体化作停滞不前而又意蕴贫乏之封闭系统。机体主义，积极言之，旨在融贯万有，囊括一切，使举凡有关实有、存在、生命、与价值等之丰富性与充实性皆相与浃而俱化，悉统摄于一在本质上彼是相因、交融互摄，价值交流之广大和谐系统，而一以贯之。"（《中国哲学精神及其发展》下册，第135页）可以说，"机体主义"是方东美哲学思想的主体内容和基本特征，从而表现出与其他哲学家迥异的风格。作为中国现代哲学代表人物之一，方东美哲学表现出如此鲜明的特色，并与中国古代哲学遥相呼应，因而关注和研究方东美"机体主义"哲学，理所当然地成为中国现代哲学研究者的使命。

杨晓薇的博士论文正是对方东美"机体主义"思想展开专门研究的重要成果。论文分六大部分，第一部分是机体哲学与方东美的"机体主义"思想，详细地介绍了方东美"机体主义"思想的来源、内容与特点；第二部分是传统天人观研究中的方东美"机体主义"思想，探讨了方东美如何以"机体主义"对传统天人观进行解释和呈现；第三部分是传统人性论研究中的方东美"机体主义"思想，探讨了方东美如何以"机体主义"对传统人性论进行解释和呈现；第四部分是传统生死观研究中的方东美"机体主义"思想，探讨了方东美如何以"机体主义"对传统生死观进行解释和呈现；第五部分是传统知行观研究中的方东美的"机体主义"思想，探讨了方东美如何以"机体主义"对传统知行观进行解释和呈现；第六部分是方东美"机体主义"与诠释理论，深入考察、研究了方东美如何将"机体主义"作为一种诠释方法解释中国传统哲学，从而将方东美"机体主义"的方法论特质深刻地表现了出来。由于方东美所倡导的"机体主义"，既是方东美自己学术生命的体验，又与中国传统哲学机体性特点完全重合，因而此篇博士论文因"机体"而完整、因"机体"而细腻、因"机体"而优雅、因"机体"而洋溢着蓬勃的生命气息！从而使方东美"机体主义"理论与中国传统哲学中的"机体主义"思想交相辉映，演示着一幅美轮美奂的思想画卷。

杨晓薇博士勤奋好学、勇于挑战。博士毕业后应聘了云南大学师资博士后，据说出站条件极为苛刻，她的同门知悉后，纷纷劝说其慎重考虑，完全可以找一所普通院校安逸度日。然而，杨晓薇博士不为所动，毅然接受挑战。我想，除了其对中国古代哲学怀有真挚情感和浓厚兴趣之外，或许也受到其研究有年的方东美"机体主义"哲学的影响。方东美认为，中国"机体主义"哲学视宇宙为一包罗万象的广大生机，普遍弥漫着生命活力，无时不发育创造，积健为雄，生意盎然。杨晓薇博士的这种品质和精神莫非深受其研究的方东美"机体主义"哲学熏陶而内化？所谓"道成肉身"。我衷心希望杨晓薇博士的生命像"机体主义"哲学那样生生不息、朝气蓬勃、多姿多彩！

2021 年 10 月 7 日
于南京

自　序

　　方东美先生的思想体系可谓广博幽深，他早年深入西方哲学之堂奥，又深受中国传统文化之熏陶，治学以中西印贯通、儒佛道融合为旨趣。方先生深受怀特海"机体哲学"、伯格森"生命哲学"等思想的影响，结合《周易》"生生"变易哲学深入挖掘中国传统文化，独创机体主义哲学。在东西方哲学的对照下，他论述中国文化时通常三家并提，把宗派思想的原创性及其对人生智慧的探究奉为圭臬，始终注重"究天人之际，通古今之变"的中国哲学精神。方东美致力于儒释道的会通，通过考镜源流、辨明晰理，他主张，儒家以子解经与道家相融贯，佛教又依仗道家典籍与精神的接引、儒家心性论的激发，在中土渐次传播最终扎根。儒释道三家的相融相荡、三足鼎立促成了中国传统文化的基本形态，规定了中国哲学精神的特质。纵然三家系统存有分疏，但有共通之处，因此，在儒道佛的诠释中，方先生"反其道而行之"，极力寻求三者之共性，主要从三家同俱旁通统贯论、道论、人格崇高论出发，论证中国哲学之特质与通性——机体主义。

　　机体主义作为脉络贯穿方东美思想体系的始终，从宏观上看，中国传统文化观不离"机体"思想的阐释；从微观上看，在分析某一位思想家及其理论内部的逻辑时，皆不外如此。当然，机体主义并非"一条鞭"地铺散开来，任意囊括所有理论般空泛而谈，而是从最高境界观照宇宙世界，认其为"一体"，形成"以生命为中心"的本体观。为了呈献方东美"机体"思想的整体，本书分六章论证其要旨，各章节敷陈一义而又彼此联系。其中，第一章追索方东美机体主义之缘起，与怀特海过程哲学的契合点何在，机体主义如何体现中国哲学之通性；第二章至第五章分别从传统天人观、人性论、生死观、知行论的研究出发来考查方东美的机体主义思想。通过上述全面而深入的考察与研究，将方东美机体主义思想予以完整、准确地呈现。第六章从诠释理论的维度对机体主义进行反思，从而研判方东美机体主义思想的价值意义、理论利弊。

在某种意义上，"机体形上学"是为精深的中国伦理道德文化寻找本体论的根据，因此，我们有理由认为，"机体形上学"涵盖了儒佛道一体化、三教合一的本体论特性。机体主义具备了三重维度的内涵：第一，作为诠释方法的机体主义，以中国传统文化为背景，对怀特海机体哲学做出方法学上的提炼和转化，由此逆向于中国哲学的挖掘与阐释；第二，作为本体论的机体主义，超越而内在的"普遍生命"通过"双回向"的上下贯通使得人与宇宙世界的无碍圆融找到形上的依据，在儒道佛中分别体现为"生生""大道""真如"；第三，作为中国哲学通性的机体主义，表现在儒道佛同俱"旁通统贯论""道论""人格超升论"一以贯之的中国哲学精神。此三种意涵构成方东美独到的认知范式，他以"道通为一"的整体思维方法以及体察万物的中庸之道对中国哲学做出全面的梳理与评骘。

机体主义融贯万有，终究还是寻求天人合一，从而融贯一切的最高本体，通天人、了生死、知善恶、合知行，继而合内外、统本末、摄体用。只有在这样的认知背景下，才能理解方东美所揭示的"天人合一""一真法界""道通为一"等命题所蕴含的意义，也才能真正理解方先生何以用"机体主义"对峙于西方"二元对立"带来的分野与歧义。现当代，中国哲学的研究需要儒道佛之间的相互交流，以完成内部的自省与重构。方东美的机体主义思想不但在中国哲学内部提供了极好的诠释理论与方法，他对儒佛道三家别具一格的阐释也可谓"三教关系"研究之典范。在中国哲学与西方哲学进行对话中，他同样提供了有效的参照坐标，开拓了新路径。

2021 年 10 月 10 日

摘 要

　　方东美先生的思想体系可谓广博幽深,他早年深入西方哲学之堂奥,又深受中国传统文化之熏陶,治学以中西印贯通、儒佛道融合为旨趣。方先生深受怀特海"机体哲学"、伯格森"生命哲学"等思想的影响,结合《周易》"生生"变易哲学深入挖掘中国传统文化,独创"机体主义"哲学。在东西方哲学的对照下,他论述中国文化时通常三家并提,把宗派思想的原创性及其对人生智慧的探究奉为圭臬,始终注重"究天人之际,通古今之变"的中国哲学精神。方东美致力于儒释道的会通,通过考镜源流、辨明晰理,他主张,儒家以子解经与道家相融贯,佛教又依仗道家典籍与精神的接引、儒家心性论的激发,在中土渐次传播最终扎根。儒释道三家的相融相荡、三足鼎立促成了中国传统文化的基本形态,规定了中国哲学精神的特质。纵然三家系统存有分疏,但有共通之处,因此,在儒道佛的诠释中,方先生"反其道而行之",极力寻求三者之共性,主要从三家同俱旁通统贯论、道论、人格崇高论出发,论证中国哲学之特质与通性—"机体主义"。

　　"机体主义"作为脉络贯穿方东美思想体系的始终,从宏观上看,整体中国传统文化观不离"机体"思想的阐释;从微观上看,在分析某一位思想家及其理论内部的逻辑时,皆不外如此。当然,机体主义并非"一条鞭"的铺散开来,任意囊括所有理论般空泛而谈,而是从最高境界观照宇宙世界,认其为"一体",形成"以生命为中心"的本体观。为了呈献方东美"机体"思想的整体,本文分六章论证其要旨,各章节敷陈一义而又彼此联系。其中,第一章追索方东美"机体主义"之缘起,与怀特海过程哲学的契合点何在,机体主义如何体现中国哲学之通性;第二至第五章分别从传统天人观、人性论、生死观、知行论的研究出发来考查方东美的"机体主义"思想。通过上述全面而深入的考察与研究，将方东美"机体主义"思想予以完整、准确地呈现。第六章从诠释理论的维度对"机体主义"进行反思，从而研判方东美"机体主义"思想的价值意义、理论利弊。

在某种意义上，"机体形上学"是在为精深的中国伦理道德文化寻找本体论的根据，因此，我们有理由认为，"机体形上学"涵盖了儒佛道一体化、三教合一的本体论特性。"机体主义"具备了三重维度的内涵：第一，作为诠释方法的机体主义，以中国传统文化为背景，对怀特海机体哲学作出方法学上的提炼和转化，由此逆向于中国哲学的挖掘与阐释；第二，作为本体论的机体主义，超越而内在的"普遍生命"通过"双回向"的上下贯通使得人与宇宙世界的无碍圆融找到形上的依据，在儒道佛中分别体现为"生生"、"大道"、"真如"；第三，作为中国哲学通性的"机体主义"，表现在儒道佛同俱"旁通统贯论"、"道论"、"人格超升论"一以贯之中国哲学精神。此三种意涵构成方东美独到的认知范式，他以"道通为一"的整体思维方法以及体察万物的中庸之道对中国哲学作出全面的梳理与评骘。

机体主义融贯万有，终究还是寻求天人合一，从而融贯一切的最高本体，通天人、了生死、知善恶、合知行，继而合内外、统本末、摄体用。只有在这样的认知背景下，才能理解方东美所揭示的"天人合一"、"一真法界"、"道通为一"等命题所蕴含的意义，也才能真正理解方先生何以用"机体主义"对峙于西方"二元对立"带来的分野与歧义。现当代，中国哲学的研究需要儒道佛之间的相互交流，以完成内部的自省与重构。方东美的"机体主义"思想不但在中国哲学内部提供了极好的诠释理论与方法，他对儒佛道三家别具一格的阐释可谓"三教关系"研究之典范。在中国哲学与西方哲学进行对话中，他同样提供了有效的参照坐标，开拓了新径。

机体主义融贯万有，终究还是寻求天人合一，从而融贯一切的最高本体，通天人、了生死、知善恶、合知行，继而合内外、统本末、摄体用。只有在这样的认知背景下，才能理解方东美所揭示的"天人合一"、"一真法界"、"道通为一"等命题所蕴含的意义，也才能真正理解方先生何以用"机体主义"对峙于西方"二元对立"带来的分野与歧义。现当代，中国哲学的研究需要儒道佛之间的相互交流，以完成内部的自省与重构。方东美的"机体主义"思想不但在中国哲学内部提供了极好的诠释理论与方法，他对儒佛道三家别具一格的阐释可谓"三教关系"研究之典范。在中国哲学与西方哲学进行对话中，他同样提供了有效的参照坐标，开拓了新径。

关键词：方东美；中国哲学；机体主义

Abstract

The philosophy of Fang Dongmei, a poetical philosopher in modern china, is extensive and profound. In his early years, he went deep into the western philosophy and was deeply influenced by traditional Chinese culture. His philosophizing aimed at running throughout China, India and the West and fusing Confucianism, Taoism and Buddhism. Fang was greatly impressed by Whitehead's Organicist philosophy and Bergson's Philosophy of life, and created his own Organicism philosophy by means of combination of them with limitless ［生生］ change philosophy of Book of Change. Based on the comparison between China and the west, Fang Dongmei dealed with Confucianism, Taoism and Buddhism equally when he discussed Chinese culture, and give more stress on the their creativity and their investigation of life wisdom. All through his life, he was committed to understand thoroughly these three philosophical systems and held that Confucianism is essentially identical to Taoism by interpretation of Five Classics through numerous academic genre ［诸子］, and that Buddhism has a great consensus with Taoism and Confucianism just because the former entrenched itself in China depending on the latter's inspiration and meet and guide. The fusion and tripartite confrontation of these three systems contribute to the formation of fundamental forms of traditinal Chinese culture and determined the essential characteristics of Chinese philosophy. Although there are some differences among them, they share more common points. So, interpreting these three systems, contrary to popular practices, Fang Dongmei tried his best to find out the similarity among them. Mainly starting from the theory of Tao and theory of lofty personality all of them have, he argued that Organicism is both unique to and common in all Chinese philosophies.

Organicism as a core runs through Fang Dongmei's thought system. Macroscopically, the whole traditional Chinese culture cannot be interpreted without Organicism, and microscopically, certain a philosophy and its immanent logic cannot be analyzed without Organicism either. Certainly, Organicism is not a kind of theory including all theories, but a kind of theory observing the whole universe from the highest realm and looking on it as "an organic whole". In order to present Fang Dongmei's thought of Organicism as a whole, this dissertation is divided into six chapters to discuss its coral problems, each of which deals with a particular question separately and is relative each other. Chapter I examines the inspiration of Fang Dongmei's Organicism, and how Organicism embodies universality of all Chinese philosophies. Chapters II to V explore Fang Dongmei's Organicism from the viewpoint of the relation of man with heaven, the theory of human nature, the meaning of life and death and the relation of knowing with doing. Chapter VI will reflect the thought of Organicism from the dimension of hermeneutic theory and therefore evaluate its meaning and pros and cons.

In a sense, Organicism metaphysics seeks to lay the ontological ground for wonderful Chinese culture of ethics and morals. So, we have enough reasons to draw a conclusion that Organicism metaphysics crowns all essential features of Confucianism Taoism and Buddhism, and represents the ontological possibility of "combination of three religions" ［三教合一］。Organicism has threefold implications. Firstly, as a hermeneutic method, it extracted and transformed Whitehead's organicism philosophy in the context of Chinese traditional culture methodologically and in turn dig and interpreted Chinese philosophies with it. Secondly, as a kind of ontology, it find out the metaphysical ground for the transcendent and immanent life to run through man and universe, which is reflected in Shengsheng ［生生］, the great Tao and Thusness ［真如］ in those three systems. At last, as a universality of all Chinese philosophies, it comes into existence in the theories common in the three systems. These three implications constitute Fang Dongmei's original epistemological paradigm.

Organicism fuses everything into itself in order to seek oneness of man and nature [天人合一], and therefore find out the highest noumenon which can arrive at the nature of heaven and men, know the good and evil and unit the knowing and doing, and consequently unit the inner and outer, gather into one the starting and end and assimilate Ti and its use. Only in this background, the meaning of such phrases as oneness of man and nature, a true dharmadhatu and everything are the same in the eyes of Tao etc. shown by Fang Dongmei can be understood. Fang used this word to be in opposition to the dualism in western philosophy. Fang's thought of, Organicism suggested not only a very excellent theory and method of interpretation, but also is typical for the study of the relation of three religions.

Key words: Fang Dongmei; Chinese Philosophy; Organicism

目 录

绪 论 …………………………………………………………… (1)

第一章 机体哲学与方东美的机体主义思想 ……………… (20)
  第一节 机体主义探源 …………………………………… (20)
  第二节 方东美机体主义与中国哲学之通性 …………… (37)

第二章 传统天人观研究中的方东美机体主义思想 ……… (50)
  第一节 儒家天人观中的机体主义思想 ………………… (50)
  第二节 道家天人观中的机体主义思想 ………………… (66)
  第三节 佛教天人观中的机体主义思想 ………………… (77)

第三章 传统人性论研究中的方东美机体主义思想 ……… (87)
  第一节 儒家人性论中的机体主义思想 ………………… (87)
  第二节 道家人性论中的机体主义思想 ………………… (97)
  第三节 大乘佛教人性论中的机体主义思想…………… (107)

第四章 传统生死观研究中的方东美机体主义思想……… (119)
  第一节 儒家生死观中的机体主义思想………………… (119)
  第二节 道家生死观中的机体主义思想………………… (129)
  第三节 佛教生死观中的机体主义思想………………… (135)

第五章 传统知行观研究中的方东美机体主义思想……… (143)
  第一节 儒家知行观中的机体主义思想………………… (143)

第二节　原始道家知行观中的机体主义思想……………………（154）
　　第三节　大乘佛教知行观中的机体主义思想……………………（165）

第六章　方东美机体主义思想与诠释理论……………………………（178）
　　第一节　机体主义诠释之维…………………………………………（178）
　　第二节　机体主义的人文精神向度…………………………………（193）
　　第三节　机体主义与现代诠释学思潮………………………………（202）

结　　语………………………………………………………………………（219）

参考文献………………………………………………………………………（221）

索　　引………………………………………………………………………（226）

后　　记………………………………………………………………………（230）

Contents

Introduction ·· (1)

Chapter One
Organicist Philosophy and Fang Dongmei's Organicist Thought ······ (20)
    1 Probe into the Origin of Organicism ································ (20)
    2 The Commonality of Fang Dongmei's Organicism and
       Chinese Philosophy ·· (37)

Chapter Two
Fang Dongmei's Organicism Thought in the Study of Traditional
    Views of Heaven and Man ·· (50)
    1 Organicism in the Study of Confucian View of
       Heaven and Man ··· (50)
    2 Organicism in the Study of Taoist View of
       Heaven and Man ··· (66)
    3 Organicism in the Study of Buddhist Conception of
       Heaven and Man ··· (77)

Chapter Three
Fang Dongmei's Organicism Thought in the Study of Traditional
    Views of Human Nature Research ································· (87)
    1 Organicism in the Study of Confucian Theory of
       Human Nature ·· (87)

  2 Organicism in the Study of Taoist Theory of
   Human Nature ……………………………………………（97）
  3 Organicism in the Study of Mahayana Buddhism's
   Theory of Human Nature ………………………………（107）

Chapter Four
Fang Dongmei's Organicism Thought in the Study of Traditional Views of Life and Death ……………………………………（119）

  1 Organicism in the Study of Confucian View of
   Life and Death ……………………………………………（119）
  2 Organicism in the Study of Taoist View of
   Life and Death ……………………………………………（129）
  3 Organicism in the Study of the Buddhist
   Concept of Life and Death ………………………………（135）

Chapter Five
Fang Dongmei's Organicism Thought in the Study of Traditional Views of Knowledge and Action ………………………………（143）

  1 Organicism in the Study of Confucian View of
   Knowledge and Action ……………………………………（143）
  2 Organicism in the Study of the Original Taoist View of
   Knowledge and Action ……………………………………（154）
  3 Organicism in the Study of Mahayana Buddhism's View of
   Knowledge and Action ……………………………………（165）

Chapter Six
Fang Dongmei's Organicism and Hermeneutic Theory …………（178）

  1 Hermeneutic Dimensions of Organicism ………………（178）
  2 The Humanistic Spiritual Dimension of Organicism ……（193）
  3 Organicism and Modern Hermeneutics …………………（202）

Epilogue ··· (219)

References ··· (221)

Indexes ··· (226)

Afterword ··· (230)

绪　　论

一　选题的背景和意义

（一）选题背景

现代"诗哲"方东美（1899—1977年），原名珣，字东美。他出生于安徽桐城（今安徽枞阳）①，自幼深受传统家学的熏习，在儒学的氛围中纵论古今，又酷爱庄子书，汪洋玄思，塑造了儒者的品质、道家的气魄。方东美曾自我评价说："我的哲学品格，是从儒家传统中陶冶；我的哲学气魄，是从道家精神中酝酿；我的哲学智慧，是从大乘佛学中领悟；我的哲学方法，是从西方哲学中提炼。"② 他一生以教师为职业，执教五十余载，育人无数，梅贻宝曾称赞他道："数十年之哲学师资多出于方东美门下。"方先生毕生在学术领域耕耘，但自从1956年发表《黑格尔哲学的当前难题与历史背景》一文招来祸端之后，立下训诫：不作公开演讲，不接受刊物邀请。自此以后他潜心学术，倾注于传统中国文化及其中西文化比较研究，悟其源流正变，把对生命的体悟凝练于千首精美豪迈的诗词——《坚白精舍诗集》，汪洋玄思与诗情流露着方先生毕生的情操与追求。三言

---

① 很多学者在为方东美写传记时一再宣称"方苞系方东美第十六世嫡祖"，蒋国保在《方东美思想研究》一书中做出了详细的厘定，认为将方东美断为"桂林方"中房之第六房的嫡孙，是不准确的。结合史料辨析和方东美本人对学生的介绍，方东美实出自中一房，是方以智的嫡孙。也有学者不赞同此说，而认为方东美既不是方以智的后代也不是方苞的后代，而是桂林方氏三房方佑的直系后代，驳之有据、持之以理。本书姑且不考订方东美先生具体出自哪一房之后，但方先生师出名门，具有显赫家学背景的事实不容置疑，桐城方氏被著名学者梁实秋和钱理群先生称为"仅次于曲阜孔氏"的中国第二文化名门。

② 杨士毅编：《方东美先生纪念集》，（台北）正中书局1982年版，第196页。

两语难以描述其跌宕起伏的一生，但他对中西历史文化的洞见，对现代中国时代脉搏的把握，无不显露着哲学家的本怀。他广阔又细密的家国情怀，一面饱含着思想者对中国文化深沉的厚爱，一面又透露着诗人哲学家的忧思，从中我们可以粗略地勾勒出一副博大通人的风貌剪影。其思想的光芒，聚焦于庞大的哲学理论体系，时至今日，仍熠熠发光。

方东美亦是一位以成圣、成贤、成佛为人格理想的中国哲学家，他认为中国哲学虽分为各家宗派，但思想却有共通之处，有着相似的基本性质和理想目标，这就是中国哲学的"通性"。不管往哪一方面发展，中国文化都有共同的精神，它表现在："向人性深处去了解，然后体会人性本身与一切努力成就，处处可以看出人性的伟大。"① 方东美视中国文化为"早熟文化"，在春秋战国时期已基本成型：理性的道德规范支配人心，直到东汉佛教的传入才稍有改变。方东美认为，从中国哲学的发展来看，中国哲学的研究采取形而上学的途径最适合历史的真实情况，并称之为"超越形上学"②。同时，又要避免西方"二分"的困境，避免将内在的心灵世界与外在的客观世界对立起来。当然，这是从方法论上来设想。中国哲学不但使用超越形上学把理想落在现实，还要将宇宙全体与人类生命形成价值之间的互联，故可谓之为"机体形上学"③，它注重机体的统一，在各博大的思想系统之间求其会通、求其综合。儒家认为天道、地道、人道一以贯之，道家强调"天地与我并生，万物与我为一"，大乘佛教论证"六相圆融"，正体现了中国哲学之通性。以比较的视域来审视文化，是方东美哲学的重要特征，中国传统哲学强调"广大和谐"之道，追求圆融的精神境界。"天人合一"可以说是方东美"泛神论"的思想基础，他的"泛神论"蕴含着人本主义的色彩，同时，他盛赞中国大乘天台宗的"中道平等观"将神明之道、自然之道和人道联系在一起。他对于西方"分"的价值观予以强烈的反击，认为这是人性堕落的根源。方东美在晚年写的《从宗教、哲学与哲学人性论看"人的疏离"》一文，试图以东方具有动

---

① 方东美：《中国人生哲学》，中华书局2012年版，第31页。
② 方东美不同意康德有时将"超越的"和"超绝的"混为一谈，方先生严格区分了"超越形上学"和"超绝形上学"（也称超自然形上学），认为"超越的"是指它的哲学境界由现实和事实出发，不为之所限制，并超脱到理想的境界。从儒家、道家看来，一切理想境界乃高度真相含藏着高度价值，又复归到现实社会。
③ 方东美：《原始儒家道家哲学》，中华书局2012年版，第15—21页。

态特性的"存有"观来反对西方自古希腊以后延续的静态孤立的"存有"观，他认为西方哲学家之中，只有柏拉图《诡辩家》、伯格森《创化论》、怀特海《历程与实在》、海德格尔的《存在与时间》等寥寥几本论著属于例外。其中，怀特海①过程哲学与中国传统哲学某些内在精神的相通与相似性，为中西哲学的沟通提供了可能，在此基础之上，他结合中国传统哲学特性，独创了形上"机体主义"哲学。

方东美对机体主义先后作过三次解说，表述稍有差异，但意思基本一致。在《中国形上学中之宇宙与个人》中，他从积极与消极两个层面定义机体主义：从消极而言之，第一，否认将人与物对峙的孤立系统；第二，否认将大千世界化为意蕴贫乏之机械秩序，视为孤立秩序，视为由诸种基本元素所辐射拼列而成者；第三，否认可将变动不居之宇宙压缩成一个绝对孤立的系统，视为毫无生机之可能，毫无发展之余地。自积极方面而言之，机体主义旨在：统摄万有，包举万象，而一以贯之；当自观照万物也，无不自丰富性与充实性之全貌着眼，故能统之有综，会之有元，而不落于抽象与空疏。宇宙万象，赜然纷呈，然克就吾人之体验所得，发现处处有机体统一之迹象可寻，诸如本体之统一，存在之统一，生命之统一，抑又感应交织，重重无尽，形成本质上彼是相因，交融互摄，旁通统贯之广大和谐系统。在《从历史透视看阳明哲学精义》中，他对机体主义的界定侧重在揭示其方法意义："它摒弃了单纯二分法，更否认二元论为真理，同时进而否定：第一，可将人与物相互对峙，视为绝对孤立系统；第二误把刚健活跃之人性与宇宙全体化作停滞不前，而又意蕴贫乏之封闭系统。机体主义旨在融贯万有，囊括一切，举凡有关实有、存在、价值之丰富性与充实性，相与浃而俱化，悉统摄于一在本质上彼是相因、交融互摄、价值交流之广大和谐系统，而一以贯之。"在《中国哲学之精神及其发展》第一章中他又重提《中国形上学中之宇宙与个人》的阐释，略微差异，而宗旨不偏。从方东美关于机体主义的三次解说来看，机体主义的方法论意义在于反对"二分法"，倡导用宽阔的眼光旷观世界，并视机体主义为中国哲学之特色和

---

① 怀特海是英国著名的数学家、哲学家，他的著作涉猎广泛，其中《过程与实在——宇宙论研究》是他哲学思想集大成之作，力图超越传统西方哲学中的实体论和主客二元对立的思想方式，提出了"过程即实在"的观点，充分展示了他的机体哲学思想。

主流，足以成为一切思想形态之核心。①

目前，对方东美的研究多以孤立的"点式"进行某一方面的论证，极少从整体出发统观其核心理论。尽管方东美哲学思想处处体现其机体哲学，论著中有大量篇幅阐释与蕴含着这一思想，但还没有著作以"机体主义"作为研究重点，从形上学的途径统之有宗，会之有元。因此，方东美的机体主义研究是本书的重点，亦是难点。在方东美先生看来，中国形上之主流，就其发展而言，大致可譬喻为乐谱上之三节拍，跌宕共鸣。自远古至纪元前12世纪，中国形上学表现为神话、宗教、诗歌之三重大合唱。至纪元前246年，期间九百年是中国哲学创造力最旺盛时期。原始儒、道、墨竞为显学。而后，至纪元960年形成高度创发性的玄想系统于中国大乘佛学。自纪元960年至今，在新儒学（性、理、心、命之学）的形式中复苏了中国固有形上学的原创力，而且蒙上了一层道家和佛家的色彩。

在中国形上学史的发展方面，方东美先生主要集中于对原始儒家、原始道家、大乘佛学三个方面进行论述，把三者相提并论，它们系统虽异，却共同具备三大显著特征：第一，一本万殊论；第二，道论；第三，个人品德崇高论。机体主义作为方东美哲学思想的核心、脉络，只有准确把握其中奥义，方能真正领会方氏哲学，从他对儒、佛、道形上学的特性和原则的论述中，追索机体主义如何贯通中国哲学精神之通性，同时也要深究其为何如此。换言之，方东美哲学思想从"描述性质"的发挥到"解释性质"是基于怎样的逻辑建构其本体论、宇宙论、人性论、方法论等理论体系。这是本书着重关注和解决的问题，在此基础之上试图从传统天人关系、人性论、知行观、诠释学的视角作为切入点，探求方东美的机体主义思想。

（二）选题意义

关于方东美究竟是不是现代新儒家，迄今学界仍有争论，难以达成共识，这根本原因何在，也是本书选题缘由之一。一个思想者的身份归属存在争议，恰恰说明其理论体系的复杂。在其博大甚至有些庞杂的理论系统里直击鹄的，才能判别其恰当的身份归属。因此，深入方东美机体主义思想的研究不失为一条"得其环中以应无穷"的路径。最直观的一个印象

---

① 方东美：《生生之德》，中华书局2013年版，第235页。

是，不同于其他新儒家，方东美轻《论语》，反"道统"，认为儒家的思想源头不在《论语》，而在《尚书》和《周易》之中。在他看来，这二者代表了儒家的思想传统：一方面守旧，另一方面又注重创造。而其他现代新儒家，像徐复观、张君劢、唐君毅、牟宗三则"卫道统"，认为"道统"是中国文化"精神生命之核心"①。方东美讲"学统"，如果从他的机体哲学着眼，就不难理解其中的端倪；至于道家，他认为只有老子和庄子才是真正的道家，为了严格与魏晋时代的新道家、隋唐时期的道教相区别，他把老庄称为"真正的道家"或"原始道家"；大乘佛学十宗之中，方东美特别介绍了三论宗、天台宗、唯识宗和华严宗。在对儒佛道的阐释中他并没有厚此薄彼，而是统而宗之，以形上视域将一切存在领域视为有机整体，形成广大的和谐，人在其中理应追求精神超脱，但最后也要复归人间世。这是他的"机体思想"延展力之所在，也是中国哲学丰富性的展现。

方东美早期深入西方哲学研究，他自述"我的哲学方法，是在西方哲学中提炼"②。早在1927年，方东美就表现出了对怀特海机体哲学的极大兴趣，正是在对怀特海机体哲学研判的基础上，发现了以《周易》为主的中国传统经典与怀特海机体哲学的相似智慧。可以说，方东美采纳怀特海机体主义哲学方法，对中国哲学作了形上学的说明。他用"以我观物"来说明中国形上学采取"人参赞宇宙创化力"这一基本立场，以"人"为中心观照万物，处处凸显人格的精神和力量。因此，本书的研究意义，不仅关涉方东美对中西方哲学的比较，也涉及他对中国文化内部儒释道富有新意的研判与阐释。在近现代中国哲学史上，方东美同胡适、冯友兰、梁漱溟、熊十力、唐君毅、牟宗三等是有同等重要地位和影响力的哲学家，但是，对方东美的研究在20世纪80年代以后才逐渐

---

① 牟宗三等：《为中国文化敬告世界人士宣言》，载《当代新儒学》，生活・读书・新知三联书店1989年版，第4页。

② 方先生硕士论文《伯格森生命哲学之述评》（"A Critical Exposition of the Philosophy of Bogesen"），其指导名教授梦奇威读后大为赞赏，但因当时的论文只有纸质版本并且存档于美国威斯康辛大学，故在此之前的研究中尚未见到方先生的硕士论文以及相关的研究和翻译。所幸，现在可在威斯康辛大学借阅扫描方先生硕士论文原本，笔者试图将其翻译成中文，以作为本书研究中不可或缺的珍贵资料。遗憾的是，方先生的博士论文《英美新实在论之比较研究》（"A Comparative Study of the British and American Neo-Realism"）经多次辗转已失于战火，对于后学研究也少了一份宝贵的一手资料。

重视起来。

从目前的研究现状来看，更多的是以生命本体论、道家思想研究、文化哲学、华严宗哲学作为切入点，进行某一方面的引申和论证。多以孤立的"点式"研究，未能形成一个系统的挖掘和呈现。而机体主义作为贯穿方东美整体思想的基础和依据，仅仅作为这些切入点的主线暗藏于文章，并没有进行详细深入的讨论。但事实上，机体主义之于方东美哲学而言是其哲学精神的核心、脉络，值得深究，有必要钻研它如何使自古至今、自上而下、自西向东的文化圆融旁通，一以贯之。对于方东美哲学体系本身，它是极其重要的主轴与核心，必须放在最重要的位置加以深究与把握；对于哲学史研究，机体主义作为方东美独创的视角与方法，给我们提供了全新的视域旷观中西比较文化、中国文化内部之异同。质言之，对机体主义深入的研究和呈现，意味着对方东美哲学思想整体的呈现，亦是对一以贯之的中国哲学精神的呈现。

百年来，尤其是五四运动以来，中国走向了一条激进的反传统主义之路，力求褪去历史的痕迹以重立于世界文化之林，"文明对话"与"文化中国"的思考也成为近现代学人首要的任务。以梁漱溟、熊十力、马一浮、冯友兰、贺麟、方东美、钱穆等先贤为代表的中国近代思想重新为中华文化精神找到了方向。他们学术思想博大，治学思路也存在不少差异，因此在肯定其社会价值、学术贡献的同时研究他们之间的差异，探查某一大家的思想根源，借此开发儒、释、道等内在精神资源，攫取其中的精髓以促成本民族文化内部自我审视、完善，亦是应对文化失范、意义危机的良好途径，这是时代的应有之义，也是复兴与发扬中国传统文化的现实需求。

当然，一个奇怪的现象不可回避，与方东美"博大通人""诗人、哲圣、先知""大慧立言，综寰宇东西诸家奥学，独运精思，涵众妙"等众多赞誉相比，后世对方东美的研究显得有些冷清。那么，对其进行深入的研究变得十分必要，并且，以不同于以前的视角、方法进行研究不仅可以对方东美本身的哲学思想深入挖掘、呈现，而且可以通过他的机体主义哲学透视中国哲学精神内核，审视其利弊。方东美在向西方宣扬中国文化精神，并且让西方真正亲近中国文化诸多方面所做的尝试和贡献，为我们当代社会提供了更宽广的视域进行中西对话。因此，无论从中国哲学研究、现代新儒学研究、方东美思想研究的意义来看，"机体主义"的研究视角不但激发新的研究方法,而且也是方东美整体思想的提炼与审视,从另一个侧面也对方东美思想研究中诸多论争的回应。

二 方东美思想研究现状

(一) 国内研究现状

1. 专题研究

就客观的状况而言,对方东美的研究还没达到繁荣盛况,甚至相比其他同时代思想家的研究数量来说,显得有些不足,但这并不能代表方东美的思想价值逊色于其他诸家,当然也不会因此而掩盖其思想的光芒。连1975年诺贝尔经济学奖得主哈耶克都感叹道:"方东美教授是中国当代一位伟大的哲人;可惜其著作译介到西方者太少!"美国宾州查南学院中国哲学与文化讲座教授陈荣捷评价道:"与捷同辈中国学人之中,影响力之大如方先生者,不多见也。"[1] 其实,类似的高度褒奖比比皆是,兹不赘述,只是,实际研究景象和诸多赞誉似乎形成了一定的落差,不免令人遗憾。

从方东美的研究状况来说,20世纪八九十年代可以说是一个高峰期,最先集中在中国台湾。方东美的大批学生,比如成中英、傅佩荣、刘述先、蔡仁厚、孙智燊、杨士毅等活跃于学术前沿的学者,他们积极编纂出版了方东美全集,在方东美逝世后发表一系列纪念性的文章,后经朱传誉整理为《方东美传记资料》,于1985年由台北天一出版社出版。1987年方先生逝世十周年之际对他的纪念达到了顶点,台北举办了首届国际"方东美先生哲学研讨会",发表了与会学者多达32篇的论文,涉及方东美思想的方方面面。其中,美国前哲学会会长韩路易博士的《方东美与中国哲学精神》高度肯定了方东美论学的比较法,以及方东美的哲学思想与精神人格的精辟阐述。成中英在《论方东美哲学的本体架构》中阐述了方东美哲学体系,指出:"方先生之体系是以《周易》思想为经,以西方、东方思想展开为纬,最终统合在《易经》的辩证逻辑中。"[2] 然而,自此以后,方东美的研究便转为冷寂时期,正可谓一度备受推崇走向被遗忘的境地。

---

[1] 上述诸多美誉详见中华书局出版"方东美作品系列"封底页。
[2] 国际方东美哲学研究会执行委员会主编:《方东美先生的哲学》,(台北)幼师文化事业公司1989年版,第84页。

至今，能搜集到的材料有1992年由李焕明汇编、（台北）文史哲出版社出版的《方东美先生哲学嘉言》。对于后来的研究而言，这是极其宝贵的研究资料。与本书非常相关的论著还有1999年由沈清松、李杜、蔡仁厚合编、台湾商务印书馆出版的《中国历代思想家〔二十五〕冯友兰、方东美、唐君毅、牟宗三》。该书系统地阐述了方东美哲学思想，给予了方东美哲学价值的肯定："方东美之哲学深趣，始自在艺术经验中体察蓬勃大有创造不已之消息，成与哲学历史与哲学系统交织之机体主义。"2007年，台湾辅仁大学举行"历程与创化之东西对话"国际研讨会，以纪念方东美和怀特海。方东美先生的门生冯沪祥、孙智燊、傅佩荣、刘孚坤在《方东美先生的哲学典型》一书中分别论述了方先生的生命精神与其特征。其宗旨除了纪念恩师逝世三十周年，更是激浊扬清，唤醒世人重振哲学慧命。

与此同时，大陆日渐兴起对方东美的研究，不同向度的研究著作陆续出版，研究方东美的著作有蒋国保、余秉颐合著《方东美思想研究》；李安泽著《生命理境与形而上学——方东美哲学的阐释与批评》；李维武著《长江流域文化与近代中国哲学》；宛小平著《方东美与中西哲学》；秦平著《大家精要——方东美》；杨士毅著《方东美先生纪念集》；张训义著《方东美蓝图机体思想研究》；冯沪祥著《方东美先生的哲学典型》。2008年安徽大学举行方东美研究所揭牌仪式暨研讨会议，成为方东美研究的主要阵地，方东美高足孙智燊在美国创办了"东美研究所"和《东美学报：广大和谐——比较哲学与文化》。

2. 综合性研究

目前笔者尽力搜集的博士论文总共有8篇，由于文章数目偏少，不便从研究问题、研究性质分类。故按时间顺序做出整理，以便我们清晰地了解近年来关于方东美研究成果。2007年浙江大学李春娟博士论文《方东美生命美学研究》从美学的角度论述方东美抛弃对具体的感性审美经验和艺术创作理论的分析，从全新的真善美价值切入，诠释其理想化的生命蓝图以及人类内在的自我超越。该文把方东美的美学思想归纳为：第一，以真善美价值通汇为核心，重释人与自然的生命系统；第二，在新的生命系统中考察美的本质与价值；第三，从生命情调解说人与自然的价值关系；第四，整合中西资源，提出理想的人格发展目标。指出对这些问题的解决形成了方东美独特的生命观、审美观、时空观、人格观。从两方面来阐释方东美对上述问题的解决方案，同时分析了方东美的生命本体论和方法论的中西思想来源，以考察方东美对于建设中国美学的有效问题，进而通过比较与美学家宗白华、朱光潜、徐复观、王国维等人的异同，来评析方东美所建构美学思想的得失损益。从横向和纵向来梳理方东美将柏拉图、伯格森、尼采、怀特海等西方哲学家的生命哲学与价值哲学，同中国《周易》《中庸》《老子》《庄子》等经典中的生命观和价值观融会贯通，提出了"普遍生命"这一形上的本体论概念，用以概括中国人之宇宙观与人生观的基本特征。她认为，从横向而言，方东美的普遍生命蕴含了生之理、爱之理、化育之理、原始统会之理、中和之理、旁通之理六大构成原理；纵向来说，普遍生命又依据形上形下双向运转模式把物质世界、生命世界、心灵世界、艺术境界、道德境界、宗教境界各层面一一落实于人与自然的生命之中。作者认为，方东美先验的把美善纳于生命形式中，与现代新儒家"道德形上学"相比，这是一种典型的"价值形上学"构建之路。作者通过作为本体和方法的超越性上学分析，从中西方时空背景下生命价值论异同的解读提出方东美用普遍生命统摄道德、审美和宗教，并不符合中国文化的发展。她认为方东美作为本体和方法的普遍生命（超越形上学）并非来自中国本土，而是对西方柏拉图价值和基督教神学观念的改造，指出方东美将之运用于中国是不合时宜的，只会造成中国美学的误读。西方的本位和西化思维造成了方东美晚年对中国哲学的偏离，并且不可避免地走向了神学。文章立意明确，认为相比于知识论和认识论，方东美关于内在生命的美学考察要深刻得多，因为他揭示了美学的使命。但是否定了方东美援西入中的治学立场，认为中西汇通中错位的异质文化是导致中国审美精神的偏离，因此要在坚持民族本位、坚守民族性的基础上理解美学。

2010年安徽大学施保国博士论文《方东美论道家思想》以方东美对道家思想的阐释为视角，从道家形上学、方法论、艺术精神、人生观，道家与佛教、新儒家、西方文化关系等方面展开论述。该文主要从道家本体之道和宇宙观入手，以道家"个体化与价值化原则""超脱原则""自发的自由原则"为方法论，探索具有浓郁艺术气息的一代诗哲方东美的道家形上思想。通过对于道家三特性的解读：自然视域——道家"旁通统贯论"，超脱解放视域——"道"论，诗人视域——道家的"人格超升论"，阐述了方东美的中国人生哲学和道家的政治观。最后，从三个方面——佛经"格义"以及道教对佛教的影响；主"学统"说反对"道统"考察儒家文化；比较视域凸显道家精神——来审视道家哲学在中国哲学中的位置。值得注意的是，作者强调从"道枢"即宏观，"两行"即微观处定义哲学史家和哲学家，他选择了后者，故以"方东美论道家思想"为题更说明作者的阐释思路和文本本身。通过从"无"与"有"两个维度探讨方东美论道家思想及其与其他思想文化的关系，以此为线索将道家哲学的"超越"本性、方法论、艺术性、生命性、文化性、学统性和现实性在文章相应章节给予细致的分析，并且将"有"与"无"运用于学界对方东美派别的争论，作者以道家"无"之精神为指导，超越学界对方先生的派别之争，仅抓住其论道家思想进行剖析。

2011年武汉大学李志军博士论文《疏离与圆融——方东美华严宗教哲学研究》从方东美对华严宗圆融无碍的精神境界体察出发，目的是由治心到治世，解决源自于西方，因"二元对立"的思维模式和意识形态所造成的"人的疏离"问题。文章以此为主线，系统地论述了晚年方东美的生命智慧和哲学追求；明确了方东美以华严宗的"一真法界"为依托，圆融旁通中、西、印哲学智慧，主张以华严哲学的无限圆融精神，熔融人类一切精神价值于一体，消除不同文化之间的冲突和对立。文章第二章第一节关涉方东美"机体主义哲学"，寥寥数字分析了机体主义在方东美华严思想中的运用，以及此一思想对华严哲学的意义。

2012年陕西师范大学刘欣博士论文《情理圆融的生生之美——方东美生命美学及其现代意义研究》鉴于方东美思想的错综复杂和兼容并包，尤其是学界对其学派归属的争论，从方东美生命美学思想特色与梁漱溟、熊十力、牟宗三、唐君毅等现代新儒家的共通性考察，坚持将方氏归为新儒家的重要一员。她强调，方东美对美的探讨不仅仅限于纯理论层面，而更加看重主体对"普遍生命"创进中所蕴含的自由创造之生命精神的内在体悟，艺术精神对人类心灵的超越和生命的安顿。最后，以西方生命美学为参照，方东美重新阐释中国传统文化，通过诗意的语言复活了其中机奥，建构了以传统文化为本位的生命美学体系。推动了中国美学创造性转型，使我们复归于人本身结合现代性问题，在思想上提供了独特的方法意识以审视知识形态和思维方式层面的转折和建构。

2015年苏州大学刘玉梅博士论文《方东美智慧美学思想研究》主要以智慧美学的维度来解读方东美思想。作者认为，一方面，中国哲学、美学不宜概括为生命哲学、生命美学,形上与形下的融通并不排斥理性;另一方面,方东美哲学美学的思想不能单纯地以生命来概括,也囊括不了。同时,方东美思想引入了佛学智慧,因此作者认为,对方东美的美学研究需寻找其核心范畴——把"智慧"作为切入点,探索方东美将哲学智慧与美学智慧相结合的方法,对中西印三大文化理论资源的慧体、慧相、慧用进行汇通,而这体现在生命精神的三种形式——艺术、哲学、宗教智慧之中,构建起了智慧美学体系。作者将方东美哲学美学思想概括为智慧哲学和智慧美学,其内核是艺术智慧、哲学智慧、宗教智慧的三者合德。主张方东美的智慧美学主旨在于为世界各民族提供一个可行的文化方案,消解各民族文化中心论,实现彼此的他助与自救,最终实现世界优美文化的共存共荣。该文把方东美智慧美学的研究意义放在中国与世界视域美学研究的重要位置。

2015年安徽大学孙红博士论文《方东美论华严哲学》把握了方东美的华严哲学原意,阐发背后蕴涵的理论系统和价值诉求,通过华严哲学与大乘佛学其他派别、中国哲学、西方哲学比较研究,得出方东美为现代新佛家的结论。这篇文章还着重考证了方东美的家世背景,一方面否认了蒋国保、余秉颐合著的《方东美思想研究》一书得出方东美是方以智嫡孙的结论;另一方面也否定了张士毅在《方东美先生纪念集》中说"方苞系方东美第十六世嫡祖",而赞同方东美先生老乡陈靖"方东美是桂林方氏三房方佑的后代"一说。给我们提供了更加详细的资料去了解方东美先生的家世和家学渊源。文章主体部分则是从方东美关于华严宗的具体内容进行分析,认为华严宗与大乘佛学三论宗、天台宗、法相唯识宗以宗教为主、哲学辅之、把哲学智慧引用到宗教境界不同,华严哲学本身就具备高妙的哲学智慧,其重心不在宗教体验而是依据哲学智慧去了悟宗教经验背后圆融无碍的境界;认为华严哲学实现了宗教与哲学的统一,它本身就是哲学的本体论,即宗教哲学化。

2015年山东大学王彬博士论文《启蒙与人的问题——尼采和方东美的比较研究》从生命哲学对启蒙的反思出发,通过比较尼采和方东美的思想来审视中国哲学的现代转型这一问题。认为转型的问题集中在三个方面:一是对西方的启蒙认识不足,方东美虽然认识到了启蒙的重要性,但是站在维护中国传统文化的立场上,选择了和中国哲学更易融合的生命哲学作为出发点,但是最终回到了中国哲学的老路,一副看似中西合璧的设想，其实是中国传统儒家的翻版；二是无法突破中国传统思维模式——天人合一，我们有必要思考对其转型的取舍和人的存在等更大的问题；三是人生境界说在当代的无力感，它在现实中无法起作用。作者更多是从西方哲学的角度反观方东美生命哲学的意义和价值，以及给出理论的反驳。通过尼采以权利意志为核心的生命观和方东美以普遍生命为核心的本体论的比较，作者把方东美的生命本体论概括为二层六境说，认定它为理论的虚设，因为在作者看来，生命本体论中所说的宇宙作为生命境界的动力是生机盎然的动力，但这种力量如何将一个自然人提升到艺术境界、道德境界和宗教境界并没有具体功夫的支撑，显然也没有观照到人性中罪恶的一面。这篇论文给我们鲜明的视角去挖掘方东美关于人性的思索，关于生命本体论、人生境界的反思。

2018年河北大学许金哲的博士论文《方东美哲学研究》整体剖析了方先生的哲学体系，并与其他现代新儒家作了翔实的对比分析，以凸显方先生在"现代转型"中的贡献，以及方氏哲学的现代价值。这篇论文的目的在于通体研究方先生的哲学体系，与本书的出发点不谋而合，写作时间也相近，只不过，与本书立意甚远，视角不同，并且关于方先生理论体系中部分关键性的问题作者也尚未涉足。

综合以上专著研究、博士论文的整理分析，抛开研究问题、方法视角的差异外，有一点颇有意味。那就是从研究区域而言，多集中于长江下游流域，主要集中于方东美出生地和前期的活动区域。但是客观而言，与现代其他新儒家，诸如牟宗三、徐复观、唐君毅来说，对方东美的研究从数量上相对不够，这当然事出有因。首先，自1948年后方东美便定居中国台湾，与大陆学界一定程度上形成疏离；另一个非常重要的原因，方先生亲自撰写的著作并不多，目前中文全集共十三册，其中论文集、上课演讲稿占大量篇幅。方先生后期出于向西方介绍中国哲学的需要，以英文撰写论著后经由学生翻译才得以在国内问世。当然，他的学说系统庞大、复杂，也带给研究者一定的挑战。综合诸多研究专著、论文，主要以生命哲学、美学、华严宗入手剖析方东美哲学理论的建构，并将所选择的主题作为方东美对儒释道的会通，中西印融合的关键点进行深入的论证。相比为数不多的博士论文，硕士论文、期刊论文逐年递增，数量大为可观。大致可总结为两方面的探讨。

（1）方东美派别归属问题研究。关于方东美的派别所属，学术界一直争执不断，难以取得共识。最早对于方东美哲学思想的评述，是贺麟在《当代中国哲学》中给出的："接近唯心论，但不着重理性或心灵诸概念，而特别注重生命的情调，当推方东美先生。"① 1951年唐君毅在一篇文章序中也提到这样的评论："方东美、宗白华先生论中国人生命情调与美感，皆以为可助吾民族精神之自觉。"② 1968年从香港给方东美的信中称颂道："当世能通透中西哲学者，吾师以外，已无第二人。"③ 以唐君毅本身的学养和声望，做出如此评价，想必中肯。主张方东美为新儒家的代表人物有方克立、刘述先、蒋国保、余秉颐等。20世纪80年代，刘述先率先把方东美列为新儒家。蒋国保在《方东美堪称现代新儒家》一文从八方面明确指出"方东美于是乎无愧于现代新儒家称号！"④ 为反驳方东美为道家说，他做出如下论证：第一，方东美尽管认为儒家思想不足以代表中国文化的全部，但肯定了儒家思想是中国文化的主流之一；第二，强调对于中国政治思想而言儒家思想是主要的；第三，儒家思想对于中国人的生活引导是第一位的；第四，他认为儒家人格乃中国人纯正的代表；第五，强调恢复儒家精神于复兴中国传统文化的一致性；第六，坚决反对科学主义，极具人文情怀；第七，认同儒家学说的精神价值和现代意义；第八，以儒家的价值取向作为拯救当代文化意义危机和道德危机，其理论和情感上都不逊于任何其他现代新儒家。他用以上理由反驳胡军"方东美为地地道道新道家"一说。

由于方东美学说的广博性和复杂性，有不同的学派分歧难以避免，主张方东美为新道家的人物有叶海烟、李明辉、陈鼓应、胡军等。胡军《方东美哲学思想的道家精神》等一系列文章将方东美归为新道家。他从以下四方面给予论证：第一，非儒家。方东美对儒家的肯定限于原始儒家范围内，对后世儒家批判较多，反对从孟子"始作俑者"、董仲舒的道统观念。第二，方东美内在的气质与道家息息相通，而且肯定了道家在学术史上的作用。第三，方东美贬低《论语》，崇尚《尚书》和《周易》，认为这两本经典并非儒家。第四，在目前的研究著作中只有方克立主编

---

① 贺麟：《当代中国哲学》，载中国社会科学院研究所数据室编《资产阶级学术思想批判参考数据》第四集，商务印书馆1959年版，第45—46页。
② 唐君毅：《中国文化之精神价值》，（台北）正中书局1953年版，第3页。
③ 《唐君毅全集》26卷，台北台湾学生书局1990年版，第32页。
④ 蒋国保、余秉颐：《方东美哲学思想研究》，北京大学出版社2012年版，第23页。

的《现代新儒学辑要》、黄克剑主编的《当代新儒学八大家》将方东美列为新儒家。①

也有学者主张方东美为"世界主义者",代表人物有瓦赖特科、黄振华、宛小平等。宛小平根据方东美晚年提出的"人与世界在理想文化的蓝图"进行分析,认为难以对他做出儒道之分。他认为,方东美思想融贯西方伯格森、怀特海诸家学说,构成了以生命为本体的哲学观。其一,认为方东美把《论语》作为格言学是依照西方学科鉴定而划分;其二,他的"形上途径"是为了说明中国哲学的通性——一贯之道,并没有倒向哪一边,而是以"世界主义"的眼光把握中国哲学。②

(2) 多视角的方东美思想研究。多视角的思想研究主要包括从生命本体论、道家精神、华严宗哲学、生命美学等视域做出学术定位和探讨。主要采取个案研究、对比研究、综合分析的方式进行论证,涵盖了方东美思想的方方面面。多数学者一致认为,方东美深入中西哲学堂奥,融汇诸家,最后复归于中古文化本位。李安泽的论文《方东美佛学思想及现代精神》《方东美华严哲学理境探赜》认为方东美对华严哲学的研究运用了西方逻辑方法,是他整个思想体系的重要组成部分,但"机体主义哲学的内在矛盾在他精心结撰的理想文化蓝图中得以集中展现和暴露"③。大概李安泽没有关注方东美圆融的机体哲学思想,也没有体认方东美从治心而治世的美好愿望和境界向往。陶莲君的硕士论文《广大和谐的生命精神——方东美中国哲学思想研究》一文着重强调方东美对儒释道的融汇,以儒家哲学出发,基于生生不已的生命哲学意味和广大和谐之道,探索方东美圆融旁通的哲学慧命。文章立意明确,观点鲜明,但遗憾的是,没有从根本探寻到方东美含摄众说、统贯中西的关键点。换言之,她忽视了机体哲学在方东美思想中深刻的哲学意义。

余秉颐论文《方东美论中国哲学的"机体主义"》中认为方东美把"机体主义"概括为中国哲学第一通性,与西方的"二分"哲学形成鲜明的对比,并找到机体哲学的内在根据——生命本体论。他从"天人合一"来解说"机体主义"如何贯穿于中国哲学精神生命这一典型的机体哲学的

---

① 胡军:《方东美哲学思想的道家精神》,《中国哲学史》2000 年第 1 期,第 70 页。
② 宛小平:《方东美与中西哲学》,安徽大学出版社 2008 年版,第 3—16 页。
③ 李安泽:《生命理境与形而上学——方东美哲学的阐释与批评》,中国社会科学出版社 2007 年版,第 11 页。

意义。但是，文章并没有深入下去讨论，使我们有意犹未尽之感。因此，关于机体主义哲学的多维度思考非常有必要。还有许多论文视角独特，均有精微慎思之处，给予笔者极大裨益，谨此诚谢！

综上所述，尽管对于方东美派别归属尚未做出定论，就像杨士毅所说："方先生亦儒、亦道、亦佛，但也非儒、非道、非佛、非洋。总之，就其一个集大成而创造者，要尝试以传统的分类方式来框框是甚为困难的也是不可能的。"① 但就其哲学思想、治学之道及其生命境界形成了一致共识：方东美的哲学圆融无碍，大方无隅，集诗人、先知、圣贤于一身。其精神境界层层递进，直至宇宙精神的最高点，达到宗教的神明境界。种种研究不论是以生命本体论、华严宗教哲学、生命美学还是中西哲学对比等作为切入点考察，最终都落到了方东美高扬人的精神价值，从哲学、宗教、艺术来破解"人的疏离"，宣扬圆融无碍、旁通统贯的中国哲学精神。

（二）海外、港台研究现状

据目力所及，方东美原著在美国资料文库可查询的有三本英文著作②，均是台湾出版，其余为中文。这在一定程度上限制了海外研究的可能性。从整理的英文资料来看，国外对方东美哲学思想的研究尚未深入，更多是在宏观的东西文化比较中对某一观点进行佐证时，将方先生作为代表人物进行论述。整理的英文资料初步翻译后显示，对方东美的研究主要涉及两个层面：其一，方东美的生命哲学所反映的中国哲学特征与西方的差异；其二，从西方哲学的视域评论方东美对《周易》的阐释的意义。我们从中可以看出国外学者对了解中国文化所进行的尝试，另外也洞悉到中西文化之间巨大的差异。而在东亚，对方东美的研究不乏其人，譬如，韩国中央大学安载皓教授在《方东美之老庄观浅析》③ 一文中首先论述了方东美对老庄哲学的界定，认为其以道体、道用、道相、道征等概念来重建本体论和价值论及政治思想。同时也对方东美的理论做出评价：首先，方东美的

---

① 杨士毅：《一代哲人——方东美》，《方东美传记资料》，（台北）天一出版社1985年版，第30页。

② （1）"The alienation of man in religion, philosophy and philosophical anthropology。"（2）"The Chinese view of life; the philosophy of comprehensive harmony。"（3）"Chinese philosophy, its spirit and its development。"

③ ［韩］安载皓：《方东美之老庄观浅析》，《哲学与文化》第40卷第6期。

著作多为录音材料，其理论缺乏精致的逻辑；其次，方氏对老庄哲学的解释集中在形上学，很大程度上过于抽象，忽略了功夫修养；再次，利用大乘佛学的理论架构诠释方法比对象更严密是否有效？最后，方氏对老庄哲学的诠释同样用了"内圣外王"，需进一步反思。尽管安载皓教授的评论未必全面，但其中存在的客观问题正是我们共同面临的困境。

相比翻译外文进行综述的困难和研究资料的缺乏，中国台湾的研究现状显得可观，就搜索情况来看，研究论文集中在期刊、硕士论文。从多方面深入探讨，东吴大学叶海烟教授的《方东美的新儒家哲学》①认为方东美先生运用旁通统贯的原理，以生生之道为主轴，一方面高举其哲学于精神自由之境；另一方面则发挥其自我超脱与解脱之行动走向无垠之意义、价值与理想共融之世界。通过对决形式主义、逻辑主义、主观主义，而一体观照理性思维，又以自由之天地将生活连接起来，方先生在此意义上跳脱了冯友兰先生以"共相"解理的思考模式，又体现了牟宗三不断高标其义的"生命的学问"。台湾交通大学陈正凡在《广大和谐的中华文化：方东美论王学的机体主义》②中一方面追问从文字能否佐证方氏家学即为王学；另一方面论述方氏如何评论王学，断定方氏的家学首开自心学外，也圆证方氏的哲学就是"拿王学做基础的继续发展"。

淡江大学教授高柏园的《方东美先生对宋儒道统说之衡定》侧重于方先生的反道统说，首先罗列了方东美先生的主要观点：第一，方先生指出道统无实用性；第二，因学弊而形成的道统的虚妄。他针对这两个观点提出质疑：若以上所论无误，那么儒学，尤其是宋儒果真有学统弊端吗？高柏园文中把方东美先生定论宋儒道统所弊是基于理论的假设，主要突出作为格言学的《论语》不能笼括整个孔子思想，不能代表儒家的全部文化，四书的设定不只是儒学内部经典的集结，也象征着道统之传的文献根据。该文认为，方先生有这样的看法是因为由宇宙论说起，再说万有论，再到本体论，以此为基础建构的价值论，最终以建立普遍价值论为总结。对于方东美提出学统的观点，作者的结论是：试图以规约原则理解道统观，以学派发展理解学统观，以"理一分疏"说明道统与学统的关系，采取的是

---

① 叶海烟：《方东美的新儒家哲学》，《鹅湖月刊》第 2 卷第 9 期第 309 号。
② 参看陈正凡《广大和谐的中华文化：方东美论王学的机体主义》，《华梵人文学报》（未注明刊号）。

二者的协和。

　　从整理材料和以上综述可知，台湾学者对方东美先生的研究主要集中于方先生理论特色极其明显的领域，多从宏观层面行文论证。《略论方东美先生对华严的诠释——回应屈大成先生》[①] 一文指出，屈大成认为方东美依逻辑的法相观，还有华严叛教理论衡量他宗思想，从而得出华严思想较他宗圆满这一结论。而赵敬邦则反对屈大成把"对其他佛教传统的批判"作为方氏重释华严思想的第二特色，欠缺说服力，因为方东美对天台宗和唯识宗的叛教理论亦有述及，而非只论及华严叛教理论。作者认为方东美评判的标准以是否符合"广大和谐"的境界为准则。一系列文章从不同的视角进行详尽的分析论证，正是方东美理论多元性的体现，从而丰富了方东美哲学思想的多元化研究，同时也拓展了大陆研究者的视域。

　　方东美的哲学观是一种人文主义的哲学观，它一是基于对传统哲学的继承，强调人性内在的秉彝及价值；二是对西方哲学、文化的回应，从肯定与否定两方面做出回应。他注重形而上学即本体论，不仅在阐释儒、释、道哲学时采取形而上学的途径，在中西哲学比较时也选取形而上学的视角。机体主义是方东美原创性的思考，确认了"生命"为宇宙万物之本体，同时揭示生命本体之功用。贯穿于他的整个理论体系，作为核心理论的透视。

　　本书分三个部分，第一章从方东美哲学思想的渊源和途径去追索其"机体主义"产生的原因，与怀特海过程哲学的契合点何在，机体主义如何体现中国哲学之通性；第二章到第五章为第二部分，是第一章的反应，也是主体部分，分别从天人关系、人性论、生死观、知行论所体现的机体主义思想，纵向历史、横向逻辑的视域进行比较论证，厘清方东美博大甚至有些庞杂的理论体系，条分缕析地整理大量文献所含藏的思想，然后回到原典、回到哲学史本身对其做出有依据的评价。第六章属于第三部分，先从诠释学的维度对机体主义做出本体论的诠释，换言之，基于本体论的诠释论证机体主义怎样进行中西印、儒释道的融贯会通，如何体现人文主义精神。最后，给予方东美机体主义思想价值的评骘与反思。

---

① 赵敬邦：《略论方东美先生对华严的诠释——回应屈大成先生》，《鹅湖学志》第 51 期。这篇文章是对《哲学与文化月刊》第 37 卷第 12 期刊屈大成先生的《论方东美对华严思想的诠释》一文的回应。

三 研究的重点和难点

方东美理解的中国形上学为：将整个宇宙视为统一和谐的生命机体，这种和谐的生命机体具有超越的特性，但它不同于西方的超绝性。尽管直接对机体主义做出诠释在其著作中只出现了三次，但机体主义却贯穿于他的整个哲学思想中。本书的重点便是分析并指明机体主义如何贯通于方东美理论体系，换言之，机体哲学是怎么作为核心和脉络将如此博大精深的中国哲学精神旁通统贯。方东美先生学贯中西，博古通今，其典雅的行文风格以及天马行空的论述方式独具特色。因此，本书的重点亦是难点。从生命本体论来说，方先生将生命、美感、宇宙三位一体，一言以蔽之，采取既内在又超越和机体主义的方法，直透中国哲学之精神。诚然，方东美哲学是美化诗意的哲学，他讲中国哲学形上学从方法学来说是以"境界"提升为旨归的中西合璧的形上学架构。高扬一切万有含生之新自然观，提倡一种性善论之人性观，从而构成以价值为中心的本体论。如此广大的哲学体系并非空谈，它必然立足于精微的理性思考。因此，将他关于儒家、道家、佛教的哲学体系进行全面梳理至关重要，以呈现其机体主义严密的理论系统及特色。

而本书的难点还在于，佛学名相深奥，卷帙浩繁，必须花费大量时间精力才能深入其中，对方东美机体主义视域中的佛教观需做出正确的理解和评价。同时，一个客观的因素：方东美先生的部分著作起初为英文稿，后经门生翻译成中文付印。因此，在某种程度上不可避免地存在理解与诠释的偏差，虽然大本不离其宗。方东美把学人的治学态度和方法划为三种："一如蚯蚓垦园；二如骊龙戏珠；三如老鹰抟云。蚯蚓寄生园地，藏修息游，饫沃增肥，重壤交利；这是学人深潜揉染的功夫。骊龙得珠，作态把玩，这是学人探索玄理奥义的姿态。老鹰抟云，自在流眄，这是不可或缺的要素。"① "即哲学史以言哲学"是方东美阐释哲学的方式，鉴于方东美哲学思想的特点，本书将采取如下研究方法：（1）以文献研究为主，借鉴历史学的方法；（2）对比研究法：历史纵贯与逻辑平列。

20世纪以来，借用西方哲学的范畴、视角、方法、概念，研究中国哲学已经成为中国哲学研究的重要形式。可以比较一下，佛教初传入中土

---

① 方东美：《生生之德》，中华书局2013年版，第24页。

以老庄术语诠释佛教的"格义"法,这种做法被许多学者如刘笑敢、张汝伦等称为"反向格义"或"逆格义"。以胡适、冯友兰为始,包括金岳霖、方东美、牟宗三、唐君毅等自觉运用。但是,方东美"机体主义"仅仅是概念的运用,其明确指出相对于西方而言,只有中国才有机体哲学。所以,本书的基本立场是用方东美机体主义的哲学思想,旁通统贯中国哲学之精义。

第一章

机体哲学与方东美的机体主义思想

20世纪以来,借用西方哲学的范畴、视角、方法研究中国哲学成为中国哲学研究的重要形式。方东美亦是这一方式的自觉运用者之一,他的治学旨趣在于汇通中西,其深厚的西学背景为他机体主义思想的提出奠定了基础。尤其,怀特海的机体哲学、伯格森生命哲学激发了方东美对中国文化中机体生命的整体思考。在比较东西方文化之后,他提出,只有中国才有机体哲学。

第一节 机体主义探源

怀特海的机体哲学是建立在对实体哲学的批判之上的,其目的在于表达一种首尾相连的宇宙观,并试图调和人类的不同文化。方东美认为,怀特海的哲学与中国哲学有着某种亲缘性,这种亲缘性也得到同时代诸多中国哲学家的肯定。在机体哲学的参照下,方东美重返中国传统文化,融贯儒释道,建立了贯穿其理论始终的机体主义思想体系。

一 典范:怀特海机体哲学

"机体主义"这一术语在哲学上的初次使用出自英国新实在论哲学家阿尔弗来得·诺尔司·怀特海[①](1861—1947年)的"机体哲学"(the

---

① 作为20世纪英国著名的哲学家,怀特海的研究涉及数学、逻辑学、科学哲学等领域。20世纪后半叶逻辑实证主义式微,后现代主义思潮兴起,怀特海的有机哲学、形而上学思想、过程哲学受到重视。怀特海的中文译著逐渐增多,其《过程与实在——宇宙论研究》《思想方式》《数学原理》《科学与近代世界》等著作被广泛流传。

philosophy of organism)。怀特海于 1925 年出版的《科学与近代世界》一书中首次提到"有机论"(the doctrine of organism)。它从科学唯物论的"死的自然观"向有机哲学"活的自然观"转变,是 20 世纪科学发展所形成的新自然观,其理论核心在于肯定不同价值和目的的存在,它们之间既有分别又互相包含。他想用这种统一自然观取代 17 世纪近代科学的"科学唯物论",这种新的自然观以"有机哲学"的立场在《过程与实在——宇宙论研究》中得到系统的诠释和论证。

在生物学中,有机体(organism)不能表示瞬间的物质分布,而是发挥机体在空间中的广延意义。这也就意味着时间的参与,故而,生物学意义上的有机体是其存在生成与时空延续的统一体,它明显区别于传统物理学的机体概念。梯利在《西方哲学史》(下卷)中评论:"受到近代物理学的启示,融合导源于生物学的有机的进化的概念,在认识论方面采取了现象实在论的形势,在形而上学方面是自然主义而不是唯物主义,因而归属于近代对二元论的反抗。"并且对价值采取客观主义的解释,力求在自然主义的宇宙中为上帝寻求地位。他称怀特海的形上学为"有机的机械主义"或"有机主义哲学",是一种形式的自然主义,但是,它和传统的唯物主义(科学的唯物主义)的自然主义形成对照。① 在时间问题上,怀特海深受伯格森②(1858—1941 年)的影响,伯格森把时间划分为两种:一种是日常意义上的科学时间,这并非真正的时间而是时间的空间化;另一种真正的时间是生命的本质,是生命不可分隔和量化的绵延过程。依照贺麟的说法"伯格森的哲学可以说近于维也纳派所谓的'玄学的诗'"③。伯格森坚信唯有直觉才能参透真理,他在此基础上提出生机主义(vitalism),即只有直觉才可以感受生命的冲力(elanvital),冲动、绵延才是生命的本质,也是生命万物生生不易的动因。怀特海受此影响,认为世界的基本单位是"事变"(event),而不是孤立的物质或意识。在此之前,怀特海对一些传统西方哲学观点深为不满,首先是离开主观感觉的实

---

① [美] 梯利:《西方哲学史》(下卷),商务印书馆 1995 年版,第 699 页。
② 亨利·伯格森,现代最具原创性的法国哲学家之一,1914 年被选为法国科学院院士,1927 年获诺贝尔文学奖,他的哲学是对近代理性主义和科学主义机械论及时的救治和拨反。主要著作《生命创化论》《物质与记忆》最早被张东荪译成中文,其生命哲学对方东美、梁漱溟等产生了深远的影响。
③ 贺麟:《现代西方哲学演讲集》,上海人民出版社 2012 年版,第 31 页。

在观念；其次是"单纯定位"的概念，即一事物在时间中占有一定的刹那，在空间中占有一定的地点的概念。这两个思想都是把世界的基本成分隔断，与人形成对立关系，没有联系的物质事物。

在《过程与实在——宇宙论研究》中，怀特海写道："我在某种意义上把我的讲义的思想脉络称为柏拉图式的，并不是为了表明要与欧洲的思想保持一致。我想加以说明的是，两千年来由于人类经验的变化，社会组织、艺术、科学、宗教等方面也必然发生了微妙的变化，如果有必要重新表述柏拉图的思想，我们应该开始建立'有机哲学'。"① 可见，怀特海新自然观的提出深深得益于柏拉图关于宇宙论的讨论，而《蒂迈欧》篇是以当时希腊最新科学为前提进行的关于整体宇宙问题的对话。同时，怀特海也受到亚里士多德《形而上学》的影响，亚里士多德"形而上学"立足于可感现实世界的前提，把柏拉图的理念世界与物理学进行结合的尝试。这与当下所说的"形而上学"有着本质的区别。因此，怀特海《过程与实在——宇宙论研究》中的自然观，综合了"柏拉图式的宇宙论"与"亚里士多德式的形而上学"。他在自己的有机哲学中借鉴了亚里士多德"何为最现实的存在？"这一"形而上学"问题，并以"活动性存在"的本来状态做出了回答。也就是在机体哲学中每一个活动性存在都与宇宙的其他存在具备一定的关联，这种关联或紧密或松散，但始终是相互抱握②的。机体主义的目的在于表达一种首尾贯彻的宇宙论，它是建立在对实体哲学的批判之上。正是怀特海所致力于重新建构的人类理解自身以及世界的模式，使他成为20世纪最为杰出的哲学家之一。

在数学基础领域中，多数人把怀特海与罗素合著的《数学原理》冠之以"逻辑主义"③之名。从怀特海的角度来分析《数学原理》，其中所讲的逻辑并非亚里士多德的形式逻辑，而是作为"普遍代数"的逻辑。应该说，怀特海在《数学原理》中发明的逻辑方法是为了批判近代科学

---

① [英]怀特海：《过程与实在——宇宙论研究》，李步楼译，商务印书馆2011年版，第5页。

② "抱握"一词是怀特海解释有机论自然观的基本术语，初次出现在《科学与近代世界》一书的第四章，中译为"包容"。表示自然内部具体的相关性（relatedness），把哲学思考建立在具体的经验要素之上，主要指非认识性的把握，有包含、摄受之意。有机哲学认识到人与自然之间的亲和性（solidarity）和共存性（togetherness），不可能孤立地存在。

③ 逻辑主义认为数学不具有特殊的直观意义，超越直觉主义的限制，是数学摆脱时间直观，只从逻辑学的一半原理出发构建数学的全部体系，亦称为柏拉图主义。

中隐含的抽象前提，他被称为当时世界上科学家能理解爱因斯坦"相对论"中的十二人之一，另辟蹊径开创了新的自然哲学。然而，怀特海并没有排除形而上学，结合《自然知识原理》主要思想可以确认，怀特海三部著作所要建构的思想是：从直接知觉的世界出发反思物理学基本原理的经验根据，从以实体为中心的世界观转向以过程为中心的宇宙观。当然，怀特海的宇宙论始终以价值为轴心，努力调和人类不同文化之间的不同，在科学与人文、事实与价值、逻辑与审美之间找到融通的平衡点。唐君毅曾说："在怀氏整个哲学中，价值之观念，实为中心概念。其全幅思想之主旨可说即在价值之内在于自然，或世界之现实存在之一义。"① 可以说，怀特海理论系统里面比较新颖的、有着很高价值的贡献应当是他的有机哲学。他用这方面的理论来批判机械论或机械唯物论，扬弃了伯格森的生机主义，调和了目的论和科学见解之间的参差，也解决了达尔文进化论产生的对人类社会的严重问题。对于伯格森的生机主义，怀特海批评说，这是对于机械论的一种妥协，一种不能令人满意的妥协。生机主义是在整个死板、机械、物质的自然之中肯定生命自由的冲劲和发展。而怀特海则以为生物和非生物之间并没有一条鸿沟，二者是不能截然划开的，因此，他不允许提出此种假设，强烈反对划分沾染的二元论色彩的生机学说。

在怀特海的机体哲学中，宇宙现实存有可以具体讲分子、原子或次原子各层次的划分；在生物学意义上有细胞、组织、器官或更高层级有机体划分；在人类经验、反思、理智以至政治的阶层划分中这些都属于现实存有。值得注意的是，怀特海并没强调低层次的存有依赖或者被动依附于高层次的存有，这里包含两个方面，一方面，相同类属的划分中，处于低层次的存有并不从属于高层次的存有；另一方面，不同类属之间的存有也互不从属。相反，在机体哲学中，微观宇宙与宏观宇宙之间的关系是相辅相成的。后期怀特海用"实有"（actual entity）、"实缘"（actual occasion）来指称宇宙的基本单位，每个实有都是有机的过程，由无数的因素汇聚而成。② 怀特海机体主义是建立在对实体哲学的批判之上的，其目的在于表达一种

---

① 唐君毅：《哲学概论》（下），人民出版社1961年版，第642页。
② 张汝伦：《诗的哲学史——张东荪咏西哲诗本事注》，广西师范大学出版社2001年版，第193页。

首尾贯彻的宇宙论。

贺麟曾经从两方面来概括怀特海的哲学：第一，怀氏是一位有着深厚科学基础的哲学家，他从批评牛顿物理学开始，试图把哲学建筑在现代自然科学的成果上，融入了爱因斯坦的相对论，吸收了达尔文的进化论，建立了一个有机的世界观，指出了一条科学的哲学道路；第二，他仍继承柏拉图和布拉德雷某些形而上学方面以及现代丰富的文化体验成果，强调了"发展中的宗教"，自称他的宇宙论接近中国的"天道观"，提出了上帝是万物一体的原则，以及道德、艺术、诗歌、音乐的陶养作用。这使得他的哲学既是实在论又是超实在论，打破了生机主义和机械论的对立，消除了唯心论和实在论的鸿沟，可以说是新实在论阵营中有体系、见解独到的大师。①

尽管怀特海的著作中尚未给予"机体主义"明确的定义，但他把机体的含义简单地区别为"微观的历程"（micro-scopic process）和"宏观的历程"（macro-scopic process），这两种历程独立存在于单一的事件之中。这样，一个事件的历程可以理解为具体的和抽象的两个侧面。更准确地说，机体哲学尝试从价值的进路去统一个体实有（静态的、微观的）与事实存有（动态的、宏观的）。怀特海对数学、物理学、生态学、逻辑学、教育学有着深入的研究和敏锐的洞察力。他提出："思辨哲学就是要构建一个由一般概念构成的一致的、逻辑的且必然的体系，根据这一体系我们经验中的每一成分都能得到解释。"其本体论原理是他哲学体系的基础，他的学说不仅仅是对传统形而上学的批判，更是致力于新的形上学的建构。在《过程与实在——宇宙论研究》前言结尾处，怀特海指出："那种试图测量出事物性质的深度的努力是何等的浅薄、渺小和鄙陋，在哲学探讨中即便是稍微表示对终极结论的武断确信，那都是愚蠢的表现。"② 怀特海声称自己的哲学更像一种前苏格拉底哲学，即对世界的追问，但这种本源确立为过程性的现实实有，突破了传统的实体哲学，对现实实有生成过程的描述使得怀德海哲学成为一种"叙事"性的哲学。那么，如何能够凸显哲学的价值诉求？这是值得深究的话题。

---

① 贺麟：《现代西方哲学演讲集》，上海人民出版社2012年版，第135页。
② ［英］怀特海：《过程与实在——宇宙论研究》，李步楼译，商务印书馆2011年版，第15页。

怀特海的哲学目标可以说是研究存在之为存在的形上学本身，在其机体哲学中，形上学包括存有论和宇宙论。因此，怀特海从事于普遍历程的研究，相应地也就包括了普遍的实有、宇宙某阶段的实有。据此，学者唐力权认为，怀特海没能把宇宙论从存有论中区分出来，并且认定《过程与实在——宇宙论研究》基本上是一部存有论著作。① 本书旨在探究方东美先生机体主义思想与怀特海的机体哲学之关联，确切地说，方先生在何种意义上受到怀特海机体哲学的启示以及何以提出"机体主义"一词以概括中国哲学之特性。因此，对于怀特海机体哲学的分析止于对基本概念的判定，其主要思想的证成，理论诠释的得失、裨益则不属于本书主要研究的重点。

当然，怀特海过程哲学在一定程度上也受到了亨利·伯格森的影响，伯格森和浪漫主义、实用主义者、神秘派一样，他宣称"科学和逻辑不能透入实在的外皮……哲学是从其过程、生命推动力方面来理解和把握宇宙的艺术"。我们的直觉同本能，即有意识、精微和化为精神的本能相仿，本能比理智和科学更接近生命。"我们只能通过直觉的能力来了解实在的、'变化的'和内在的'绵延'、生命和意识……正常的哲学必须公正地对待理智和直觉，只有靠这两种能力相结合，哲学家才能接近真理。"② 不过，怀特海提到科学知识时，却反对伯格森式的心理附加，对于伯格森的生机主义也提出了严厉的批评，"生机主义是对机械论的一种妥协，是在整个死板、机械、物质的自然之中肯定生命的自由的冲劲和发展……"③ 怀特海的批评不无道理，在一定程度上也可以看出伯格森理论的缺陷所在。

诚然，从怀氏理论中与伯格森的相互贯通、背离之处，结合其思想溯源与逻辑分析，我们试图做出大胆的猜测——方东美如何攫取两者之长，以补己短。然而，恰恰相反，在具体的理论论证中这种猜测似乎"无迹可寻"，也就意味着方东美治学立场之分明，这进一步印证了方东美"以西方观点来研究中国哲学便会产生很大隔阂""讲哲学切不可轻易下结论不

---

① ［美］唐力权：《脉络与实在——怀特海机体哲学之批判的诠释》，宋继杰译，中国社会科学出版社1998年版，第230页。
② ［美］梯利：《西方哲学史》，商务印书馆1995年版，第630页。
③ 贺麟：《现代西方哲学演讲集》，上海人民出版社2012年版，第130页。

可把片面思想当全盘真理"① 的观念。方东美硕士论文《伯格森生命哲学述评》主要从伯格森思想起源、伯格森哲学理论、生命哲学与其他哲学思想之关系、以伯格森的哲学理论思考社会与生活之本质四个部分对伯格森的哲学思想进行了深入述评。

方东美赞成桑塔亚那"伯格森把形上学引入了自然历史"的观点，同时，也认可罗素和桑塔亚那把伯格森的形而上学依赖于文学心理学，称之为普遍的浪漫和形而上的浪漫。这篇论文的出彩之处还在于方东美提出了伯格森时间观念的三个缺点：（1）伯格森理论中时间在外部世界中没有存在；（2）过去的经验并没有在目前的即时性中得到成功的证明；（3）由于他内省的依赖是唯一的心理方法，他无法向自己保证，所有生活和自我都能相互渗透，伯格森的人生哲学因本体论立场的动摇而进一步受阻。② 当然，除了方东美之外，梁漱溟、张君劢等都在不同程度接受过伯格森生命哲学的影响，因为伯格森的生命哲学反对科学主义和非理性主义的特征不仅适应中国思想界对于科学主义思潮批判的需要，更重要的是与中国传统哲学，尤其儒家思想有着相契之处。这也从一个侧面解答了伯格森与怀特海之所以成为方东美欣赏且受之影响较大的两位哲人的原因。③ 但是，两者对方东美的真正影响以及方东美思想与他们之间存在的异同、疏离有待于本书不同章节从不同层面推进考察。

二 机体哲学在中国

怀特海力图超越传统西方哲学中的实体论、主客二元对立的思想方式，对方东美而言，怀特海这一思想与中国传统哲学有着内在的相似性，从而也为他提出"机体主义"思想提供了可能性。但是，怀特海与伯格森的理论中依旧含藏中国哲学所缺乏的逻辑学或认识论，这需要在研究过程中透过表面的相似去深入剖析和认识。贺麟在《现代西方哲学演讲集》中对怀特

---

① 方东美：《华严宗哲学》，中华书局2012年版，第331页。
② 摘自方东美英文硕士论文《伯格森生命哲学述评》，笔者根据上下文翻译整理。
③ 20世纪20年代，西方思潮涌入中国，学界不乏对伯格森、怀特海等西方思想的研究。1919年商务印书馆出版伯格森《创化论》（创造进化论），1922年出版《物质与记忆》（材料与记忆）。对伯格森的研究著作主要有张东荪《伯格森哲学与罗素的批评》、蔡元培《伯格森玄学导论》、吕澂《伯格森与唯识宗》、梁漱溟《唯识宗与伯格森》、冯友兰《伯格森的哲学方法》等。而对怀特海的研究当时呈现出繁荣的景象，正文有所论及，兹不赘述。

海哲学思想做出了全面的述评，1929年贺麟与沈有鼎、谢幼伟在哈佛得瞻怀特海本人风采，并讨论到怀氏的学说与中国哲学"天道观"之相似之处，从对话中贺麟判断怀特海的天道观偏于道家。① 1930年《过程与实在——宇宙论研究》一书出版，怀特海说道："就我的有机哲学的总体立场，似乎多少更接近印度人或中国人的某些思想线索。"② 怀特海认为形而上学的职务就在寻找一切琐碎事物的普遍原则，和恢复被选择所忽略的全体。形而上学的任务就在于用逻辑的、一贯的、必然的、概括的一些观念来解释经验里面的每一成分。在反对抽象、反对孤立的态度下，怀特海对于艺术自然倍加推崇："一个哲学系统必须使艺术、宗教、道德的兴趣和自然科学上所提出的概念发生联系。"③

有机哲学与中国文化有着亲缘性，不仅体现它们都在注重时间之变易，既注重时间之永恒又肯定其瞬息万变之特性，两者皆一反传统旧观，极力把一事物或概念置于时间之范畴，力求溯本追原，并且寻得两两汇通之处；同时，两者之共性还在于同反二分法及二元论，皆以开放的心态对待新的思想观念、文化类型，摒弃封闭的思想系统。怀特海明确提道："机体哲学似乎更接近印度或中国的思想，而不同于西亚的思想或欧洲的思想。"④ 在方东美、张东荪、谢扶雅、牟宗三、汤一介等先辈的接引以及后来学者的努力推动下，怀特海走进中国学者的视线，尤其在中国台湾学界得到越来越多的关注和了解。对怀特海的研究曾一度呈现出繁荣的景象，张申府在《所思》一书中大概最早提到怀特海，熊十力著作中亦提到怀特海，但熊先生本人及相关研究证明熊先生并未受其影响，1932年《新唯识论》与怀氏《过程与实在——宇宙论研究》有着不谋而合的相通性。因为在怀特海的机体哲学中，基本概念（第一原理）便是"创造性"，而熊十力亦将创生作为最高之本体。1948年贺麟在北大现代西方哲学课程中作《怀特海》的专门演讲，后来收录于张学智主编的《贺麟选集》中；牟宗三1954年在台师大定期举行"人文

---

① 贺麟：《现代西方哲学讲演集》，上海人民出版社2012年版，第114页。
② ［英］怀特海：《过程与实在——宇宙论研究》，李步楼译，商务印书馆2011年版，第10页。
③ 贺麟：《现代西方哲学讲演集》，上海人民出版社2012年版，第117—119页。
④ ［英］怀特海：《过程与实在——宇宙论研究》，李步楼译，商务印书馆2011年版，第11页。

会友"系列讲座——"怀特海哲学大意""怀特海哲学之问题的入路",其认识论"见体立极"正是由于融汇了怀特海和康德,牟宗三也因此被张君劢称为最理解怀特海的人;张岱年则受怀特海影响极大,其学士论文即为《论怀特海的教育哲学》(1933年,收入《张岱年全集》第一卷),是对怀氏教育哲学的探讨。①

凡此所例,不一而足,但足以证明怀特海机体哲学与中国哲学思想的亲缘性,以及当人类面临诸多危机,机体思想、整体思维自然从低潮走向热潮,回应时代的呼唤。张东荪曾言:"有机哲学一词倘若是作类乎怀特海那样的解释,我亦未尝不可同意。"② 李约瑟在谈及冯友兰的《中国哲学史》时曾说:"西方的有机自然主义曾得到过中国哲学的直接滋润……一个十分显然的事实是,黑格尔、怀特海哲学介绍到中国来,只不过是基于和源于中国的东西的回归,这一点将得到所有人的赞同。"③ 尽管怀特海所处的时代背景及其文化环境与中国传统思想相去甚远,但他的理论中"过程""事件"等概念却无不巧合地存在于中国传统思想中,虽然这需要我们透过表层的相似去深究中西文化的异质性。

可以说,方东美创造性地提出了以机体主义阐释中国哲学精神与特质,以旁通统贯之整体为中心,阐明中国哲学"究天人之际,通古今之变"的通性。这是他对中国哲学思想独到的理解和创见,在中西哲学比较思考过后做出中肯的省思,同时,也是对时代呼声强有力的回应,掷地有声地做出中国文化理应兼容并包的宣言。而方东美与怀特海之间的最大的差异在于,怀特海以现代科学成果来证成形上学,他的机体主义建立在理智论证的基础上;方氏则反对科学唯物论,重返中国传统文化寻找精神理论依据,兼采伯格森直觉主义,用审美与艺术之境构建理论体系。本章旨在探究怀特海机体哲学对方东美先生影响的依据,以及后者如何从西方哲学中提炼哲学方法。中国哲学与他们之间的相似性、亲缘性自然随着以上

---

① 张岱年:《张岱年全集》第1卷《怀特海的教育哲学》,河北人民出版社1996年版,第211页。

② 张东荪:《十年来之哲学界》第3卷,光华大学1935年,第9—10期。

③ 王锟在《李约瑟视野中的中国有机主义宇宙观》一文中论述了李约瑟的观点:在公元16世纪以前,中国的科技水平领先于世界,中国科技思想的根基是有机主义哲学。而李约瑟认为阴阳五行家的"通体相关的思维"是中国有机哲学的源头。详见王锟《怀特海与中国哲学的第一次握手》,北京大学出版社2014年版,第170页。

问题的厘清而呈现。

三 中西比较视阈下的机体主义构建

哲学并非中国思想本身的部类,"中国哲学"的成立是依"哲学"对中国思想固有内容的整体解释与度身剪裁的结果,此一过程势必依赖对西方哲学本身的理解。从而,中国的西方哲学研究也是中国哲学本身的一部分,这种研究不仅表现为学理上的对比,还包括对西方哲学的理解与运用,以反向中国哲学自身做出理解和反思。此过程即西方哲学的中国化过程。学界一般按照中西文化交流内在节奏和进程,把西方哲学的中国化乃至整个西学中国化划分为三个历史阶段:第一阶段,明清之际(16世纪末至18世纪初),此阶段中西方哲学之间的"交互格义"以互为镜像为结果;第二阶段晚清(19世纪下半叶)至20世纪70年代末,是在理解与解释的前提下系统介绍、研究西方哲学,以西方哲学为准绳重新区分、整理、解释中国的传统学术思想,建构学院化的现代中国哲学系统;第三阶段20世纪70年代末迄今,则是走出反向格义阶段,通过对传统中国哲学的重新诠释,构建当代中国哲学。①

照此而论,从时间上,方东美对西方哲学的研究处于第二个阶段,即以西方哲学为准绳对中国传统文化思想做出解释和取舍。但从方东美对中西文化的诠释以及他自身研究过程中的思想转向、整个思想体系的定位,应该介于第二与第三阶段之间。他一方面深入西方哲学史的研究,在中西对照下吸收西方哲学方法论的特点,给予中国哲学充分的分析、论证;另一方面又致力于中国传统哲学的传承、创造,并通过撰写英文著作向西方介绍中国哲学以回应来自多方的挑战,此过程即方东美思想的形成、转变、定型的过程。

对于方东美思想的述评最早当属贺麟在《当代中国哲学》中做出的描述:"接近唯心论,但不着重理性或心灵诸概念,而特别注重生命的情调,当推方东美先生。方先生博学深思,似乎受尼采的影响较深,然而他并不发挥尼采'权力'的观念,而注重生命、精神和文化。""他于讨论东西哲学文化可以说提供了一个虚怀欣赏的正当态度。"② 而关于方东美思想

---

① 丁耘:《论西方哲学中国化的三个阶段》,《天津社会科学》2017年第5期。
② 贺麟:《当代中国哲学》,胜利出版公司1947年版,第39页。

分期的问题，主要有武东升两期三阶段说和成中英四期说，武东升从方东美人生哲学思想的角度，把方东美一生的思想演变划分为未成熟期和成熟期，成熟期又分为三个创造阶段。[①] 成中英认为方先生的理论体系是建立在易经哲学之上所发展出来的完整的系统，并依据方先生的著作、思想演变和特征提出了方东美哲学发展四期说。分别是，1937年至1938年的哲学方法奠基阶段；1938年至1960年的系统建立阶段，其论述以哲学三慧、科学哲学与人生、中国人生哲学为内涵，西方哲学为方法；1960年至1972年的中国哲学思想阐述阶段，以儒家为体；1972年至1975年以英文著述《中国哲学精神及其发展》为主。[②] 就方东美先生早年弟子成中英教授的划分而言，可以说是以中国哲学理论体系为前提进行思想分期，而忽略了方东美早期学习西方哲学的阶段。尽管方东美对于西方哲学大部分持以严厉的批判与否定，其思想根源始终深藏于中国传统文化内部，但早期对于西方哲学的研究和探索不能不构成他的理论体系建构的一部分。因此，思想分期只不过是以不同侧重点对方氏研究中思想主次、本末略述其要的反映。

然而，他的西学背景是万万不能忽视的一环，甚至可以说机体主义的形成与西方哲学密不可分。一方面，从方法论的角度，方东美机体主义体系建构借鉴和发挥了西方方法学的特征，其理论体系的实质在于归宗中国哲学形上智慧，据此开拓全新的"旁通统贯"的思维模式，但一定意义上是建立在对西方"分离主义""二元论"的批判与否定之上的；另一方面，方氏通过比较研究，发现东西方传统文化在形上智慧上有着共通之处，譬如，基督教的上帝、儒家的"天"、道家的"道"、佛教的"菩提"以及印度教的"梵"都对形上的精神本体赋予了价值的超越，由此发展了一套机体主义的哲学观点。可以说，方东美的机体主义哲学观具备广阔深远的总体世界文化背景。无论是思想内容还是理论形态，都离不开比较哲学的路径，但这并不是说他的理论形态是依照西方的模式进行建构的；相反，他是以否定西方"超绝形上学"来凸显中国哲学"内在而超越形上学"的优越性，以机体主义的思想方法来对峙西方"二元对立"的弊端。

[①] 武东升：《现代新儒家人生哲学研究》，辽宁大学出版社1994年版，第56页。
[②] 国际方东美哲学研讨会执行委员会主编：《方东美先生的哲学》，（台北）幼师文化事业公司1989年版，第77—78页。

这种趋势尤其体现在 1969 年夏他参加第五届西方哲学家会议所撰写的《从宗教、哲学与哲学人性论看"人的疏离"》一文,他在文中指出,"人的疏离"来自两极对立原理所隐含的二分法,是宗教的沦丧、心理学的歪曲与哲学的曲解所造成人的"自我否定",从而导致人与神、人与人、人与自我的疏离。方东美试图以东方动态流衍的"存有"观来对峙于西方自古希腊以来延续的静态、自立的"存有"观。同时,他认为在西方哲学家中,只有几个人及其相应的著作例外:柏拉图《对话录》,尤其《辩士》篇(又译《诡辩家》)、伯格森《创化论》、怀特海《过程与实在——宇宙论研究》、海德格尔《存在与时间》。他也以这些例外来证明东方哲学时常应用的法则是对的。[①]

当然,方东美机体主义思想的形成也与他所采用的研究哲学途径紧密关联。他认为,研究哲学的途径有三种:宗教的途径——经由信仰的热望;科学的途径——经由知识的明辨;人本主义的途径——经由创生不已的生命事迹。他选择了自认为最简单的一条途径——人本主义,并对此下了定义:人本主义在大宇长宙的万象运化中,能够不因其事功,便因其健行而与至高上天相埒相抗,进而参赞化育、静观自得。[②] 在英文中,人文主义、人本主义、人道主义均译为"humanism",所以上下文中人本主义、人文主义等同,结合上下文旨意两者的差异在于翻译时的语境。质言之,为了解决人的疏离问题,方东美主张东西方在共同分享存有时,都须怀着公正平和的心态去擘画一个广大悉备的蓝图,使宇宙万有在不同的存在领域各安其位。人本主义路径的选择也意味着他在建构理论体系时做出了相应的理论预设:其一,哲学宜采取形而上的途径,从究极本体入手作为哲学第一问题;其二,哲学理应以机体主义的思维旷观世界;其三,哲学思想作为意境之写真基于境的认识、情的蕴发,要强调"感受生命的机趣""时空上做出事理之了解、价值之估定"。[③]

方东美始终把存在、生命、价值视为统一的系统,为此,他翔实地描绘了关于人与世界的关系图景(见下图)[④]:

---

① 方东美:《生生之德》,中华书局 2013 年版,第 282—284 页。
② 方东美:《生生之德》,中华书局 2013 年版,第 280 页。
③ 方东美:《科学哲学与人生》,中华书局 2013 年版,第 11 页。
④ 方东美著作中有大量的绘图、表格,以辅助文本的理解,附图《人与世界在文化中的蓝图》摘自《生生之德》,中华书局 2013 年版,第 284 页。

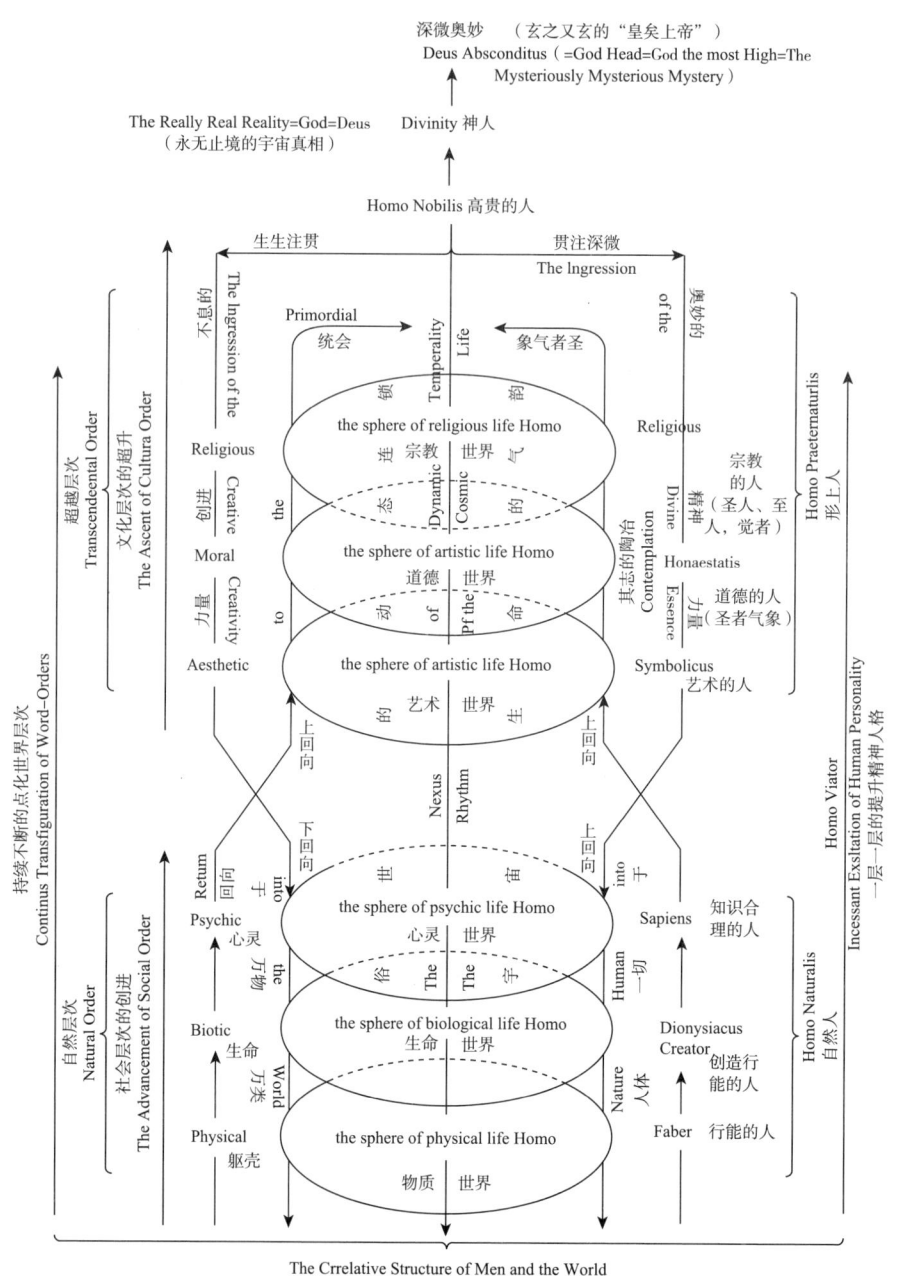

深微奥妙 （玄之又玄的"皇矣上帝"）
Deus Absconditus（=God Head=God the most High=The Mysteriously Mysterious Mystery）

The Really Real Reality=God=Deus　Divinity 神人
（永无止境的宇宙真相）

Homo Nobilis 高贵的人

生生注贯　　　贯注深微
The Ingression　　of the

| 持续不断的点化世界层次
Continus Transfiguration of Word-Orders | 自然层次
Natural Order | 社会层次的创进
The Advancement of Social Order | 超越层次
Transcendeental Order | 文化层次的超升
The Ascent of Cultura Order | 不息的 The Ingression of the | Primordial
统会 Temperality
Life 象气者圣
the sphere of religious life Homo
锁 宗教 世界 韵
这 动 气 的
创 态 Cosmic
进 Dynarhic 的
the sphere of artistic life Homo
道德 世界 动
Pf the 力
the sphere of artistic life Homo
艺术 世界 生
Nexus Rhythm
the sphere of psychic life Homo
世 宙
心灵 世界
俗 The The 宇
the sphere of biological life Homo
生命 世界
The 万类
World
the sphere of physical life Homo
物质 世界 | 奥妙的 of the
Religious
Divine
Honaestatis
Essence
Contemplation
其志的陶冶
Symbolicus
into
Sapiens
Human
一切
Nature
人体
Dionysiacus
Creator
Faber | 宗教的人（圣人、至人、觉者）
道德的人（圣者气象）
艺术的人
知识合理的人
创造行能的人
行能的人 | Homo Praeternaturlis 形上人
Homo Viator
Homo Naturalis 自然人 | 一层一层的提升精神人格
Incessant Exsitation of Human Personality |

Religious Creative Moral Creativity Aesthetic
力量 to
上回向 上回向
下回向 上回向
Return into
Psychic 心灵 万物
Biotic 生命 万类
Physical 躯壳

The Crrelative Structure of Men and the World
人与世界在理想文化中的蓝图

　　在这个蓝图中，他把人分为自然人和形上人两个层面，相对应的是自然层次和超越层次两个领域，世界从下到上包含了六个阶层：物质世界、生命世界、心灵世界、艺术世界、道德世界、宗教世界。依次往上发展成为"高贵的人",继而通往"神人"境界,最后抵达玄之又玄的"深微奥妙"。这个图表显然是方东美在旷观人类智慧全貌后所构建的文化理想蓝图——"提神太虚而俯之,俨若要囊括全天地宇宙之诸形形色色而点化之,成为广大和谐之宇宙秩序,同时把下界尘世的种种鄙陋都遣掉,摆脱干净!"① 尽管对蓝图的描绘他尚未给予详细解说,但所表现出来的是方氏关于哲学、宗教与诗意的深邃哲思与生命体验,这一蓝图标志着方东美文化哲学体系的最终形成。他以有精神价值的人类(生命)作为主体,以真实的存有世界为客体,通过"普遍生命精神"上下"双回向"的方式贯通两者,从而架构一个完满的价值世界。应该说,机体主义不仅是架构文化蓝图的基础,而且还作为核心、脉络支撑着整个理论大厦。而这座理论大厦建立的前提是对西方哲学的检讨。

  1924年,方东美留美归国,开始讲授西方哲学与逻辑学,此后一直致力于"科学哲学与人生"的课程讲授。《科学哲学与人生》是他对西方哲学研究的成果,从中也可以看出他早期思想的基本面貌和趋向,主要对古希腊物格化的宇宙观与近代欧洲思想之流变夹叙夹议,揭示是非得失,意在融汇科学、哲学、艺术的思潮,使之成为统一的文化结构。他尤其举证了科学与哲学之间的区别,"科学不尽是具体的,哲学不全属抽象的;科学的进步是由冲突中挣扎出来的,哲学不是循环无已的私见;科学或失之武断,哲学重视批评;真确的知识都有实践性,科学然,哲学亦然"②。而哲学与艺术之最亲近者在于"情的蕴发",即美化、善化及其价值化的态度和活动。方东美引用了怀特海在《科学与现代世界》里的观点说:"若以诗意解释我们的具体经验,便知价值、价值、有价值、自身的目的、内在的意味,对于任何事实真相之解释都是不能遗漏的。价值一词所指者便是事情内在的真相。价值的因素简直充满了诗的宇宙观。"③ 他借此批评近代哲学家受了科学的影响而严守"道德的中立",以致他们的哲学空疏而不切人生实际。

  根据以上立论,方东美把哲学思想的结构概括为"境的认识—时空上

---

① 方东美:《传灯微言》,《哲学与文化月刊》第 4 卷第 8 期,第 396 页。
② 方东美:《科学哲学与人生》,中华书局 2013 年版,第 5—9 页。
③ 方东美:《科学哲学与人生》,中华书局 2013 年版,第 16 页。

事理之了解，情的蕴发—事理上价值之估定"。简言之，人生由"情"与"理"两部分构成，"情"所表达的是生命的欲望，从而价值的估定——"美""善"成为哲学的主要诉求；"理"更偏于宇宙人生的规律、法则，则更注重对时空的把握，即对"真"的探求，但是两者都是生命欲的集中表现，它们同时与诗歌、文艺密不可分，这是东西方哲学所共有的特性，但在不同历史文化背景之下亦有不同的表现形式，各异其趣。

有鉴于此，在《哲学三慧》一文中，方东美对照比较希腊、近代欧洲与中国这三种传统的智慧形态，采用演绎的方式，以典雅的语言、严密的逻辑依次展开论证三者的宇宙观与生命情调之异同。"希腊如实慧演为契理文化，要在援理证真；欧洲方便巧演为尚能文化，要驰情入幻；中国平等慧演为妙性文化，要在挈幻归真。"① 为方便计，列于表格三者对比使之一目了然：

	思维方式	传统智慧	文化类型	表现方式
希腊	实证照理	起如实慧	契理文化	援理证求
近代欧洲	方便应机	生方便慧	尚能文化	驰情入幻
中国	妙性知化	依平等慧	妙性文化	挈幻归真

他一方面肯定了作为代表的希腊、近代欧洲的文化优势与特点，另一方面也揭示了无形中隐伏在它们背后的弱点。同时认为，希腊哲学自苏格拉底之后，以知识为判断为宇宙真相之标准、分析社会之构造、计量人生之美德都建立在对知识的分析之上，导致极端唯理主义，便把希腊大安理索斯和爱波罗精神转而为日趋颓唐的奥林坪精神。方东美概括了奥林坪哲学存在的弊端：（1）现实生存流为罪恶渊薮，不符理想，理想之境含藏善美，此二者之间阻隔了一道鸿沟；（2）躯体都为外物所锢蔽，精神却悬真理为鹄的，身蔽不解，心智难生，故哲学家须尽身体之浑浊，乃得回向心灵之纯真；（3）遗弃现实，邻于理想，灭绝身体，追近神灵，是以现实遮可能，觉此世之虚无，以形骸毁心灵，证此生之幻灭，由此可知希腊哲学之衰落实为逻辑之必然结果；而欧洲近代哲学亦隐含诸多劣势，一切思想问题的讨论以二元或多端取义，纷杂杂陈，不尚和谐。欧洲哲学之弱点可

---

① 方东美：《生生之德》，中华书局2013年版，第112页。

得言者三端：(1) 一切问题之探讨，义取二元或多端树敌，如复音对谱，纷杂杂陈，不尚和谐；(2) 哲学智慧原本心性，必心性笃实，方能思虑入神，论辩造妙。欧洲人理智疯狂，劈积细微，每于真实事类掩显标幽、毁坏智相。(3) 遐想境界，透入非非，固是心灵极诣，但情有至真而不可忽玩，理有极确而不能破除。① 总而言之，方东美把希腊、近代欧洲哲学之弊病归根于二元对立（分离）的思维模式，导致身体与精神的隔离、现实与理想的断裂。其结果便是虚无空洞、妄念滋生，过于理智而失去原本心性的生机，势必身心断灭，造成一系列社会危机。他甚至把近代社会的争端乃至战争都归结于此。反观中国，尚无如此之弊病，其根源在于中国人知生化之无已，体道相而不渝，统元德而一贯，兼爱利而同情。简言之，中国人具备湛然合天地之心理，秩然配天地之德，运用善巧方便，成慧摄相，"一以贯之"之特质。至此，方东美为机体主义的合理性在中国文化与事实中找到了现实的依据。不可否认，其理论灵感一定意义上源自西方的方法学，尤其怀特海对其机体主义思想的建构产生了深远影响，伯格森对方氏的影响主要体现在生命哲学之启发。

方东美将西方的机体主义哲学追源到伯格森，而将它的成熟归于怀特海，伯格森的生命哲学把生命视为永不停息的冲动和变化过程。方东美1919年在金陵大学求学时就在《少年中国》月刊（第1卷第7期）发表了《伯格森"生之哲学"》的文章，可见，他在1920年赴美留学前就对伯格森产生了浓厚的兴趣。他的硕士论文《伯格森生命哲学之评述》② 能够获得研究伯格森、怀特海的权威专家麦奇威教授的称赞也足以证明方东美深谙伯格森生命哲学之旨趣。尽管，梁漱溟在1916年写《穷元决疑论》一文中首次提到伯格森，把伯氏的"生命"译为"生活"，1921年发表《唯识家与伯格森》一文试图论述佛学与伯氏生命哲学的共同之处以借鉴其中的"直觉""绵延"观念来融贯中西。这样的创见和尝试在《东西文化及其哲学》一书表现得淋漓尽致，可以说梁漱溟开启了现代新儒家的致

---

① 方东美：《生生之德》，中华书局2013年版，第121页。
② 以往研究方东美先生的作者均提到国内尚未找到方氏硕士论文，冯沪祥在《方东美先生的哲学典型》一书中亦提到国内尚缺乏此篇论文相关资料。而今，在方东美就读的威斯康辛大学图书馆已存档原稿，国内亦有电子版本可供下载，这又为方东美的研究提供了富有价值的参考资料。

思方向，但仅仅停留在对比中寻找契合点的接洽。① 伯格森提出生机主义（vitaliam），认为实在的事物不属于机械活动，也不存在目的，而只是随感应而变化无方的存在；唯有凭借直觉才能体验感受"生命的冲力"，同时，它是万物生生不已、推陈出新的最高原因。整个宇宙自然的创进，包括生命现象在内，被伯格森分为两个过程：一种是创造的过程，就是生命的发展，生力的活跃；另一种是崩解的过程，就是物质性的扩张。从伯格森讲直觉的两部书《形而上学序论》《创化论》（英译本，1911 年，纽约）可知，理智只能对对象加以支离破碎的分解、认识。② 伯格森主张浪漫主义、实用主义者和神秘派一样，宣称"科学和逻辑不能透入实在的外皮……哲学是从其过程、生命推动力方面来理解和把握宇宙的艺术"。我们的直觉同本能，即有意识、精微和化为精神的本能相仿，本能比理智和科学更接近生命。我们只能通过直觉的能力来了解实在的、"变化的"和内在的"绵延"、生命和意识……正常的哲学必须公正地对待理智和直觉，只有靠这两种能力相结合，哲学家才能接近真理。③ 直觉一词在伯格森学说中有两种不同的含义，一为本能，或者称为机体的同情；一为直视，或者称为理智的同情。恰如中国文化中"螟蛉有子，蜾蠃负之"，机体间的神秘机能，这就是伯格森所谓机体间的同情力——不虑而知，不察而行，不由观察得来，和理智绝不相同但可以互相补充的"直觉"。而"直觉"思维在中国文化中占据主导地位，某种意义上它决定了中国哲学独特的自我认知范式，表现出不同的自我诠释方法。

总而言之，方东美无论是对怀特海的借鉴，还是对伯格森的采纳，这种做法具有合理性的最本质的根源在于二者的相关思想与中国哲学有着理论的亲缘性，在中国文化深处可以找到可资互证的思想渊源。可以说，"援西入中"的中国哲学诠释方法不仅仅是同时代哲人共同的时代选择，也是中国哲学之展开过程中不可回避的命运。诚然，无论以何种形式在历史进程中展开，其根本始终在中国文化之自身，它所要诠释的、面临的仍旧是给予迂远历史之回应，面向未来之革新。

20 世纪西学涌入中国以来，借鉴西方哲学的范畴、方法、概念研究

---

① 梁漱溟：《东西文化及其哲学》，商务印书馆 2003 年版，第 86 页。
② 贺麟：《现代西方哲学讲演集》，上海人民出版社 2012 年版，第 32—34 页。
③ ［美］梯利：《西方哲学史》，商务印书馆 1995 年版，第 630 页。

中国哲学成为中国哲学重要的研究方式。毫无疑问，这是时代与环境使然，在激烈的古今、中西文化冲突中产生的双向互动的文化思想运动。正是在这样的背景下，通过对中西文化精髓的深层省思，是先贤摆脱了武断否定与情绪化排斥的对峙，开始了理解的接受与融合，即在超越扬弃中外文化遗产的基础上重建民族文化精神。面对时代与民族文化的危机，他们"同于通理，异于职事"，各自做出了难能可贵的探索与尝试，以回应时代的重大问题：如何在哲学层面上论证中国社会与中国文化的现代化？如何重寻失落的中华民族文化之根本？如何让中国哲学走向世界，屹立于世界文化之林？方东美亦是胸怀家国、忧国忧民的爱国先哲之一，竭尽全力用思想的武器维护着中华民族之文化与尊严。方东美自我评价道："我的哲学品质是从儒家传统中陶冶；我的哲学气魄是从道家精神中酝酿；我的哲学智慧是从大乘佛教中领悟；我的哲学方法，是从西方哲学中提炼。"[①] 也正因如此，迄今学术界仍在争论方东美先生究竟属于哪一家的问题，一时难以取得共识。说方先生属于新儒家者有之，说他属于新道家、佛家者亦有之，说他非儒、非佛、非道的世界主义者仍有之。凡此种种，皆有所断言却不足以令人信服。因此，唯有攫取方东美思想系统中最核心的思想才是解决其宗派归属问题的关键。而机体主义作为其哲学思想的核心、脉络是不争的事实，因此，对其机体思想的研究佐证也是从一个侧面对以上问题的回答。

第二节　方东美机体主义与中国哲学之通性

方东美的"机体主义"哲学观具备广阔深远的总体世界文化背景，他以"机体主义"对峙于西方"二元对立"的弊端。为了解决人的疏离问题，他主张，东西方在共同分享存有时，必须以公正平和的心态坚定一个广大和谐的蓝图，使宇宙万有各安其位。从而，在中国哲学的研究方法上，他选择了人本主义的路径，这意味着，机体哲学适宜形而上的途径。机体主义思想亦成为方东美哲学的典型。

一　机体主义与中国哲学

中国传统文化中"机"字在词源上意义较为丰富，初始意作为弓箭、

---

① 杨士毅编：《方东美先生纪念集》，（台北）正中书局1982年版，第196页。

枪械的发射机关，即"弩牙"，引申为事物的机缘以及通几之道。《易传·系辞上》："惟深也，故能通天下之志；惟几也，故能成天下之务。"引申义放之则弥六合，总体可以概括为如下含义：（1）作为树名，机木。《说文》"机"字的解释："机，（繁体字機）从木，几声。"① （2）通"几"。几案，小桌子，《易·涣》："奔其机注：乘物者也。"《庄子·秋水》："公子牟隐机大息，仰天而笑。"《左传·昭公元年》："围巾几（机）筵。"（3）引申义，事物的关键，事物变化之所由。《资治通鉴》："成败之机，在于今日。"《庄子·至乐》："万物皆出于机，皆入于机。""机体"二字连用在古代文献中暂无可考，但在词义上与"机"字别无殊异，同时趋向于逻辑概念的整体关联。它依赖于直观体验的方法，侧重从宏观整体的了悟，比如先秦时期的"精气说"以及后来的"元气说"都是机体思想的典型代表。

　　词义的探析仅作为对机体思想源流的历史考察，探源意味着事物在历史中作为某一阶段历程的呈现。也许方东美的"机体"思想意涵与词源有何关联这个问题只有在通篇论证完之后方能得出可靠的结论，当然这个陈设的意义似乎仅仅在于为"机体"之解释找到恰当来源。因为对某一思想系统的研究与评判，所面对的不单纯是解字功夫，也非就某个概念加以解释而遽加定论。与此相反，深入整个思想挖掘整体之逻辑脉络所形成的根源性问题才是研究的关键。而借这些问题还原整个思想体系之形成机理使得内部各个问题得以自洽，方能"统之有元，汇之有宗"。不可否认，方东美机体主义思想体系的构建更多是来自西方哲学的启发，吸收融汇了西方哲学方法学特征。然而，就其本质而论，它依然属于中国哲学的形上智慧。方东美指出，依照西方逻辑科学的方法或知识论所指引的路径与西方中世纪的宗教途径研究中国哲学是行不通的。此外，利用战国末年的政治路径研究中国哲学也不可行。唯有形而上的途径才能抵达中国哲学精神的深处，方东美所理解的形而上学是将整个宇宙看作统一的生命机体，这种生命机体具有超越的特性，不同于西方的超绝性。从最高境界来说，整个宇宙世界是圆融的统一体，从实际层面言之，"一体"表现为"万殊"。本体的实性包含着种种过程，展现于现象界，永恒表现为种种过程所共同

---

① 按："机"与"機"在古代是两个字，"机"本木名，桤木树。而今"机"作为"機"的简体字。

遵守的理性秩序，本体与现象旁通不隔，即体即用。理想境界的实现依赖于人的心灵境界，"庶几对于神、人与世界得到一个旁通统贯的理解"。而中国的形上智慧在方东美看来可谓"律动发展，悉依三节拍而运行。初则强调儒家，继则转重道家，终乃归结佛家，终于奏形上学之高潮于新儒家，此世人之公论也。然自余观之，新儒家乃是融摄众流，而一是以折中儒学为根本。犹川汇海，万流归宗"①。他据此开创出独特的思维模式，并贯穿于他的整个思想体系之中，这个思想体系包含着哲学家的任务和使命，即在对宇宙进行观照时务必做到体察宇宙万象要了解其中两两之间相异互契，然后以一种"有机"的智慧将其统摄，实现对宇宙世界整体性关联的理解与认知。这样，他创造性地提出了机体主义，为中国哲学现代转型和创新开辟了一条崭新的路径。

当然，方东美在复兴传统文化的道路上并不接着宋明理学往下讲，与现代新儒家梁漱溟、熊十力、牟宗三、唐君毅、徐复观回到宋明理学以开新不同，方东美认为宋明理学固守道德理性禁锢了人的欲望、情感的合理性，从而限制了人的主体生命力与生命欲。同时，还有一个不可忽视的问题是，宋儒"道统"的观念根深蒂固，从而使整个文化生命陷于僵化，缺乏生机。有鉴于此，他选择返回原始儒家、原始道家、大乘佛教那里寻找可资借鉴的思想资源——形上取义，大本在是。他始终秉持中国哲学根本精神乃在"中"，允执厥中，保全大和从而通往德配天地、心契神明的大清明境界，从而主张兼容并包、融汇百家的形上智慧即机体主义。因此，方东美博宗儒、道、佛、新儒家为其理论主干，辅之以若干西方传统进行对比，以彰显中国哲学之特质与优势。从早期的西方哲学研究转向中国传统文化的传承与发扬，并以机体主义阐释之，在此思想格局内他并不认为一家独大就非要排除其他宗派，而是笃信机体主义有一种价值，其可贵之处在于旁通诸家，使之相应对照，各彰异彩。

二 方东美的哲学典型——机体主义思想

纵观方先生所有的著作，1964 年他在中西哲学会议上发表《中国形上学中之宇宙与个人》一文，首次提出"机体主义"思想以概括中国哲学的特质。并于三个地方具体论及"机体主义"的定义，分别是《中国

---

① 方东美：《中国哲学精神及其发展》，中华书局 2012 年版，第 29 页。

形上学中之宇宙与个人》《从历史透视看阳明哲学精义》《中国哲学精神及其发展》。尽管每次关于机体主义论述稍有差异，但它的思想内容同源一脉："中国哲学精神之显扬，恒以重重统贯之整体为中心，可藉机体主义而阐明之。作为一派形上学理论，机体主义可自两方面着眼而描摹之，其特色如此：自消极方面而言，机体主义，一、否认可将人物互相对峙，视为绝对孤立系统；二、否认可将宇宙大千世界之形形色色，化为意蕴贫乏之机械秩序，视为纯由诸种基本元素所辐射拼列而成者；三、否认将变动不居之宇宙本身，压缩成一套密不透风之封闭系统……自积极方面，机体主义旨在统摄万有，包举众类，而一以贯之；当观照万物也，无不自其丰富性与充实性之全貌着眼，故能'统之有宗，会之有元'，而不落于抽象与空疏。宇宙万象，赜然纷呈，然克就吾人体验所得，发现处处皆有机统一之迹象可寻，诸如本体之统一、存在之统一、生命之统一乃至价值之统一等。"① 究其意思，是从正反两面评述、揭示机体主义所包含的深意，摒弃单一的思维范式，否认将事物进行封闭或对立；倡导圆融无碍的整体思维，始终以中国文化为背景，融汇百家、兼容并包；深入儒、佛、道各家思想精粹之中，或吸收、肯定，或批判、舍弃，从而建立一套完满的文化理想蓝图。从这个意义上来说，"机体主义"是方东美认知、理解中国哲学精神及其文化的诠释方法。这种诠释方法从逻辑正反、历史纵横进行对举、铺陈，化解"二分法"的疏离，某种程度上也反映了他的机体主义以整体价值为中心枢纽的一面。同时，在诠释过程中形成了方氏理解、判定哲学史的认知范式。

诚然，方东美机体主义思想受到怀特海的启发，兼采伯格森创化论思想，从而吸收融汇了西方哲学的某些特征。然而，就其本质而论，这一理论深深植根于中国传统文化之中，他对机体主义特质的揭示正是受益于先秦儒家诸多经典内在的关联，对此含情摄理的旁通。正如成中英评价道："方东美先生是以《易经》哲学为经，以世界文化为纬来阐述其思想体系的。"② 蒋国保等亦认为，方东美对怀特海的推崇正是基于生命本体论体系的架构奠定了方法论的基础。③ 概言之，机体主义之所以成为一种诠释

---

① 方东美：《中国哲学精神及其发展》，中华书局2012年版，第23页。
② 成中英：《论方东美哲学的本体架构》，详见国际方东美哲学研讨会执行委员会主编《方东美先生的哲学》，（台北）幼师文化事业公司1989年版，第84页。
③ 蒋国保、余秉颐：《方东美哲学思想研究》，北京大学出版社2012年版，第67页。

方法,一方面在于中国哲学与机体哲学之间的亲缘性,为方氏将机体哲学引入中国哲学范畴提供了可能;另一方面,在于中西哲学的差异性,中国哲学非逻辑性思维的特点,使得机体主义天然不同于怀特海基于对实体理性之批判而建立起的机体哲学,而是中国哲学的一种独特的诠释方法。可见,机体哲学贯穿其整个思想系统,不拘泥一家之说,而是旁通统贯,一以贯之。他始终以中国文化为背景,深入对儒、佛、道各家思想精粹的挖掘,体现出一代大哲广博的眼界、深邃的哲思。黑格尔曾说"在哲学史里我们所研究的就是哲学本身","即哲学史以言哲学"的方式同样是方东美阐释哲学的方式。

在方东美看来,通中国哲学之道方法众多,然而他却独采形上学的途径,试图以此直探中国哲学精神主脑。他认为,从历史着眼,自远古至公元前12世纪中国形上学之基调表现为神话、宗教、诗歌三重合唱;而后迄公元前246年,百家争鸣,儒、道、墨竞为显学;自此到公元960年佛教的摄入,形成了高度的玄想思潮;自公元960年至今,在新儒学(性、理、心、命)之形式中次第复苏中国固有的形上学,诚然其中不免染上了佛学色彩。方东美将此期间的形上思潮归位三种形态:(1)唯实主义形态,由周敦颐至朱熹;(2)唯心主义形态,由陆象山到王阳明;(3)自然主义形态,由王廷相到戴震。[①]三派旨趣虽殊,但也存在共通之处:第一,就新儒家主旨而言,其重心仍在关于宇宙的追问,生命及物质因何而有,万物的存在以及最后的归属等终极问题的思考。第二,作为一套哲学系统而言,新儒家汇集众说,一方面继承原始儒家;另一方面又吸收了佛教思想,有失理论结构的完整。第三,以人为中心,一本中道。第四,新儒家各派思想之枢要,在于强调"理性遍在"止于至善。方东美将"理性"一词作了详细的类比:(1)玄理—属超越界的玄想之理;(2)物理—自然之理,内在于物质对象,而可以经验认知;(3)伦理—道德之理;(4)性理—认知之理,示心体之性,涵宇宙世界,范围天地。当然方东美指出,宋明理学的贡献在于坚持道德理性的优先地位,从而与道家壁垒分明。另外,则是宋儒强调"天人不二",要由"一体之仁"来理解天地之心。[②]

[①] 蒋国保、余秉颐:《方东美哲学思想研究》,北京大学出版社2012年版,第25页。
[②] 方东美:《生生之德》,中华书局2013年版,第17页。

纵观历史，方东美总结了中国形上学的发展，"回顾过去，吾人可谓：中国形上学之律动发展，悉依三节拍而运行。初则强调儒家，继而转重道家，终乃归结佛家，终于奏形上学之高调于新儒家，此世人之公论也。然自余观之，新儒家乃是融摄众流，而一是以折衷为根本。犹川汇海，万流归宗"①。自方东美观之，中国形上学的发展历程足以彰显各派卓绝的独特文化以及相互间复杂的交融互异关系。从方法论的角度，他把中国形上学称为机体形上学，以此区分于西方的"分离主义（二分法）"。同时他强调，机体主义融贯万有，而最终则落实于"天"与"人"，即"天人合一""天人合德"；并从华严佛学三重门——真空观、理事无碍观、周遍含容观推演出机体主义的原理：彼是相需、相摄互涵、周遍含容。以宇宙与生活于其间的个人之种种相互密切的基本事实作为基础，逐层递进以解释宇宙存在的奥秘、人类精神的高扬，从而贯通"天"与"人"。"天人合一"的贯通是作为本体论"机体主义"的题中应有之义。

依此，他把中国哲学整体的形上形态称为"超越形态之形上学"②，以此定义典型之中国本体论。他强调"形上学者，究竟之本体也，探讨有关实有、存在、生命、价值等"，"本体就是哲学上所要探讨的根本问题"。③ 究其原因在于，一方面，"超越形态之形上学"深植于现实世界，归根于"生命"；另一方面又以理想之境点化现实，摒弃单纯二分法，更否认"二元论"为真理。显然，在方东美的理论创建中，他主要从本体论的角度把中国形上学称为机体形上学，以此区分于西方主客二分的"分离主义"方法。另外，他始终以人为中心，强调宇宙与人之间相互贯通，形成雍容洽化的统一整体。

以生命为本体的宇宙，从本质上讲就是一个"和谐创造"的历程。那么，人短暂的生命与无限的宇宙在什么意义上相互贯通？对此，方东美于1956年在《中国人生观》一文中做出了相应的回答，他把"普遍生命"最终确定为"宇宙中创进的生命"④，使之作为一切生命存在的原动力。1969年他在《从宗教、哲学与人性论看"人的疏离"》一文中提到，"遍在万有的生生之德"可谓是"普遍生命"的别称。因为该文主旨仍在于

---

① 方东美：《中国哲学精神及其发展》，中华书局2012年版，第29页。
② 方东美：《生生之德》，中华书局2013年版，第235页。
③ 方东美：《生生之德》，中华书局2013年版，第20页。
④ 方东美：《中国人生哲学》，中华书局2012年版，第39页。

申述"神明生生不已的创造力分途流贯于世界于人性,使人类成为参赞化育者,使世界成为顺成创造之德的领域"①。在方东美看来,普遍生命作为永恒的创造历程,导源于个体生命的践行不已。人的本质是宇宙的中心,上体神明之意而发挥创造力。"天地之塞,吾其体;天地之帅,吾其性。民吾同胞,物吾与也",方东美将此解作"生生之德",这是在怀特海的创生概念(creative creativity)的基础上,对"普遍生命"的另一种表达:"宇宙天地,处处布濩大生机,表现为大生广生之创造力,是谓'生生'之德……弥贯全宇宙天地之创造力。"②这样,"生命"的本体论意义得到确定。但是,仅仅把生命视作宇宙万物的本体,而不作本体之功用的发挥不足以体现生命本体的价值意义,也不足以构成"超越而内在形上学"的体系。因此,他将生命精神的提升、创化落实在现实的人的实践上,所谓"下学而上达",以这种"双回向"来完成生命本体论的构建,并借用《周易》"生生之德"③概括普遍生命的本性。至此,人与宇宙世界的上下贯通找到了合理的解释。

当然,方东美对作为本体的机体主义的阐释不仅仅囿于儒家,从道家、佛家角度亦有论述。道家观照万物皆以"玄之又玄"的"无"遁入,尤具诗意的灵感和气质,使之更放旷流昄,通超升境界以存于理想之宇宙世界。天人合一的一个思维前提是以动态的宇宙生发过程来统摄普遍生命与宇宙世界,两者在"道"的贯通下得以融合。故而,"道"作为统摄万有的有机存在,保证了天道贯通人道的逻辑合理性。方东美从"道体""道用""道相""道征"四个方面对"道"之贯通作了详尽的论证。"天下万物生于有,有生于无"——"道生一,一生二,二生三,三生万物"——"万物负阴而抱阳,冲气以为和"——"天地与我并生,万物与我为一",在方东美看来便是道的显现和发用的过程。此过程即用显体,即无体道,其最终指向便是"道通为一"。"此种'道',齐万物之方式,乃是一桩齐同万物于精神升扬之伟大运动……自余观之,斯乃精神民主之形上意涵,举凡其他一切方式之民主,其丰富之意涵,胥出乎是!"

关于佛教的本体思想,方东美认为十宗之中,华严宗思想最具"机体

---

① 方东美:《生生之德》,中华书局2013年版,第293页。
② 方东美:《中国哲学精神及其发展》,中华书局2012年版,第147—153页。
③ 方东美将《周易》贯穿万物的"生生"之理的本体论概括为:"天大其生,万物资始,地广其生,万物咸亨,合天地生生之大德,遂成宇宙。"

主义"思想，并以"一真法界"诠释之。一真法界是诸佛众生的清净心，万法以清净心为根本，而法界的本便是人心的善巧妙用，所以没有一法不是心的彰显，任何一法总揽法界，万法彼此融通，互为缘起。"一真法界一定要我们透过我们近代人所了解的 organistic philosophy（机体主义哲学），把整个世界当作一个有机体的统一……以华严宗的哲学可以称为广大和谐的哲学。"① 四法界中"理法界"与"事法界"相互结合构成"理事法界"，由此向下贯通到现实世界的一切事物，形成"事事无碍法界"，也就是把世界当作一个有机的统一体。方东美认为这正说明整个森罗万象的世界绝无孤立的境界，也不存在孤立的思想系统。这里的逻辑是：把整个世界当作统一的整体，各个层次所具备的"事"需要表现宇宙之"理"，而这个"理"需要向下贯注于万事万物。当然这个推理得以成立的基础便是众生皆有"佛性"。从中可以发现，佛家的"佛性"论与儒家"途之人可以为禹"的人性论有异曲同工之妙。如此一来才能把千差万别的、充满矛盾的万物统一起来。有鉴于此，他从华严佛学三重门——真空观、理事无碍观、周遍含容观推演出机体主义的原理：彼是相需、相摄互涵、周遍含容。这也就意味着整个宇宙全体与包含在内的个人相互贯注，唯其如此，人的精神才能在浊世滔滔中得以超升，从而抵达最高的精神理想与领域——"正觉世间"。

总体上看，方东美的机体主义思想主要围绕着生命本体论全面展开，深入阐释了宇宙"普遍生命"这一概念在儒佛道三家思想语境中的互异与相契。关于儒释道三家本体论的意涵，其共性在于在提出"上回向"的超脱精神之后，始终会落于"下回向"的现实途径，其落脚点始终在人本身。可以说，生命本体论为机体主义奠定了基本的人文主义价值维度，使宇宙人生得以一贯，人生向上的价值意义得以安立，继而在机体主义视域中讨论儒释道三家之通性奠定了基础。

三 机体主义与中国哲学之通性

中国哲学精神之显扬依赖于对其整体的把握与统贯，方东美先生以"机体主义"阐明之。他之所以把原始儒家、原始道家和大乘佛学统汇一类、相提并论，是因为三家系统虽异却同具三大显著特点：第一，旁通统

---

① 方东美：《华严宗哲学》（上），中华书局2012年版，第123页。

贯论；第二，道论；第三，人格超升论。① 在中国哲学思想传承、赓续发展历程中，儒、释、道三家此消彼长，相摩相荡，三家同具的显著特点从而也构成了中国哲学之通性与特点。

在机体主义视域下，方东美以旁通统贯论——"吾道一以贯之"（《论语》）作为中国哲学第一通性，自儒家立论，始终赋予宇宙大千世界以生生不已的创造力量，同时也赋予人以源源不断的生命力。《易》曰："天地之道，贞观者也；日月之道，贞明者也；天地之动，贞夫一者也。"宇宙万象、人类世界处处充满了有机体统一。生命之自然秩序及道德秩序既始于乾元（天道）之创造精神，则人在创造的潜能上自然要德配天道的，天、地、人"三才"形成"天人合德"的有机整体。"一以贯之"的观念在道家、佛家皆有体现，老子曰："昔之得一者：天得一以清；地得一以宁；神得一以灵；谷得一以盈；万物得一以生；侯王得一以为天下贞。"大乘佛学诸宗，关于大千世界之种种，虽然发展出不同的缘起论，但是一旦归宗于圆智统观，都不免趋于理想圆融之境即"一真法界"，一入一切，一切入一，万法互具，以至"菩提道"。由此，方东美指出中国哲学不管哪一家哪一派总是通过种种事实蕴发对宇宙与人生的一贯性的了解与领悟。② "宋儒如张载、朱熹等虽说亦有'虚''气'或'理''气'分别的主张，但是仍然于'道''虚''气'及'理''气'之间，求得其一贯处……中国人的宇宙是精神物质浩然同流的境界，这浩然同流的原委都是生命。"③ 在这里宇宙不仅是机械物质活动的场合，而且是普遍生命流行的境界，是一种充虚中和的系统，其功用无穷。"中国先哲的宇宙观可以归到一个共同点上去，这便是：宇宙是一个包罗万象的大生机，无一刻不发育创造，无一不流动贯通。"方东美关于宇宙的论述建立在"天人合一"的相关思考之上，以"普遍生命流行"立言，强调"生命"乃"天人合一"之渊薮。"把宇宙和人生打成一气来看，乃是中国哲学的一贯精神"，以上论述可以说是直觉思维在中国哲学中的运用，按方氏的话来说就是"掩其实体，显其虚灵"，他引用老子"天地之间，其犹橐籥，虚而不屈"以表明先哲体悟实者虚之的道理，由此引申出天人无间的超脱

---

① 方东美：《中国哲学精神及其发展》，中华书局2012年版，第25—28页。
② 方东美：《中国哲学精神及其发展》，中华书局2012年版，第40页。
③ 方东美：《中国人生哲学》，中华书局2012年版，第18—38页。

义,"这三类哲学都在不同的形式之下,没有把宇宙当作孤立的系统……它要统贯到宇宙各种真相,把人生各方面的意义和价值都显现出来!然后形成一个统一的理论,这是第一种所谓'一以贯之'的精神"①。诚然,在方东美看来,中国先哲之宇宙论皆以不同的形式呈现,都是要旁通统贯到生生不息的宇宙真相,把人放置在相应的位置,从中挖掘人生价值,使之"统之有宗,会之有元"。至此,本体之统一、生命之统一乃至价值的统一相与浃而俱化,形成旁通统贯、交融互涉的系统。

在形上基础上入乎其中便是道论——中国哲学的第二个通性。作为贯通理想之境与现实人生的途径,儒家把宇宙超化为道德宇宙,以乾健之德配天,以博厚之德配地而主张"立人极",视个人为生生不已的创造者,秉持"忠恕""絜矩"之道卓然于天壤之间。"人者,天地之心也,五行之德也,食味、别声、被色,而生者也,故圣人作则,必以天地为本。"(《礼记·礼运篇》)"唯天下至诚,唯能尽其性。能尽其性,则能尽人之性;能尽人之性,则能尽物之性;能尽物之性,则可以赞天地之化育;可以赞天地之化育,则可以与天地参矣。"(《中庸》第二十二章)在此,人被赋予了与自然体合无间的纯粹性,以天地为本,以圣人为则,谓之天、地、人三极之道,"在中国哲学里,人源于神性,而此神性乃是无穷的创造力,它范围天地,而且是生生不息的。这种创生的力量,自其崇高辉煌方面来看,是天;自其生养万物,为人所禀来看,是道;自其充满了生命,赋予万物以精神来看,是性,性即自然。天是具有无穷的生力,道是发挥神秘生力的最完美的途径……"② 方东美所要表达的正是儒家"天命之谓性,率性之谓道,修道之谓教"(《中庸》)的根本内涵。

道家所讲的道更加阔达于宇宙万物,"道生万物"(《老子》第四十五章)。"天地与我并生,万物与我为一。"(《庄子·齐物论》)庄子更是点出了老子思想的精义"建之以常无有,主之以大一……以空虚不毁万物为实"(《庄子·天下》)。一言以蔽之,"道"发挥为精神生命之极致,超脱玄之又玄之境后又要"返璞归真",在现实界和超越界寻求一个折中的艺术境界,个人应该追求永恒之逍遥和解脱。"道家论道,益驰骋玄想,就本体论言之,道之本身超乎其他一切之上……道之本身内具至德,乃超越

---

① 方东美:《方东美先生演讲集》,中华书局2013年版,第42页。
② 方东美:《生生之德》,中华书局2013年版,第225页。

一切偏计妄析善恶、美丑。"① 也就是"道"可以从两个方面加以规定：其一，它囊括全宇宙之无上真理，而观照一切万物，是人与万物所共有的道路，由此则和谐贯通；其二，它是人之为人的规范，人的价值的显现，个人与无限之本身契合无间，遂与天地万物为一体。方东美尤为主张，中国文化只讲儒家而抹杀道家不是智慧，同时也应该肯定佛教的"菩提道"。

佛家主张摒弃俗世的观念，寻得出离心，破我执，方显般若智慧，直探宇宙人生之奥秘而抵达宗教境界。般若之光照耀着整个世界全体，一方面，般若本身同菩提之光是同等的，不能再分；另一方面，菩提之光不仅照耀精神的最上层，而且往下贯注，遍及世界全体各个层次，谓之"方便善巧"。从智慧（般若）的培养到光明（菩提）的体验，一直到价值的把握，人的生命向上发展，再切切实实向下贯注到不同层面。如此，方便善巧之"道"便指向了渐修顿悟的修养功夫，在此双向过程中表现出的般若智慧、慈悲济世即通往"一真法界"的"菩提道"。

如果说中国哲学范畴内"一以贯之"是充溢在宇宙、人生间圆融无碍的精神，"道论"是贯通两者的根本途径，那么，其最终目的（结果）还需指向人。人的小我生命与宇宙的广大生命浑然同体、浩然同流，作为宇宙世界与社会活动的创造者、参与者，参赞宇宙创造力，构成了王国维所言"以人（我）观物"②的中国传统形上学思想特色。方东美先生称其为"人格的超升"，认为中国各派的哲人都肯定人的知能才性，"以文化的理想培养出来向善的发展，美的方面，引导向美的修养；真的方面，引导向真的修养。这样产生'自我理想'（self-ideal）。一切理想都在自我发展、自我训练、自我节制、自我修养的里面，向理想的人格这方面找着他的前途！……这就是《周易》里的'人文化成'"③。对儒家而言，要把常人变作士人，宋儒周濂溪起就主张"士希贤，贤希圣，圣希天"，以达到原始儒家"博厚配地，高明配天"的理想人格；道家也要从天人、至人、神人、圣人的过度，抵达理想人格境界；佛家则要超凡入圣，悟入一真法界，再而做菩萨、阿罗汉、大菩萨乃至成佛。"这是'一以贯之'的方法，在各种不同的道论，都是要把世界提升到理想的存在平面。"以上所

---

① 方东美：《中国哲学精神及其发展》，中华书局2012年版，第26页。
② "以我观物"见于王国维《人间词话》（三）："有有我之境，有无我之境……有我之境，以我观物，故物皆著我之色彩。"
③ 方东美：《方东美先生演讲集》，中华书局2013年版，第62—64页。

论便是中国哲学的第三通性——"人格的超升",它与"一以贯之"精神互为条件,亦是"道论"的必然结果和目的。精神人格亦是中国哲学智慧的反应,"中国四大思想传统:儒家、道家、佛学、新儒家(宋明儒学),都有一个共通的预设,就是哲学的智慧是从伟大精神人格中流露出来的"①。人格的超升在各派哲学家有不同的偏向,儒家侧重圣贤人格的塑造,一方面志存高远;另一方面又把理想践行于现实生活,"志于道,据于德,依于仁,游于艺",以成就"正德、利用、厚生"通过影响人类社会生活而成就仁德。道家"原天地之美而达万物之理"偏于超脱的艺术境界。佛家则不然,亦哲学亦宗教的特性决定其心怀苍生,系心于人类社会未来命运,故而,佛家趋于先知人格的凝练。方东美依据各家所表现的人格特征,以及从中所展现的哲学智慧给予与之对应的人格类型指称。

他极力主张儒家文化源自《尚书》"永恒"哲学之启示,《周易》"变易"哲学之引导,铸就了中国传统哲学追求真善美的永恒价值,并体现在"生生不已"的精神文化生命中,而源源不断地创造、变化历程是在时间的秘密中展开的,因而,方东美把原始儒家由孔子、孟子到荀子称为"时际人"。道家则要升腾于超然之境,从诗意的空间里获得"寥天一",从而反观世间的愚昧、鄙陋,对此,称之为"太空人"。至于佛家的精神人格,方东美分别申论了大小乘之别,小乘佛教视一切现实生命活动都是昏念妄动,世事充满无常,轮回之中人类终不能解脱;大乘则在轮回中指向永恒境界,从轮回中解脱出来。基于二乘同中之异,合而称之为"交替忘怀的时空人"②。尽管各家所表现的精神人格各异其趣,但方东美更注重的是"异中之同""殊中之共",透过智慧创造"通约"的中国文化精神,形成相依相待的整体和谐,终至道德、艺术、宗教领域之次第完成。

方东美的"机体主义"尚不能说直接来自怀特海的《过程与实在——宇宙论研究》中的机体哲学,但中国哲学与机体哲学具备的亲缘性,使机体哲学成为方东美可资借鉴的思想资源。怀特海是以现代科学成果来证成形上学,他的机体主义建立在理智论证的基础上;方东美则反对科学唯物论,重返中国传统文化寻找精神理论依据,用审美与艺术之境构建理论体系。对方东美而言,宇宙与人皆处于生生不已的状态,人的精神生命与人

---

① 方东美:《原始儒家道家哲学》,中华书局 2013 年版,第 36 页。
② 方东美:《原始儒家道家哲学》,中华书局 2013 年版,第 38—39 页。

的思想境界同宇宙全体相符相配,形成一个"广大悉备之和谐"。不论儒家"天下之动贞乎一"、道家"抱一为天下式",还是佛家"真如一体"都是"皆原于一"才能不离宗、不离真,这样以天为宗、以德为本、以道为门才可以形成伟大的精神人格。一言以蔽之,"机体主义"的诠释方式构成了中国哲学区别于西方哲学的特性,表现为儒道佛三家"生生""大道""真如"的本体论特质,在此基础上发展为一以贯之的中国哲学之通性。

综上所述,方东美"机体主义"思想主要具备三个向度的哲学意涵:第一,作为诠释方法的机体主义,它以中国传统文化为基础,并对怀特海机体哲学做出方法学上的提炼和转化;第二,作为本体论的机体主义,"普遍生命""双回向"的上下贯通使得人与宇宙世界的圆融无碍找到形上的依据,在儒道佛的阐释中分别体现为"生生""大道""真如";第三,作为中国哲学通性的机体主义,它表现在儒道佛同俱"旁通统贯论""道论""人格超升论"一以贯之中国哲学之精神。此三种意涵构成方东美独到的认知范式,这种认知范式还理论于历史,还概念于语境,以"忠恕体物,道通为一"的整体思维方法以及体察万物的中庸之道对中国文化传统做出真正"同情的理解"。

本书总体拟从天人关系、人性论、知行观、生死观、诠释方法五个角度来深入方东美机体思想的研究。一方面,在中国哲学的领地前四个层次是不可回避的论题,各家对此论题的阐释也正是其特质的凸显,而对同一论题的不同理解、历史展开凝结成中国文化异彩纷呈的鸿幅巨画。这不仅是方东美思想形成的基础,也是本书思考过程中所依仗的底板,基于方东美机体思想视域的解读与审视以此构建本文的框架。另一方面,在这四个角度基础之上进行绵密的探讨与分析,以厘清中国文化之特质从而厘定方东美机体主义思想的价值意义、理论利弊,同时,关于他归属哪一家的问题也随着这些视域的剖析迎刃而解。本书最后一部分从诠释方法的角度反观全貌以权衡利弊得失,将方东美的机体主义思想进行诠释方法的考量,这样,以点到面的问题阐释在历史纵横、逻辑发展的观照下得以展开。

第二章

传统天人观研究中的方东美机体主义思想

方东美博宗儒、佛、道、新儒家为其理论主干，辅之以与若干西方传统进行比较，以彰显中国哲学之特质。中国哲学精神之显扬，重在旁通统贯宇宙以及生活于其间的人之种种，从而贯通"天"与"人"。总体上，方东美的机体主义思想主要围绕着生命本体论全面展开，深入阐释了宇宙"普遍生命"在儒释道三家思想语境中互异与相契。当然，方东美更注重"殊中之共"，以寻求中国文化精神中的"通约"，从而形成相依相待的整体和谐。

第一节 儒家天人观中的机体主义思想

关于中国文化的起源，方东美主张从儒家说起，最主要的原因在于儒家"有典有册"，同时，他把《尚书》与《周易》作为中国哲学之源头。与此对应，"永恒哲学"与"变异哲学"作为中国哲学的一体两面，奠定了中国哲学发展的最初形态和发展方向。

一 从神秘宗教到理性哲学

中国哲学思想的起源问题充满了复杂性，也伴随着诸多困难，相比之下，古希腊拥有完备的神话系统，由荷马史诗、赫西奥的诗篇追溯哲学的起源，印度依照《四吠陀》、《奥义书》等经典发展出一套神话系统，再反观哲学之缘起。中国哲学则呈现出截然不同的缘起样式，如果从神秘宗教的观点切入，中国哲学溯源之困难在于历史悠久，文明历程迂远且长，原始宗教、神话的文献不足，在一定意义上也决定了关于中国哲学的发端问题不能溯源于神话传说，这当然是针对战国之前的神秘宗教历史立论。

但是，华夏文明的神秘宗教时期必然为中华文明奠立基础，这是人类认识发展过程中，人对于所处世界、族群与自我的认知、理解不可或缺的过渡阶段。毫无疑问，具体神话系统的缺乏并不能掩盖神秘宗教发展的历史。对于中华文化之溯源，我们所依仗的经典是有史以来公认的传世文献。由于历史的变迁、古籍的佚失，往往造成原生问题的分化。令人振奋的是，近几年考古研究取得重大进展，出土文献的整理挖掘为历史的研究提供了十分宝贵的材料，帛书、竹简等出土文献的直观考据弥补了传世文献的遗漏。王国维先生根据甲骨文考据上古历史，加上出土文献，形成"考据"和"义理"相结合的"二重证据法"，为历史文献研究提供双重论据。① 通过文献，我们得知中华文明从最开始就展现出高度的理性、高超的智慧，可谓"早熟的文明"。诚然，早在"轴心文明"时期，中国文化雏形大致定型，表现出以理性的道德价值支配人心的时代特征，直到东汉佛教的正式传入而稍有改变。但是，中国宗教的本质在一定意义上就是伦理，起初便是由理性开明的伦理文化代替神秘宗教。这也就意味着宗教往往哲学化，倘若不具足这一条件，外来的宗教便不能在中土落地甚至发展。历史上，祆教、景教等外来宗教的消亡正是明证。由此可见，高度的哲学化构成了中华文明的原始基因，决定了中国哲学的基本形态和发展方向。

关于中国哲学起源的问题，方东美主张从儒家说起，最重要的原因在于儒家"有典有册"，注重历史变迁与发展，传承历史的统一与赓续。对于儒家之起源，历来众说纷纭，许慎《说文解字》云："儒，柔也。术士之称。"②《汉书·艺文志》："儒家者流，盖出于司徒之官，助人君顺阴阳明教化者也。游文于六经之中，留意于仁义之际，祖述尧舜，宪章文武，宗师仲尼，以重其言，于道最为高。"③ 后世学者依照不同立场做出了诸种解释，方东美则从儒家文化精神之纯粹性着眼，用"原始儒家"来区别

---

① 20 世纪 50 年代，河南信阳出土了有关墨家、儒家内容的竹简，甘肃武威出土记载《仪礼》的汉代竹简。70 年代考古研究取得举世瞩目的成果——山东银雀山汉简中丰富的兵家丛书、湖南马王堆汉墓帛书《老子》《周易》《黄帝四经》等。90 年代，湖北江陵王家台秦简中的《归藏》、湖北荆门郭店竹简《性自命出》《老子》《六德》等。近年来，考古工作陆续取得新的发现，尤其 2015 年江西南昌海昏王墓的发现，是迄今为止我国发现的最早的藏有孔子像的墓葬。并且有了翔实的孔子生卒年、姓氏介绍，格外关键的是出土文物中还有竹书《论语·知道》篇，很可能是齐论的版本，这些是极具价值的宝贵文献。

② 许慎：《说文解字》，中华书局 1963 年版，第 162 页。

③ 《汉书》卷 30《艺文志》，中华书局 1962 年版，第 1728 页。

于先秦之后宋儒等儒家学派，于他而言，唯有孔孟荀才能代表正统之儒。同时，他把原始儒家分为三期：初期，原始初民之上古思想遗迹，企图纳诸理性；次期，肯定人性之崇高；三期，汉儒固可列为第三期。但在实际意义上，在他的精准划分中应该只有前两期。一方面，原始儒家"继承有一套洪荒上古时期之久远传统或若干解释所言，仅系发挥旧说耳；同时，他方面，抑又创造出一大永久性之传承，垂诸后世而弗竭"①。孔子"信而好古""述而不作"。因此，方东美认为，"传承古代中国文化的并非周室守藏史的老子，而是由民间崛起的孔子——《尚书》这部中国最古老的历史乃是他删定的，而《诗经》也是他收集的，他除了传《诗》、《尚书》，再把各国历史折衷成为《春秋》，至于三礼，也是儒家整理后传下来的"②。在这些儒家典籍中，方东美把《尚书·洪范》和《周易》作为中国哲学之源头，前者是一部箕子口传的古代神权政治宝典，是中国的启示录，它推崇"正德、利用、厚生"的政治理念，代表了古代中国哲学思想的转向，从神秘、原始崇拜向永恒哲学的转变。"洪范九畴"：初一曰五行，次二曰敬用五事，次三曰农用八政，次四曰协用五纪，次五曰建用皇极，次六曰乂用三德，次七曰明用稽疑，次八曰念用庶征，次九曰向用五福，威用六极。（1）"五行"即水火木金土，可视作洪荒夏商时代朴素的科学萌芽，亦可视作自然宗教的宗教传统。（2）"五事"：一曰貌，二曰言，三曰视，四曰听，五曰思。由人的外表以及言语向内而贯穿思想、心理是统一之整体。（3）"八政"：一曰食，二曰货，三曰祀，四曰司空，五曰司徒，六曰司寇，七曰宾，八曰师。（4）"五纪"：岁、月、日、星辰、历数。（5）"皇极"："允执厥中"同于《周易》"大中以正"，《左传》"民受天地之中以生"。（6）"三德"：正直、刚克、柔克。（7）"稽疑"：国家大事诉之于卜筮，以达天意、民意。（8）"庶征"：决定人世休咎与祸福。（9）"五福六极"决定人的生活幸福与否。可以说，"洪范九畴"从自然事物到人的心理属性，推及社会国家的治理，道德秩序，形成严密的推理系统，综合了宗教决疑与理性道德秩序初步建立。对于后者，《周易》则饱含生生不息的变化创造力，两方面合而为一，塑造了儒家"实际人"的人格特质，更明确地说，《尚书》给予儒家文化一个基点，而《周易》则以

---

① 方东美：《中国哲学精神及其发展》，中华书局2012年版，第42页。
② 方东美：《原始儒家道家哲学》，中华书局2012年版，第43页。

从源到流的方式把它展开在历史之流中。从表面观之,两者似乎存在着矛盾,《尚书》衔接古代思想,是守旧、复古的;《周易》则侧重积极进步的变易、创造,理性逻辑进一步发展。实则,二者乃一体之两面,紧密相连,相辅相成,铸造了中国哲学原初模型。《洪范》篇代表了中国文化从神秘宗教向理性哲学的转化,体现在原始时期人格化的"鬼神"观念转向德性化,即人的主体性与之相内在联系的"神化";《易传》中"神"之观念已经突破了先秦人格神观念,"神"被上升为哲学化的形上妙道。譬如,"神道"在《易传》中王弼注《观·彖》:"观天之神道,而目时不忒。圣人以神道设教,而天下服矣。"孔颖达疏曰:"神道者,微妙无方,理不可知,目不可见,不知所以然而然,谓之神道,而四时之节气见矣,岂见天之所为?"(《周易注疏》第277页)。可以说,《周易》的精神源头在于《洪范》篇的"皇极"思想,皇者大也,极者中也,亦即《周易》的"大中以正",它是一个象征的符号,同于《诗经》中的"昊天上帝"。① 它代表了宇宙的最高真相和价值,而非抽象的本体论。

在方东美看来,"这是宗教之衰退中产生道德之纯真"。他借用黑格尔的名词"哲学的定制"以解释宗教向哲学的回转,把宗教的人转变为理性人。② 置于周代的语境中,也就是君权意义上的神权示威转变为道德规范与道德理想。当然,《尚书》到《周易》的历史演进并非表明了神秘宗教的退隐到道德哲学出场的转化历程,而是"以德配天"思想中"天"的属性和指向中道德意蕴的增强,这一迂回曲折的转化由周公和孔子继续完成。周公反思殷王朝灭亡的教训,提出"以德配天"的思想,强调"皇天无亲,惟德是辅"(《左传僖公五年》)。德行是祭祀活动即获得天命的首要条件,《周易》《尚书·洪范》中有诸多的记载,标志着人对于世界之理解有了思辨性的新知,从而逐渐从神秘宗教中分离。儒家的思想不仅仅承袭历史,也在于开创未来,不但要从源溯流,也要从流溯源,以历史的经验、文化为基点,开创出新的局面。方东美进一步指出在此转化过程中所依仗的是儒家关于时间学说的展开,论及时间时他说:"盖时间之为

---

① 夏商以来,中国文化中的理性思维不够完善,哲学与科学均无系统的集结,彼时,人们凭借宗教给予生命之厚望,这一点无可厚非。人与"昊天上帝"或"皇矣大帝"通过祭祀产生关联,古人祭祀,大祭祭天谓之"类",中祭祭神(天地之六祖,自然神祇)谓之"禋",同时兼祭于名山大川、百物之魅、各路神祇。表面观之,是泛神论,但其深意在于:宇宙万有皆在神圣之中。

② 方东美:《原始儒家道家哲学》,中华书局2012年版,第72页。

物，语其本质，则在于变异；语其法式，则后先递承，赓续不绝；语其效能，则绵绵不尽，垂储久远而蕲向无穷。"① "中国人之时间观念，莫或违乎《易》。"② 他道出了时间之本质在于流逝与变易，绵延不绝，故而，他把《周易》视作中国人时间观念之渊数，这部书把世界万物展现在时间的变化历程中，儒家之基本精神亦蕴涵其中。纵然《周易》中并没有详细阐述何为"时间"，但是从《管子》中关于时间的描写可以发觉一个原理："轮转而无穷。"这样，从《尚书》"直线永恒"到《周易》"回旋变易"，可以说《周易》所体现的时间观是在线性时间观基础上叠加回旋的观念，是承袭了《尚书》所体现古人因袭守旧之观念。"时间之真性寓诸变，时间之条理会于通，时间之效能存乎久"——"穷则变，变则通，通则久"正是《周易》及内在精神源源不绝传续之精髓，正如《汉书·艺文志》云："《易》道深矣，人更三圣，世历三古，及秦燔书，而《易》为筮卜之事，传者不绝。"③

有鉴于此，方东美把《周易》视作儒家思想的根本，"乾元是大生之德，代表一种创造的生命精神贯注宇宙一切；坤元是广生之德，代表地面上之生命冲动，孕育支持一切生命活动；合而言之就是一种'广大悉备的生命精神'，这就是儒家之本"④。他着重厘清了《周易》的历史发展脉络，以儒家对《周易》的定位为准绳，认为周易从单纯的符号系统转变为具有道德和艺术价值以及哲学意义之存在的过程。他把解《易》之过程分为三个步骤，首先，"学易者以通其象"；其次，"学易者通其辞"；最后，"学易者通其理"。这是《易》与中国民族性之特征所决定，远古中国是以血缘关系为纽带的宗族社会，《周易》的卦辞不是凭空臆造，而是根据中国民族的历史所演变。在历史发展中又经过不同的诠释和发展，从卦辞符号到道德价值的赋予，成周时代因此也形成了道德的革命，它因袭了原始宗教内容，继而做出了道德价值的转化，把理想、神圣的世界拉到现实世界，道德秩序从中萌芽，也标志着伦理道德文化的形成。"周易的系辞大传中，不仅仅形成一个本体论系统，而更形成以价值为中心的本体论系统。第一是以生命为中心的哲学体系，第二是以价值为中心的哲学体系。

---

① 方东美：《生生之德》，中华书局 2013 年版，第 290 页。
② 方东美：《生生之德》，中华书局 2013 年版，第 106 页。
③ 方东美：《生生之德》，中华书局 2013 年版，第 106 页。
④ 方东美：《原始儒家道家哲学》，中华书局 2012 年版，第 26 页。

周易从宇宙论、本体论、价值论的形成，成了一套价值中心的哲学。"①因而，整个《彖传》代表了孔子一派的宇宙生命哲学。简言之，《周易》所体现的是一套以生命为中心的哲学，生命活动所依据的道德、艺术以不同的形式在生命创造过程中展开以呈现其价值。此过程亦有宇宙生命的参与，即儒家根据生命之本源从人类精神扩充到宇宙，形成和谐的生命秩序。方东美这样的论说是基于文本的深入解读，深入对《易》之逻辑问题做出了独到的分析，尤其把《周易》的根本思想视为人类生命浩然创造的冲动，对中国哲学的原貌做出基本判定，在他的著作中常引用周易进行文本的解读和义理的疏证：

> 一阴一阳之谓道，继之者善也，成之者性也。(《周易·系辞上》)
> 日新之谓盛德，生生之谓易。(《周易·系辞上》)
> 夫乾，其静也专，其动也直，是以大生焉。夫坤，其静也翕，其动也辟，是以广生焉。(《周易·系辞上》)
> 为道也屡迁，变动不居，周流六虚，上下无常，刚柔相易，不可为典要，唯变所适。(《周易·系辞下》)

从上述引文中，方东美申论了儒家的生存智慧，进一步描述了儒家的时间特性。在中国文化中，《周易》地位特殊，儒家冠之以"五经"之首，道家推之为"三玄"之一，佛家多以禅道解《易》。《易》是中国文化之源头，方东美是从儒家的立场出发，揭示了"变易"为本质，"生生不已"的创造历程为《周易》之主旨。值得注意的是，方东美强调尽管他把儒家经典作为中国文化的起源，但绝不以一家独尊，"儒家在中国传统上独尊的局势，在春秋战国并非如此，而是两汉才形成的。在两汉之前，借用韩非子的话，儒家只能称为'显学'，道家、墨家、阴阳家及春秋后的法家都是显学。所以不能以汉后的看法推到战国以前，而以为一向如此。这是历史事实"②。关于中国文化起源问题，方东美的态度极其明确，以儒家为首但不独尊儒，而是认可道、墨等各家的历史功绩。与此同时，他把《尚书》(尤其《洪范》篇)和《周易》视为中国文化之起源，

---

① 方东美：《原始儒家道家哲学》，中华书局2012年版，第146页。
② 方东美：《原始儒家道家哲学》，中华书局2012年版，第44页。

但是，方东美仍旧肯定《诗经》《周礼》《礼记》《竹书纪年》等经典对于儒家文化的重大贡献，他并没有放弃从中挖掘世界根源在宗教上之秘密，从而在这些经典中钻研所载的各项祭祀大典以获得原始宗教的旁证。总而言之，其着重点在《尚书》《周易》"永恒哲学"与"变易哲学"相辅相成上，二者作为中国文化之一体两面，是中国历史从蒙昧走向文明的文献遗存，象征着从筮卜神话走向太极意向符号的发展、中国文化从神秘宗教迷信走向逻辑理性思维的见证，从而奠定了中国哲学发展之基本方向与最初形态。

二 "天人合一"：作为形上机体主义之基础

与其他古代民族相比，古代中国很早就发展出高度完备的思想，殷商文化重点也从上古宗教迷信的"神"本到"人"本的转移，儒家思想正是在上古夏商周三代以来的哲学与宗教文化观念交替发展、变迁中萌芽。傅斯年把殷周之际的变化定义为"人道主义之黎明"[1]，洪修平教授认为如果"三代"大传统到东周新世界观的突破中有两个思想范式的转变具有革命性，一是从"三代"宗教到儒家的人文理性的兴起；另一个是从"三代"宗教到道家的自然理性的兴起。[2] 在先秦，由人及天的天人合一[3]的形上学是主流形态，《诗经》说："维天之命，於穆不已。於乎不显文王之德之纯。"（《周颂·清庙之什·维天之命》）天之法则即方向便是后世所谓之"天道"，把文王之德比拟"天道"，这里"天意观念"转而"天道观念"，意味着"人格神"或"人格天"转向了形上实体——"形上天"。劳思光先生总结古代中国思想时认为："人格神并非事事干预之主宰，而是在某些人力所不能控制之问题，表达其主宰力。人神关系在周民族统一政权时便摒弃，孔子及其儒学，即全无崇拜神权之说，然原始观念在风俗中潜存，亦不易除净尽。"[4] 也就是说中国古代之"天"观念，作为原始观念言之，原指人格神之义，孔子之后人文精神凸显，人格神已丧

---

[1] 傅斯年：《性命古训辩证》，上海古籍出版社2012年版，第121页。
[2] 洪修平：《殷周人文转向与儒学的宗教性》，《中国社会科学》2014年第9期。
[3] 中国哲学史上，明确提出"天人合一"四个字的是张载，"儒者则因明致诚，因诚致明，故天人合一，致学而可以成圣，得天而未始遗人"（《正蒙·乾称》）。但是先秦时代天人合一思想已形成。
[4] 劳思光：《新编中国哲学史》，广西师范大学出版社2005年版，第68—72页。

失其重要性。实际上,孔子、孟子也没有完全摆脱"主宰天"的影响,如孔子曰:"获罪于天,无所祷也。"(《论语·八佾》)孟子说:"莫之为而为者天也,莫之致而至者命也。"(《孟子·万章上》)但是孔孟说的"天"主要偏于道德意义。

在中国历史上,"天"之含义有多种解释,"天人合一"也存在着诸多种诠释面向。根据汤一介先生判断,就可以看到的文献来看,出土文献《郭店楚简·语丛一》也许是最早且最为明确表述"天人合一"思想的:"易,所以会天道、人道也。"[①] 它确切指明《周易》会通了天(天道)与人(人道),一方面,《易》作占卜用,问吉凶是指向天的;另一方面,《系辞》对《易经》作了哲学思想的发挥,阐明"天道"和"人道"的会通之理。两汉以后,尤其董仲舒"天人感应说"提出之后,天人之间的联系复归蒙昧与神秘状态。"天人之际,合而为一。"(《春秋繁露·深察名号》)董仲舒认为人与天具备同样的属性,而这种属性是天赋予人的,天的意志又通过人来传递,因此天人是合一的,但是他所走的是神学途径,不入严格意义上儒家"天人合一"之正脉。直到宋儒"天理"的提出,赋予天以道德价值,天人关系有了新的推进,义理之天重新复归于儒家的视野。而后,"天"之理优先于人,以致发展为"存天理灭人欲",一定意义上也意味着天人之间彻底割裂,不得不说是对传统天人观的背离。对这个问题不同学者有着不同的立场和观点,冯友兰认为,"天人合一"之"天"意义丰富,至少可以从五个层面理解——物质的、主宰的、运命的、自然的、义理的。[②] 汤一介则把"天"归纳为三种意涵:主宰之天(有人格神义);自然之天(有自然界义);义理之天(有超越性义、道德义)。张岱年主张,"天人合一"之"合"意味着两者之区别,古代"合一"与现代语言"统一"同义。合一并不否认区别,合一是指对立的两方彼此又密切不可分的联系。[③] 当然,"天人"关系的源流、分疏远非如此,寥寥数语尚不能概括其梗概,对于一个特定问题的思考,必须依赖于严格的边界意识和清晰的概念。而事实上,"天人关系"的问题并不是非此即彼的取舍,它是人在感知世界、认识自我一系列的变化历程中所展

---

① 汤一介:《论天人合一》,《中国哲学史》2005 年第 2 期。
② 冯友兰:《中国哲学史新编》,人民出版社 2007 年版,第 103 页。
③ 张岱年:《中国哲学史中"天人合一"思想的剖析》,《北京大学学报》1985 年第 1 期。

现出来的心理属性、哲学意义上的判定和理解，构成人类文明的原初底色。

早在纪元前 12 世纪，周公制礼作乐，展现出高度的文化精神，典章、制度均有了相对完备的规模，方东美将此时期的文化特征称为"早熟的文化"。但是，从历史上看，中国上古神灵观念依旧影响着人们的生活与思想，关于人与天、人与神、人与自然即人与超人、自然与超自然的思考无不伴随着先民的生产生活。根据传世文献、史料记载以及考古研究成果，在上古经历了蒙昧的"民神杂糅"的宗教历程，夏商之后逐渐走向文明。《尚书·尧典》"夔曰，於！予击石拊石，百兽率舞"这就是《礼记·仲尼燕居》所言"达于乐而未达于礼"，古之人"乐"先于"礼"，"礼"出于"乐"也体现了由原始巫术到礼、由巫术到礼制和礼教的渐进过程。当然，其间并非宗教与理性的截然分离，而是两者相生相胜、相磨相荡，逐步走向理性与文明。从中所体现出来的宇宙观即不以现实人生之此界与超绝神力之彼界为两者悬隔，而是把理想世界投射并落实于现实世界。为此，方东美总结道："中国上古宗教亦表现出一套'机体主义'精神之宇宙观。"① 即宇宙世界与人生互不隔离，人与自然被神圣的力量所贯通，这样，神、人、自然三者和合，形成有机的整体。这里"神圣力"可作两层意思来理解：其一，作为"万有神通论"。"万有神通论"是极具复杂概念的名词，在方东美的著作中亦有多种解释，时而作"万有在神论"解，在不同语境之下皆有所取。且方氏多本著作均由英文所译，中英互译又增加了另一层理解难度。在此情况下，梳理方东美关于"万有神通论"及其"万有在神论""泛神论"之间细微差异极为重要，这有利于对中国上古宗教立场的理解。《中国哲学精神及其发展》可作为方东美思想理论最为系统之著作，译者孙智燊先生在译注中结合翻译大意作了翔实的梳理。认为"万有神通论"与"万有在神论"虽同近于"泛神论"，且同重"旁通"，但各有侧重，相应的略如："万物＝神；万物＜神；万物神↔神"，根据《尚书》："光被四表""格于上下""格于文祖"，格，祭告而通感之意。中国上古宗教重在"通感"之意，故，取"万有神通论"更符合上古先民之智慧。换言之，万物之间妙有之"感通"，并非如西方上帝那样的人格神所掌控，中国上古宗教强调的是神与自然的同一。其二，

---

① 方东美：《中国哲学精神及其发展》，中华书局 2012 年版，第 62 页。

上古宗教情操又并非是单纯的宗教意识，而是复杂的宗教智慧，这从祭祀中可以看出。这时则趋向于"万有在神论"，强调神主宰万物。不可否认，即便两种现象皆存在于上古先民遗存的祭祀当中，但是，前者居于主导地位。《礼记》：

> 鬼神之为德，其盛矣乎！视之而弗见，听之而弗闻，体物而不可遗。使天下之人，齐明盛服，以承祭祀，洋洋乎如在其上！如在其左右！诗曰："神之格思，不可度思！矧可射思！夫微之显，诚之不可揜，如此夫！"

中国先民更多的是敬事超越而内在之仁爱神，体现其神圣性，"民受天地之中以生"使"人性"与"神性"得以贯通。可以说，方东美将这个问题放置在《大易》哲学的思考之中，运用"旁通"之理①融贯人、神。同时，他认为，贯通"人性"与"神性"必须考虑到祭礼之宗教意义，他用"天、地、人圆道周流，三极一贯"之理论对之做出阐释："生命大化流行，万物一切，含自然与人，为一大生广之创造宏力所弥漫贯注，赋予生命，而一以贯之。"② 最为重要的是，他把普遍宇宙生命之根本归宗于上天或神明。理由在于，人之所以爱神、事神乃在于对生命之热望与虔敬，在这里，"神"乃生命之根本，即无尽的生命精神及其源泉。它通过"礼"的参与完成精神之厚望，象征着"升中于天"之效。"礼者，所以报本返始也。"如此一来，"万有神通论"也进一步得到解释，神明之道、自然之道与人之道，蕴含着有机的统一。"一言以蔽之，上天之光明神力贯注人性，乃成就其内在的本然伟大，天德下贯，人德内充生故。余谓中国人之人文主义，既为一种哲学统观，复深具宗教根本意涵，其精义、胥在乎是矣！"③ 显而易见，方东美把儒家"敬天祭祖"

---

① 方东美将《易经》哲学概括为四大原理：一、性之理（即生之理）。这一原理揭示生命包容万类，绵络大道，包含五义：育种成性、开物成务、创造不息、变化通几、绵延长存，表示生命递进，生生不息。二、旁通之理。此一原理可从逻辑、语意、形上学三个角度来理解，对应的是逻辑的演绎和语意相互关联，运用于《周易》的相关具体语境之中，包含五义。就形上学而言，《大易》乃是一套动态万有论，基于时间之生生不已，它所体现的又是一套价值总论。三、化育之理。四、创造生命即价值实现历程之理。详见方东美《中国哲学精神及其发展》的第111页。

② 方东美：《中国哲学精神及其发展》，中华书局2012年版，第66页。

③ 方东美：《中国哲学精神及其发展》，中华书局2012年版，第72页。

中所表现出来的宗教性与"慎终追远"的人文精神视为儒家对天道人性的安身立命之本，通过天人合一的思维方式使两者得到合理的结合，从而开启人性贯注天道的道德修养功夫理路。儒家文化之胚模由此逐渐形成，中国古代文明依此而展开。

那么，中华文明的先导是谁？他们如何开化、引导时人走向理智世界？方东美早期将儒、道、墨视为三宗，在于他们对宇宙的共同认识有三：一、宇宙不仅是机械物质的活动场合，而且是普遍生命的境界；二、宇宙是一种冲虚中和的系统，其形虽属有限，而功用无穷；三、宇宙若究其根底，多带有道德性和艺术性，故为价值之领域。① 在他而言，宇宙观正是对宗教精神与人文精神之反映，因此，在讨论中国哲学形上诸体系时有两个要点首当注意：第一，讨论"宇宙"或"世界"时，不可执着于自然层面而立论，要不断加以超化。因为中国形上学之志业在于通透种种事实，而蕴发对命运之了解与领悟。对儒家而言宇宙要超化为"道德宇宙"、在道家那里要超化为"艺术天地"。第二，"个人"一词是个极其复杂的概念，非"一条鞭"之方法可以究诘。就儒家言之，要"立人极"，道家则要追求人之精神解脱。② 从方东美的申述中，人与世界之关系包含物质与精神两个方面，他着重于精神（理想）层面立论，所论文化特质已从殷周宗教转而人文，并且赋予了更深一层的价值目的论意义。

> 远自公元前二十三世纪以降，理性文化早以灿然破曙于中国先民之心灵。嗣后神性与人性乃大明于光天化日之下。就昊天上帝与一般庶众或人类本身之关系言，震怒于嫉妒云云，殊难想象，除对祸国残民之暴君外。就人而论，也无自贬自毁之事——简直匪夷所思。上天之神圣性自永为人所尊崇，而敬事弗违；然而人又何尝不曾内秉尊严之神性？故精神上，人性实与神性彼此一脉贯通契合无间。③

自方东美观之，"神性贯注人性论"并非虚妄之言，而是有其本体论意义上的依据。这一依据来自于《洪范》"大中"意符，这是洪荒上古时

---

① 方东美：《原始儒家道家哲学》，中华书局2012年版，第3页。
② 方东美：《生生之德》，中华书局2013年版，第239页。
③ 方东美：《中国哲学精神及其发展》，中华书局2012年版，第66页。

代先民切实用来描摹上天原型,并且把它运用于现实的建筑、庙宇等之中。通过祭祀、礼仪以告示神明,借此"升中于天",它所揭示的则是人对于"永恒"理想价值的企慕。方东美将此解释为"礼者,所以报本返始",通过礼仪返之天上原型,表达人对于"神明""天"的无上虔敬之情。从哲学的角度言,方东美谓其为"隐藏的本体论"。① 因此,"人神关系"是"天人关系"在儒家宗教属性层面的反应,它所包含的"永恒"价值则是人文精神的呈现。换言之,从儒家宇宙与人(天人关系)的理解可以论证,方东美主张儒学的双重属性,即人文的宗教性与宗教的人文性。在此基础上,形成了儒家机体主义宇宙观,"生命之自然秩序与道德之学,即同资始乾元天道之创造精神,且儒家复谓'人者,天地之心',居宇宙之中心枢纽位置,故人在创造精神之潜能上,自能侔天配天。准此,儒家遂首建一套人本中心之宇宙观,复进而发挥一套价值中心之人性论"②。不难看出,方东美极力强调人在宇宙中的中心位置,"天人合一"在其理论系统中天然地作为本然之预设。

> 夫大人者与天地合其德,与日月合其明,与四时合其序。(《易·文言传》)
> 故人者,其天地之德,阴阳之交……五行之秀气也。故人者,天地之心,无行之端也。(《礼记·礼运》)

天人关系在儒家近乎圆满,天人交相感应,把宇宙和人生融为一体,正是体现了中国哲学精神之一贯之道。故而,方东美把中国的天人关系称为"彼是相因"的交感和谐。③ 这是"天人合一""天人无间"的别称,在他的理论中,"天"代表的是宇宙及其蕴含其中的真相,"人"则是人性及其德业。对此,方先生显露诗哲的意趣和情调,用元代才女管仲姬写给其夫赵孟頫的词"你侬我侬……"借以比拟天人之和合为一。为了论证其理论的合理性,方东美引证、列举了《周易》《礼记》一系列自先秦至宋

---

① 它所指向的是远古时期,自大禹以迄公元前 1122 年,殷亡周兴,隐藏于中国先民神秘化之宗教。自周之后,严格意义上的理性哲学才兴起。详见方东美《中国哲学精神及其发展》,中华书局 2012 年版,第 68 页。
② 方东美:《中国哲学精神及其发展》,中华书局 2012 年版,第 113 页。
③ 方东美:《中国人生哲学》,中华书局 2012 年版,第 33 页。

明经典中关于"天人合一"之论述。可以说,"天人合一"在方东美的理论体系中是一个"本然"之概念——"天人无间",不存在宇宙和人的互相隔离,而是天然的符合孟子所言"万物皆备于我"。他一语道破中国先哲所体认的宇宙是普遍生命浩然同流的境界,处处以价值的根源来说明宇宙秩序,"天大其生,万物资始,地广其生,万物咸亨,合天地生生之大德,遂成宇宙,其中生机盎然充满,旁通统贯,毫无窒碍"①。"机体主义"宇宙观正是方东美对"天人合一"之独到阐发,"宇宙是一个包罗万象的广大生机,是一个普遍弥漫的生命活力,无一刻不发育创造,无一处不在流动贯通"②。在他而言,宇宙更趋向于生命精神的流衍,统摄大宇长宙中生命的创进,是道德之园地,亦是艺术之境界,而人性与德业使之尽善尽美。

三 天人合德:"仁"作为融合性与天道的根据

"天"与"人"之所以有着相即不离的内在关系,皆因"天"与"人"都以"仁"为性。"天"具备生长万物、滋养万类的功能,这是"天"之"仁"的表现。"人"为"天"所生,天然的拥有"爱人利物之心",天人之间有着内在而超越的关联性,这是儒学宗教性与人文性之两重属性所决定。方东美认为,中国先哲宇宙观谓天下万物"一往平等","各正性命""尽性为善",乃是以道德价值之究极标准为核心,故又发展出"正德利用厚生论"。③ 宇宙包括物质与精神两个方面,置身其中,我们发现旁通统贯的生命,它的意义是精神的,唯其是精神的,生命本身自有创造才能;也唯其是向善的,宇宙生命才得以流衍无穷、迁化不已。天人和谐、人际和睦处处以体仁继善、集义生善为枢纽,方东美一再指出:"儒家所以要追原天命,率性以受中,道家所以要遵循道本,抱一以为式,墨子所以要尚同天志,兼爱以全生,就是因为天命、道本和天志都是生命之源。"④ 进而,三家之统会就在于生命价值之积极肯定,方氏这样的论说,是基于中国人关于"天""人"独特之理解,中国文化思维历来尊崇生命的价值,摒弃生命之价值则宇宙蹈于虚空,藐视生命本身的善性则人

---

① 方东美:《中国人生哲学》,中华书局2012年版,第39页。
② 方东美:《中国人生哲学》,中华书局2012年版,第116页。
③ 方东美:《中国哲学精神及其发展》,中华书局2012年版,第74页。
④ 方东美:《中国人生哲学》,中华书局2012年版,第44页。

类必将趋于诞妄。

《诗经》里"天"包含了主宰意义的"天",如"不吊昊天,乱靡有定,式月斯生,俾民不宁"(《小雅·节南山》)。没有仁义、慈善之天,祸乱毫无定则的发生,使百姓不得安宁。这里的"天"除了"主宰之天"的意义,还包含了高高在上、神秘莫测的"自然之天"义。《尚书·召诰》说:"惟王其疾敬德,王其德之用,祈天永命。"帝王者必须有崇高之德性,才配享天佑。从文献来看,春秋战国以前,"天"之观念多样且含混,春秋战国以降,"天"之最为关键的三种意涵在不同思想家那里逐渐明确。墨子"天志"趋向于"意志之天","吾所以知天之爱民之厚者有矣"(《墨子·天志》),"天之行广而无私,其厚而不息,其明久而不衰"(《墨子·法仪》)。墨子把天视作最具智慧的毫无偏见的赏善罚恶的执行者,可见,他更多的是接续了传统的"主宰之天"。汉代董仲舒一方面继承原始儒家"主宰之天";另一方面又深受阴阳五行"自然之天"之影响,提出"天人感应"学说。但是他所言之"天"乃是有意志的天,譬如,他说:"春气暖者,天之所以爱而生之;秋气清者,天之所以严而成之;夏气温者,天之所以乐而养之;冬气寒者,天之所以哀而藏之。"(《春秋繁露·王道三通》)董仲舒把自然现象看作天的意志的表现,包含了天之"仁爱"。"天,仁也。天复万物,既化而生之,又养而成之;事功无已,终而复始。"(《春秋繁露·王道三通》)这里,"主宰之天"有了强烈道德意义。直至宋代,朱子"天即理"的提出,使得"主宰之天"的意义更上一台阶,不仅充满了道德意涵,也赋予了更高的超越的神圣意味。"天固是理,然苍苍者亦是天,在上而又主宰者亦是天,各随他所说。今既曰视听,理又如何视听?虽说不同,又却只是一个。知其同,不妨其为异。知其异,不害其为同。"(《朱子语类》卷53)在朱熹这里,天有主宰、自然、义理层面意涵。可以说,不同历史时期不同思想家关于"天"之描绘和理解各异其趣,异中有同,不能一概而论。在汤一介看来,"正是由于中国历史上'天'富含多重意义,这样就使'天'不只是指外在于人的自然界,而是一有机的、连续的、生生不息的、能动的、与'人'相关联的存在('天行健、君子以自强不息')基于此,'天'这一概念在中国是指与'人'有着内在联系的有机体"[1]。

---

[1] 汤一介:《论天人合一》,《中国哲学史》2005年第2期。

在中国哲学的发展中,方东美将天人和谐的关系分为六类①,其中早期儒、道、墨三家各为一类,汉代以后次第完成,前三者其和谐关系都以生生不息的生命创造力为基础,天人合德的关系可称为"参赞化育"之道,简单来说,它肯定天道之创造力充塞宇宙,而人道之生命力翕含辟弘,妙契宇宙创进的历程,所以两者足以合德并进,圆融无间。②方东美论述的非常清楚,一般而言,汉儒、宋儒均讲"天人合一",但是,天与人之间依然设置了一道关卡,董仲舒"人莫不出于天",朱熹"存天理灭人欲",皆表达了天与人之不对等。故而,在他的理解中唯有原始儒、道、墨三宗之"天人合一"才是真正意义上的"天""人"圆融无间,原因不仅在于上一节所总结的三宗对机体主义宇宙观的共同认识,还在于对人性的一致理解。从先天来讲,人之禀赋与善性浑然一体;从后天言之,人之德业与善性浩然同流。这样,"天人合德"还蕴含着另一层深意:"'宇宙'代表价值的不断增进,'人生'代表价值的不断提高,不论宇宙或人生同是价值创造的历程。"③ 人的小我生命与宇宙的大生机,沛然同流,生生不息,通过"德业"体现价值意义并联通两者。

《尚书》多涉及周公谆谆教诲其弟,勉以"敬德",为君者须应神圣天命,天命既爱人,则要求君主力行仁政反对暴政,以保人民福祉;另外,人民须知"民为邦本",从而要"忠恕絜矩"反身以求。这意味着通过"天命"预设道德规范先天的合法性,不仅对君王具有制约作用,也约束了百姓的行为操守,通过"养德"以贯通天人。

《周易·说卦传》:"立天之道曰阴与阳,立地之道曰柔与刚,立人之道曰仁与义。"把"仁"与"义"视作与"阴阳""刚柔"类似的人之客观属性,《易经》中孔子称赞乾元为"万物资始乃统天",坤元为"万物资生乃顺承天","人"为"天"所生,天具备崇高神圣的德业,人不能不以至德配天。准确地说,由天地生物之仁心以推测人心之纯善,"三极之道"一以贯之,为"德"找到价值根源——普遍生命,任何离开生命

---

① 方东美将中国哲学中"天人和谐"关系分为六类:(一)原始儒家:人类参赞化育,浃化宇宙生命,共同创进不已。(二)道家:环绕道枢,使自然平衡,各适所适,冥同大道而臻和谐。(三)墨子:人与宇宙在兼爱之下和谐无间。(四)汉儒:天人合一,或人与自然合一的缩型说。(五)宋儒:人与宇宙对"天理"的一致认同。(六)清儒:在自然力量相反相成、协ердinated律中的和谐。
② 方东美:《中国人生哲学》,中华书局2012年版,第164—165页。
③ 方东美:《中国人生哲学》,中华书局2012年版,第176页。

去讨论价值都是无用且错误的。换言之，道德的根基在于价值贯注的普遍生命。方东美进而申述说，道德是生命的本质，也是生命价值的具体表现。孔子、老子、墨子为中国先民指出了道德生活的共同标准，孔子"忠恕"、老子"慈惠"、墨子"爱利"皆为百虑而一致的一贯之道。

在儒家，方东美把一贯之道的精神核心落于"忠恕"① 一词。方东美引证《大戴礼记》孔子答哀公问小辨说："知忠必知中，知中必知恕，知恕必知外，知外必知德。""中"与《易经》"大中以正，各正性命"的"中"和《左传》"民受天道之中以立"的"中"取义相同，皆是大公无私之旨趣。他把"忠"等同于以上引证"中"意。并且认为包含两方面的意义，一方面有形上学的意义，均衡、平静之意；另一方面则有心理知识论的意义，同心性，集中性。《中庸》"天地位，万物育"正是靠大中以正的普遍生命，由此，"内思毕心曰知中"就是直透天地生物之心的内核。"恕"：《说文》中许慎解为"仁"，上溯至韩婴及荀子此意更明，方东美指出，辅之以"恕"而"忠"，设身处地、推己及人，才是"一贯之道"，因为"道"无处不在，无时不有，只有人人持"忠恕"之道，生命精神才得以生生不息的扩充。《易经》所言"无妄"、《中庸》"至诚"、《大学》"藏心以恕，正心以诚"都是对忠恕之道的发挥，从积极面来说，"己立立人，己达达人"，反面则是"己所不欲，勿施于人"，也就是说，方东美把"忠恕"看作儒家"天道"贯通"人道"的向内萌生的关节点，从自我生命的体验，转而同情他人的生命，推而旁通到体物之情："唯天下至诚，为能尽其性；能尽其性，则能尽人之性，能尽人之性，则能尽物之性；能尽物之性，则可以赞天地之化育；可以赞天地之化育，则可以与天地参。"(《大学》)宇宙的周遍流行需要人参与造化，方能"致中和"，向外发散则发展为"仁"的道德胜义。谈到道德，方东美认可孟子"善与人同""尽心诚意"之旨，由内在而外散发的道德理性贯注到实际生活、人事交往之中，乃至"仁心度物"。儒家所重的"仁心"便是道德情感的相互熏习，"君子所性，仁、义、礼、智根于心"(《孟子·尽心上》)，"以德服人，中心悦而诚服，如七十子之服孔子也"(《孟子·公孙丑上》)。唯有具备崇高的德性，践履"忠恕"之道，以达圣人之德行，方能"与天地合其德，与日月合其明，与四时合其序"(《周易·乾文言传》)。

---

① 方东美：《中国人生哲学》，中华书局2012年版，第181—183页。

简言之，方东美机体主义的宇宙观不仅仅在描绘自然宇宙，其主旨还在于体现人的生命精神契合宇宙生命创造力，"一阖一辟之谓变""阴阳合德，而刚柔有体"（《易传》），"忠恕"之道贯通天人，即"仁"之为贯通性与天道之依据。"天道"是生命的源泉和根本，亦是人之为人之道，人从宇宙本体所获得且使之合乎"人道"者便是德，可谓"德至而道凝"。据此，郭齐勇在《中国哲学智慧的探索》一书中，进一步引证了方东美关于中国哲学天人关系之创见，提出中国哲学"创化日新，生生不已""相依相待，整体和谐"的特色，"中国哲学的宇宙论……在于天人与宇宙关系，在这种关系中人的创造活动，以及在这种活动中所把握的真善美的价值，所体现的崇高的精神境界"[①]，这是对方东美"天人合德"之意最为精炼的表述，只不过，方东美更趋向于"形上学"[②]的方法以洞见其全。

第二节 道家天人观中的机体主义思想

中国哲学的重心集中在生命精神的发泄，"道"作为道家的最高范畴，抒发着道家关于宇宙、人生之终极关怀。方东美对道家的肯认限于老庄，并着眼于"道"之体悟，借以形上学内涵还原道家本意。

一 "道生万物"：从本体论到超本体论

先秦天人观有一循序渐进的过程，自西周始，天人关系进入思想家视野，以人格化的"天命""天意""天帝"为主要特征的天人观为政治权威所用。春秋晚期，诸多文献显示彼时出现了对"天命"之怀疑：

> 侯于周服，天命靡常。（《诗经·大雅·文王》）
> 皇天无亲，惟德是辅。（《左传》僖公五年引《周书》）
> 祸福无门，惟人自招。（《左传》襄公二十三年）

[①] 郭齐勇：《中国哲学智慧的探索》，中华书局 2008 年版，第 12 页。
[②] 无独有偶，牟宗三曾用"境界形上学"界说中国哲学之特色。张岱年亦指出，重了悟体征乃中国哲学的特色之一。陈来则把心学说成是一种"体验的形上学"。详见陈来《中国近世思想史研究》，商务印书馆 2003 年版，第 36—49 页。

第二章 传统天人观研究中的方东美机体主义思想

老庄从另一个侧面切入,他们的起点乃是天人关系的思考,但是,认为儒家礼仪制度反而是钳制人类自然发展的桎梏,脱离了自然之本意。便引起社会的纷争:

> 天之道,损有余以补不足;人道则不然,损不足,奉有余。(《老子》第七十七章)

道家立足于批判人类社会中人为添加的法则、规范,呼求人道向天道的复归,"天道""人道"亦成为道家本体论之重要起点。何为"道"?迄今注释者纷纭,譬如,《管子·君臣上》:"顺理而不失之谓道。"《庄子·缮性》:"夫德,和也;道,理也。"郭象注:"和,故无不得;道,故无不理。"可以说,这些解释都把道归为理之统一整体,体现老子对天地万物的追问:

> 有物混成,先天地生。寂兮寥兮,独立而不改,周行而不殆,可以为天下母。吾不知其名,字之曰道,强为之名曰大。大曰逝,逝曰远,远曰反。(《老子》二十五章)

"道"无形无名,无声无色,但祂触及天地万物、"玄之又玄"之境,从中展示自然本身以及宇宙中的个人,与儒家不同的是,道家并没有把人视为宇宙的中心,而是作为自然中的一部分。历来对中国传统文化中的宇宙与个人的关系(天人观)常以"天人合一"概述,相关思想的阐述和研究,多以儒家为代表。对道家的天人观,一些学者提出了自己的见解,其中一语带过者有之,语焉不详者有之,甚至有的学者认为道家不讲"天人合一"。[①]"天人合一"即人与自然、宇宙之和谐统一关系,从这个意义上,道家关于天人关系的思考、论述无不包含着"天人合一"思想,而且对中国文化产生深远影响。《老子》五千言中,"天"的概念出现29次,皆指无意志的自然之天,"天地不仁,以万物为刍狗"(《老子》第五章)。对于殷周之际存留下来的中国古代神秘宗教之主宰"天",老子将其化为自发精神的"道",老子之"道"在于把人类从束缚其思想自由的宗教里解放

---

① 张岱年:《文化与哲学》,教育出版社1988年版,第143页。

出来，变作自发的自由精神力量。同时，道家认为天与人皆源于道，两者相互统一。

对此，方东美认为，中国哲学不管哪一家哪一派之形成与发展，总要说明宇宙，乃至说明人生，将其旁通为统一整体，以审视人生活在其中的位置和意义。"儒、道、墨这三类哲学在不同的型式之下，没有把宇宙当作一个孤立的系统，也不把它当作抽象的机械系统，也不当成贫乏的系统。它要旁通统贯到宇宙各种真相，把宇宙的各种真相显现出来，把人生各方面的意义与价值显现出来！然后形成一个统一的理论，这是'一以贯之'的精神。"① 道家分有中国哲学"一以贯之"通性，且独具空灵意境，把宇宙视作旁通统贯的整体非寻常之见，而是建立在高超的人格修养以及开放的心胸之上。需要强调的是，方东美所谓道家，乃是指老子、庄子哲学体系，并用"原始道家"以区别于"黄老之术""道教者流"，他甚至说："道教方术之流，虽自命道家，实非正宗。"② 中国哲学的中心集中在生命精神的发泄，"道"作为道家最高的哲学范畴，抒发了道家关于宇宙、人生之终极关怀。后世解老注庄者曲意误解比比皆是，方东美对道家的肯认限于老庄，自有其深意，他着眼于"道"之体悟，借以形上学内涵还原道家"太空人"关乎"道"之初始义。他着重从道之体、相、用、征四个层面加以申论，条分缕析勾勒、还原老庄之道。就"道体"言，在老子那里"道"乃是无限的真实存在实体：

  谷神不死，是谓玄牝，玄牝之门，是谓天地根，绵绵若存，用之不勤。(《老子》第六章)
  道冲、而用之或不盈，渊兮似万物之宗；湛兮似或存。吾不知谁之子，象帝之先。(《老子》第四章)
  致虚极，守静笃，万物并作，吾以观复。夫物芸芸，各复归其根。归根曰静，是谓复命；复命曰常。知常曰明；不知常，妄作，

---

① 方东美：《方东美先生演讲集》，中华书局2013年版，第42页。
② 详见方东美《中国哲学精神及其发展》，中华书局2012年版，第124页。与此相反，有些学者认为黄老学派在战国时期占据重要地位，尤其随着马王堆汉墓帛书的出土，这一争论又进入人们的视野。蒙文通先生曾指出："百家盛于战国，但后来却是黄老独盛，压倒百家。"（蒙文通：《古学甄微》，巴蜀书社1987年版，第276页。）在不同思想家对道家不同的鉴别之中，方东美的划分亦能体现他关于道家学说的侧重，同理，他对儒家、佛教的划分亦如此。

凶。知常，容；容乃公；公乃王；王乃天；天乃道；道乃久。殁身不治（殆）。(《老子》第十六章)

道为万物之宗，为天地之源，"昔之得一者，天得一以清；地得一以宁；神得一以灵；谷得一以盈；万物得一以生……其致也一也"（《老子》第三十九章）。万物一切无不复归于"道"，"道"为"元一"（"太一"），就是一切精神体都分享"太一"，甚至在宇宙里面，深谷之所以空虚，侯王之所依能统治天下，都是分有了"道"。这个"道"也表现为宇宙大道的统一本体，概言之，"万物各得一以为一"。方东美独创"超本体论"一词，揭示道家游心太虚，振翮冲霄，直登"谬天一"之高远。老子之学继承了史官的文化传统，推天道以明人事，"道"的提出为其入世之依据。方东美"超本体论"的诠释充满了诗哲空灵诗境和意趣，他把老子之道高悬于胜境与其形上学路径的中国哲学研究方法不无关联，准确地说，形上学的理路决定了方东美不仅停留在价值导向上，而且更深入探求价值背后的生成土壤，这种探求基于时代精神并触及传统的本体论。于道家，他采取了"超本体论"的方法以言之。道家宇宙观没有像儒家那样有清晰的"天人关系"概念，"道"一般作为囊括万物之最高本体。也正是如此，意味着道之用源源不断，从而显发为两个方面：其一，"道"隐藏于"无"之超然界（本体界），"退藏于密，放之则弥六合""玄之又玄"，发散之，则弥贯宇宙万有；其二，对现实世界的精神依托，即现实存有世界逆向回溯于"道"，"反者，道之动"。依此，方东美总结，道之发用即呈现双回向："顺之，则道之本无，委生万有；逆之，则当下万有，仰资于无。以各尽其用，故曰：'有之以为利，无之以为用。'"[①] 此一过程亦是道征之表现，在本体论意义上即体即用，道显发为天德，圣人是天道下贯的执行者，践行"慈惠爱人"，置言之，"圣人"在道家思想中是以其品格来代表宇宙里最高的价值理想标准。"老子之教，使吾人觉悟到，尽性之道端在勤做圣贤功夫。而人之天职即在于孜孜努力、精勤不懈，俾其实现。故凡能有以挺自然立于天壤之间者，其所必具之条件，即内圣之精神修养功夫也。"[②]

---

① 方东美：《原始儒家道家哲学》，中华书局2012年版，第157页。
② 方东美：《原始儒家道家哲学》，中华书局2012年版，第158页。

方东美进一步强调了"道相"之内涵和外延,可分"本相"和"属相"两个层面,"本相"即为"道"本身内在的内容,"属相"则是人外在给予"道"之外在功能和属性,因此,"属相"并不构成道本身,故而,称之为"道相"①。在"道"之体、用、相、征四方面的严密区分中,可以窥见方东美对"道"之抽丝剥茧的提炼,对"道征"之运用。他借用荀子"善言道者必有征于人"来凸显"道"之于人的无上崇高,道隐藏于内却充斥着整个宇宙,圣人则要把道之神秘境地显现在人类精神之中,也就是,真正圣人的品格在于把人类精神(道)显现出来,成就理想的精神世界,可谓"圣人在天下歙歙,为天下浑其心"(《老子》第四十九章)。进一步来说,他慧眼洞悉老子之"道",并在其著作中立足于文本,把《老子》第一章视为根本,依照老子思想脉络将"有"与"无"两个基本概念结合,在不同观念、范畴做出相应的理解和深化。

有鉴于此,方东美认为老子之宇宙观的思路在于"双轨程序",首先自"无"至"有",这是宇宙的展开:"道生一,一生二,二生三,三生万物。"(《老子》第四十二章)把本体论向上超越,变作"超本体论",向宇宙之后、之外、之上去挖掘更高的宇宙本相和玄机,把"有"变为更多的无限。其次,要复归于自然,这是自有至无。两方面作永恒的交替运转,在这一点上,庄子充分捕捉到了老子之旨要:"建之以常、无、有。"(《庄子·天下》)从时间的生灭中把握永恒,从空间的变易中体悟虚静,换句话说,老子所谓"负阴而抱阳,冲气以为和"就是把宇宙万象通过阴阳和合为统一整体,所谓"有无相生,难易相成,长短相较,高下相倾,音声相和,前后相随"(《老子》第二章)。此之为"道",天、地、人自"道"派生出来,人要效法天地,天地要效法道,而"道"究竟要以"自然"为法。如此推演,天和人在"自然"的层面得以贯通,整个宇宙在价值理想上达到最高境界方能贯注于人类,从而使一切价值理想都充分实现,因此,"道"一方面具有超越性;另一方面则是一切价值的源头,即"'道'作为万物的本根意涵对于老庄而言,不只有生成之根本义,更意味着道是人事价值的根源,即人伦日用中的一切制度、君王的行事作为,皆以道作为价值的依据"②。这是《老子》五千言之最终目的,亦是道家

---

① 方东美:《原始儒家道家哲学》,中华书局2012年版,第186页。
② 陈鼓应:《道家的人文精神》,中华书局2012年版,第106页。

宇宙观之精要。尽管，老子自言其立场曰："吾言甚易知，甚易行，天下莫能知，莫能行。言有宗，事有君。"(《老子》第七十章）然而，从根本上把握老子之"道"即是对道家天人观之终极理解，通过赋予"道"价值的意义方能更好的理解向下贯注与向上超升之间的紧密联系和张力，也从这个侧面引申理解"天""人"间的关系。方东美通过价值论的路径牵引出老子之"道"，间接展现人在宇宙中的"画幅空间"兼"诗意空间"。与此相应，张岱年引老子云："故道大，天大，地大，人亦大。域中有四大，而人居其一焉。人法地，地法天，天法道，道法自然。"(《老子》上篇）提出老子是中国哲学家中最初明白的肯定人的卓越地位者，"认人为宇宙中四大之一，与天地同为一大，而非与物同等，实高出于物之上"①。张氏侧重的是老子首申人之卓越地位并高于物，同于天，而非侧重人在宇宙中的中心地位。老子用语向来指谓多重，但是，方东美认为只要撮其要点，便能以一击百，而应无穷，"自余观之，倘使其中诸关键字眼，如'道、常、无'有等，皆依上下文义……皆莫不可使之一一明白显豁，毫无暧昧，何难解之有？"② 由此，方东美以"机体主义"的视角解读老子之"道"，从道之全体大用把它分为"道体""道用"两个层面来理解："道用"即为"有"，这是本体论的阐释，"道体"即为"无"这是超本体论的阐释。原因在于，"万有存在只是本体界向下面流注所展开的现象，这个现象可能日趋衰微，其中就会有许多缺陷。所以，要设法把万有的内在缺陷提升到他原来所自出的根源里面，去补救他的缺陷。因此，大道兼宗有无，涵盖本体与现象界，而形成的统一"③。

方先生以上论证符合道家微妙玄通、自由精神的发挥，他把机体主义自积极、消极两面定义，可以说，在这个语境中，道家处于"积极"之一面。"统摄万有，包举万类，处处皆有机体统一之迹可循，诸如本体之统一，存在之统一，生命及价值之统一。"④ 此言不仅点出老子玄妙之"道"，"全而归之"观照宇宙，而且由此把人在宇宙中的地位循序展开，"提其神于太虚而俯之"。直至庄子，老子系统中之重重困惑得以疏散，一扫而空，机体主义的思维范式可谓恰到好处地把握道家机理，以道观尽。

---

① 张岱年：《中国哲学大纲》，中国社会科学出版社 1982 年版，第 168 页。
② 方东美：《中国哲学精神及其发展》，中华书局 2012 年版，第 129 页。
③ 方东美：《原始儒家道家哲学》，中华书局 2012 年版，第 207 页。
④ 方东美：《生生之德》，中华书局 2013 年版，第 236 页。

二 "至人无己"与"道通为一"

老子以道涵摄天人关系，庄子继之，并将道之空灵超化推至"重玄"（玄之又玄），后世依仗《庄子》一书来解读庄子哲学致思及其深邃奥义。最后一章《天下篇》更点出老子思想之精要："建之以常、无、有，主之以太一……以空虚不毁万物为实。"庄子在此基础上以其诗意之审美将宇宙、空间点化为艺术境地，换句话说，庄子把道之妙用化作道妙之行，其思想基础则是对天地万物、无穷之时空范畴的理解。

> "何谓天？何谓人？"北海若曰："牛马四足，是谓天；落马首，穿牛鼻，是谓人。故曰：'无以人灭天，无以故灭命，无以得殉名。谨守而勿失，是谓反其真。'"（《庄子·秋水》）

> 舜曰："天德而出宁，日月照而四时行，若昼夜之有经，云行而雨施矣！"尧曰："胶胶扰扰乎！子，天之合也；我，人之合也。"夫天地者，古之所大也，而荒地、尧、舜之所共美也。故古之王天下者，奚为哉？天地而已矣！（《庄子·天道》）

> 马，蹄可以践霜雪，毛可以御风寒。龁草饮水，翘足而陆，此马之真性也。虽有义台路寝，无所用之。及至伯乐，曰："我善治马。"烧之，剔之，刻之，雒之。连之以羁馽，编之以皂栈，马死者十二三矣！饥之渴之，驰之骤之，整之齐之，前有橛饰之患，而后有鞭筴之威，而马之死者已过半矣！陶者曰："我善治埴。"曲者中钩，直者应绳。夫埴木之性，岂欲中规距钩绳哉！然且世世称之曰："伯乐善治马，而陶匠善治埴木。"此亦治天下者之过也。（《庄子·马蹄》）

以上引文皆可看作庄子所倚重的是老子"道法自然"，并趋向认为于道在万物之中，同时，有力地批判外在规范、强制规则的设定。当然，与老子相较，庄子的"自然"概念更明显地转化成了人文精神。历史上解老注庄者众多，莫衷一是，方东美对庄子的解读首先关注的是《庄子·逍遥游》：

> 今子有大树，患其无用，何不树之于无何有之乡，广莫之野，彷徨乎无为其侧，逍遥乎寝卧其下。不夭斤斧，物无害者，无所可用，安所困苦哉！（《庄子·逍遥游》）

此篇寓意深宏，形上微言大义一览无余，方氏据此称为一部"至人论"，方东美依照《庄子》相关篇目与其旨趣将"至人论"归纳为五个层面：一、至人者，归致其精神于无始，神游乎无何有之乡，弃小智、绝形累；二、至人者，审乎无假，而不与物迁，命物之化，而守其宗；三、至人者，入无穷之门，以游无极之野，吾与日月参光，吾与天地为常；四、行圣人之道，游乎天地之一气；五、至人者，与造物者为人……①并且指出，庄子哲学之旨意在揭示人类种种超脱解放之道，而关键在于指向现实人生。因此，这就要在《齐物论》中寻得问题的核心。

> 物固有所然，物固有所可。无物不然，无物不可。故为是举莛与楹，厉与西施，恢诡谲怪，道通为一。（《庄子·齐物论》）
> 夫天籁者，吹万不同，而使其自己也，咸其自取，怒者其谁邪？（《庄子·齐物论》）

"齐物"并非将参差不齐的事物拔至同样的位格和层次，而是揭示了人类皆处于限制约束之中，固然要超脱之以求彻底的自由和解放，各使其能，各尽其职。在道的观照下，相互会通，相尊相蕴，而通达这一状态。庄子认为，只有真正做到"丧我"，才能体"道通为一"。据此，方东美就其"丧我"做出了详尽阐发，认为庄子"吾丧我"较为笼统，据此，方先生首先把"我"细分②，并且祛除"小我"，涤除玄览，才能在真正意义上齐是非、同生死，抵达"天地与我并生，万物与我为一"（《庄子·齐物论》）。方先生主张"吾丧我"乃是把（一）以身体为中心的自我；（二）以意识为中心的自我；（三）以自己主观思想为中心的自我，一一刨除，才能产生第四种自我，庄子谓之"灵台"（自觉性的自我）及其第五种自我"真君"（真实的普遍心灵）。当"小我"祛除殆尽"大我"才得以呈现。在历代对《庄子·齐物论》的注解中方东美认为，唐代成玄英、近代章太炎取义精彩，章太炎《齐物论释》借法相宗破除"第七识"（"破我执"）作为前提达到"一往平等"。方东美肯定章太炎之创见，但

---

① 方东美：《中国哲学精神及其发展》，中华书局2012年版，第135页。
② 方东美：《中国哲学精神及其发展》，中华书局2012年版，第141—144页。

指出庄子"齐物论"不仅仅求一切无差别，也不仅仅只是一套对生命万有平等观的诠释。进一步，方东美深入庄子"名"之讨论，揭示庄子对"正名指实"的否定，任何事物都应该跳出语言的设定，而追源其本质。他还认定庄子所持一套相待观以应对重重困惑，这是解决争端、人性中普遍相争的途径。根据对《庄子》文本的理解，方东美从三个方面阐释"相待观"：第一，在自然界中，即是观之，则物物皆是也，即彼观之，则物物皆彼也；第二，在人际关系之领域，个体与他者的相对关系；第三，在知识领域中，真理亦是相对的。① 置言之，方东美"相待观"的提出是其机体主义思想贯通道家精神秉要执本的关钥。也就是，任何事物相辅相成，相依相待，相互之间没有完全封闭的系统方能贯而通之。这就要诉之于"真人"的修养境界，"与造物者为人，而游乎天地之一气"（《庄子·大宗师》）。庄子层层递进的修养境界由此得以展开。这里可以借用陈鼓应教授的总结："庄子将老子道体之'无'转化而为精神境界之无限性开展。"② 庄子以深邃宽阔的视野理解自然精神与逍遥之境，使得先秦自然审美对象由微而广，由形色、情感、习俗而人生境界智慧。因此，生命极其精神是庄子尤为突出的主题，亦是方东美"生生之学"的重要议题。

> 与吾子游者，游于天地，吾与之邀乐于天，吾与之邀食于地。（《庄子·徐无鬼》）

庄子熙化自然，至德内充，这也是为方东美所赞赏的地方之一，堪称诗哲的方东美在其《坚白精舍诗集》中亦有诸多表露。无论是写景寄情，还是忧国忧民的词句无不饱含着方先生对自然万物乃至一草一木的殷切赞美以及生命美感的阐发。诗集中一首《道心》："趣乘入太虚，培植艺与力。钩心探丹鼎，悠然荡精魄。镁为黄冠欺，恍惚亦可怪。斋心怀所往，空幻窈难测。"③ 以外其身、"至人无己"的超然大气可谓其哲学气魄在道家精神中的酝酿和挥洒。

---

① 方东美：《中国哲学精神及其发展》，中华书局2012年版，第144—145页。
② 陈鼓应：《道家的人文精神》，中华书局2012年版，第175页。
③ 方东美：《坚白精舍诗集》，中华书局2013年版，第26页。

三 道家生命情调与宇宙观

宇宙在中国人的观念中，是从时间和空间道出绵延以存的天地之像，上下四方曰宇，古往今来曰宙，极于"云盖"，望之"四海"。时间上，上穷于黄帝，下止于会元。① 时间的迹象、理则均依赖于数行成纲纪；空间上，自古不拘泥于具体像状，而是以虚渺之境体量，老子云："道冲，而用之，或不盈，渊兮似万物之宗。"其虚灵意境变幻无穷，道乃能生，能生又出所生，所生复能生，生生不已，以至无穷。

方东美平生最服膺的一句谚语："乾坤一场戏，生命一悲剧。"方东美引用萧伯纳："生命中有两种悲剧：一种是不能从心所欲，另一种是从心所欲。"同时，借用亚里士多德在《诗词学》中对悲剧一词的解释："悲剧之为物，摹拟一种动作，其意味严肃完满，其情节宏邈壮烈；语意俊美，载好其音；神机纷披，各随所托；揣摩动作，秒造自然；宛转细思，不尚直叙，弛情深入悲悯骇异之幻境，以求心迹双清之解说。"方东美认为亚里士多德之解说统摄四层含义：一、慕略自然，极妍尽态；二、指陈神奇之运数，以启生命之鹄的—幸福；三、组织声诗，歌咏动作，籍以传写人生之悲愤；四、总持灵性，灿溢美感。② 在他看来，生命固然是充满危机和痛苦的历程，然而，悲剧智慧却能引渡人走出生命的迷惘困惑，这种智慧在道家便是"忘我"之境。"知其白，守其黑"（《老子》二十八章），忘掉自身的生命，抛却小我的私见，借以明了真理之遮蔽与开显的真谛，真正意义上与天地并生，与道通为一。换言之，悲剧智慧蕴含着一义，便是把人生和世界看作一种美妙的现象，才能参万物而成一纯，从而体现出独特之美感。对此，方东美言："各民族之美感，常系于生命情调，而生命情调又规模其民族所托身之宇宙，斯三者如神之于影、影之于形，盖交相感应，得其一即可推知其余者也。"③ 以宇宙展现的形象折射生命内涵，进而依照生命的表达概括艺术的理法。当然，这样的推论仅仅为求逻辑次序的严密，并非实际生命绝对的原则，亦非生命实质须依赖外在的物象烘

---

① 古人以世运会元推天地始终之数，三十年为世，十二世为运，三十运计一万八百年为会，十二会计十二万九千六百年为元。
② 方东美：《生生之德》，中华书局2013年版，第25—26页。
③ 方东美：《生生之德》，中华书局2013年版，第92页。

托内在的艺术才能发挥更高的生命情操。这里他所说的各民族乃指称希腊、近代欧洲、印度、中国，方东美的学说始终建立在中西对照的视域下，一方面，申述西方文化现象与特征；另一方面，以此突显中国文化的优势，宇宙观的论证亦是。他认为："中国人的宇宙观念皆胎息于宇宙之妙悟而略露其朕兆者也。"① 用庄子之言来概括，可谓"圣人者原于天地之美，而达万物之理"。由此，他将中国的宇宙观分之为三类：道家其一，儒家其二，杂家其三。三者之中，方东美侧重于儒道之阐释，因其气魄恢宏可代表中国哲学精神之气质。

　　道家常"无"，以观万物，谓之"道"。他从四个方面来申论：第一，道为"天下母"——道家宇宙观的生命论；第二，"去其障，致其虚"——道家宇宙观的冲虚中和性②；第三，"圣人不仁，以百姓为刍狗"——道家宇宙观的道德性③；第四，"丰盈外溢"——道家宇宙创生论。方东美认为宇宙创生论有四种思维路线：（一）位格的或非位格的创造理论；（二）丰盈外溢的流出理论；（三）源自永恒法相之交融互摄理论；（四）各种形式的深化理论。他指出，道家所属第二者——丰盈外溢，"中国人之宇宙观多舍其形体而穷其妙用，纵有执着形质者，亦且就其体以寻译其用，盖因体有尽而用无穷，唯趣于无穷始能表显吾人艺术神思之情韵焉耳"④。道家更是以艺术神思见长，在"道"的丰盈外溢中，与宇宙之开放和封闭相对应的是生命的创造和僵化，生命向度的拓展和收敛。与此同时，通过旷观生命精神诸态从中表现宇宙之理，人的自我奇异与自我圆成在这个过程中实现。诚然，这个过程中尚包涵着道家宇宙观的道德性，以仁心度物，以慈惠爱人，才能善贷且成。方东美认为这就形成了中国人知生化之无己，体道相而不渝的平等慧，演变成妙性文化，挈幻归真。⑤ 道家这一点，也为后来佛教的传入以及在中土的生根提供了契机。

---

① 方东美：《生生之德》，中华书局2013年版，100页。
② 道家强调物体之用在虚不在实，老子："三十辐共一毂，当其无，有车之用，埏埴以为器，当其无，有器之用……户牖以为宅，当其无，有室之用。"（《老子》第十一章）老子主张在天地之间"虚而不屈""大成若缺，其用不敝，大盈若冲，其用不穷"。（《老子》地四十五章）
③ 老子并不反对宇宙的道德性，方东美指出原因在于："道与德乃是宇宙内在的真性实相，宇宙一切万物尊道而生，贵德而成，'莫之命而常自然'（《老子》四十四章）。外在的天志与天意或许没有，但一切价值仍内在于万有生命。"庄子亦言："爱人利物之谓仁。"（《庄子·天下篇》）
④ 方东美：《生生之德》，中华书局2013年版，第103页。
⑤ 方东美：《生生之德》，中华书局2013年版，第112页。

汤用彤先生于《汉魏两晋南北朝佛教史》经过细致考证，极力主张佛教初来时，在中国传统思想主流的土壤借以萌芽，尤以道家精神抚育生根，继而发展。①

方东美亦持此论，"据史实观之，中国佛学之形上思想所取资于道家精神之激扬与充援者实多，反之则否。毋庸讳言"②。《牟子理惑论》可谓中国最早（约193年或稍后）的佛学概论，其中诸多佛教教义与道家垂训随处可见相通义，其后百年间的佛学翻译多以"无"释"空"。道安援老入佛论"般若"，支遁诉诸庄子论"本无"，从六家七宗再到僧肇三论③都是道家影响佛教的历史事实和表现，亦是构成大乘佛学的前奏。

第三节　佛教天人观中的机体主义思想

佛教"天人"观念有其复杂性和特殊性，甚至不能以儒道的天人观进入"天人"讨论，一方面，举凡宗教均依赖人格神的信仰，佛教则是例外；另一方面，佛教认为人处于"无明"的幻化世界，"法身"才是最高存在。方东美在承认佛教亦宗教亦哲学的前提下，辨宗同异，取法华严，而华严宇宙观在于生命和心灵的创造，"入不可思议境"从而点化为"梵我一如"。

一　"华藏世界"与梵我一如

中国古代哲学中的"天人"观念有广狭二义，广义言之，"天人"即宇宙、人生，几近涵摄了所有问题，可细分为天道、人道；狭义而言，"天人"指"天人关系"。冯友兰先生把"天"分为五义，张岱年先生在《中国哲学大纲》中亦有较为详细的区分，但是，他们的划分乃集中于儒道。佛教"天人"观念有其特殊性和复杂性，甚至不能以类似于儒道的天人观进入"天人"的探讨。一方面，举凡宗教，均依赖于人格神的信仰，佛教则是例外，非但不承认人格神的存在，也不依仗纯粹之信仰。真

---

① 汤用彤：《汉魏两晋南北朝佛教史》，（台北）商务印书馆1962年版，卷一，第39—111页。
② 方东美：《中国哲学精神及其发展》，中华书局2012年版，第154页。
③ 《肇论》收录三篇重要的文章：《物不迁论》《不真空论》《般若无知论》，其凭借的是原始经典《小品般若》《放光般若》《光赞般若》以及《维摩诘经》《中观论》《十二门论》，在此基础上注入道家的修养功夫和哲学训练，使之成为流行中土的般若智慧。

正代表无上真理的是"法身",而没有"法身"之外的最高存在。另一方面,佛教认为人所生活的世界处于"无明"中,人们把名相投于本没有名相的真实才产生这个世界,因此,这是一个幻化的世界。印度教《奥义书》把"梵""大我"作为世界的基础,无名无相,破除我执才能进入梵我,方能得道。在佛教语境中"天人"又称"天众",指的是天界与欲界间的有情,① 人间与天界同属于善处,持守五戒方能后世有人身,不坠于恶道之中。在此之上,修行积善,积十行善业死后乃升欲界天,继而修禅定者,则可往生色界天。"天人"即为天界与人间的合称,亦指在天界和人间之有情,《长阿含》卷二《游行经》(大正 1.15b)云:"如来可止一劫有余,为世除冥,多所饶益,天人获安。"

《无量寿经》卷上云(大正 12.269b):"斯愿若克果,大千应感动,虚空诸天人,当雨珍妙华。"大乘佛学依据原始佛教产生精微缜密的哲学体系,到达色界上面的止境,往上升抵达精神生命的上层,再将此扩充以至四无色界。在此超升过程中,依据的是"戒定慧""四圣谛""八正道""三十七觉智",继而深入宇宙的三个层次,归宗于"空"——破我执,求解脱。也就是说,佛教语境中"天"仅仅作为修炼层次、境界的假名,在它内部还有许多层次划分,它不具备实体概念和意义。因此,严格意义上佛教之宇宙观并不能像儒家、道家那样以"天人观"概而言之,佛学论及万物的存在,皆以"缘起论"② 解释。一切事物待缘而起,依照一定的条件和合发生,一切世间法、出世间法均凭借对缘起的认识,这是佛教一切宗派世界观及其学说的理论基石。

方东美对佛学的研究极为注重佛学典籍的考证,透过佛教历史的发展演变,他把名相深奥,经典浩瀚的研究化作后设哲学的思考,深究典籍背后的义理、玄思;另则,通过西方逻辑方法阐发佛学在中国哲学中的特殊意义及其中国哲学之通性,从而形成严密的理论系统。不同于欧阳竟无先

---

① 印度婆罗门的宗教和哲学所持的是立体的宇宙观,地界是一界,空界是二界,上面是三界,分为地空天三界。后来佛教把天地空加以重新解释,叫作"色界"(物质世界);"有情界"(生命世界);生命世界里有堕落和超升两个方向,向上超升的有情界叫"调伏方便界"之上是非物质世界,称之为"无色界"。即由色界—生命境界—调伏方便界超升到无色界—非物质界。它们之中又依次分层,向上发展,总共有三界:欲界、色界、无色界。大乘佛学的视域中,人不仅要维持生命,还要领受生命精神的上回向。

② 通常,缘起论有三种:业感缘起、阿赖耶识缘起、佛性缘起(法界缘起),三者各有所重,均指称宇宙万象之间的关系和存在之原因。

生"佛教非宗教非哲学"的观点,方先生主张"佛教亦宗教亦哲学"。欧阳竟无先生的立足点在于,首先,宗教依靠外在的精神主宰,佛学则是培养内在的精神灵光,佛学是无神论的,个人的解脱依靠的是自力而非他力;其次,从哲学来看"智慧"被解析为知识系统,佛教的智慧并非如此。方东美先生并不赞同此说,而是主张"佛教亦宗教亦哲学"——"因为任何宗教都要讲救赎,而救赎并不是除掉宇宙外在的精神主宰之后,人类内在的精神就不能够觉悟了。假使内在的精神可以觉悟,这个觉悟一样可以拯救人的灵魂,提高人的精神生命价值。因此,佛教显然是宗教;第二,哲学变成与近代科学相类,是近代欧洲的事体。除此以外的文明哲学是独立存在的思想。"① 值得注意的是,方东美认为要回到僧肇的《般若无知论》来理解佛教,不仅要超越"无之以为用,空之以为用"的本体论,还要跨越超本体论、宇宙论,这样才能克服"有""无"的危机,也才能解决思想发展的障碍。"这样一来,把人类的思想逼到最高的价值层次,然后它可以囊括宇宙一切的领域、一切的境界、它本身不再是一个所谓贫乏的领域,而是要变成完善的、完满的领域。"②

有鉴于此,方东美认为十宗之中,华严宗最能代表中国佛教要义,对于宇宙的解释,他亦取《华严经》(全称《大方广佛华严经》)所描述"华藏世界"——"它引用隐喻的语言,根据诗意幻想奔放驰骋,以及高度的诗韵幻想,而流露出这么一个构造。"③《华严经》倡净心缘起,把全法界认作毗卢遮那佛的显现,弥贯全法界,经中所描绘的是一个缤纷多彩的宇宙,多元的宇宙内部又有不同的层次、境界,故而构成错落的差别世界。换句话说,华严宗以"法界缘起"解释宇宙和人生的发生,"法界"是总相(共性、一般)和诸法之"因",具体指一切众生有的"无二真心"或"如来藏自性清净心",此心忽而起念引起"阿赖耶识",从而升起世界万有,善恶染净④。阿赖耶识即代表世间万法的本源,含藏一切种子,既能清净亦能染污,既有不灭之真亦有生灭之妄。据此,方东美申论华严宗的本体论是"法界本体论",揭露有机的宇宙观,"华严要义,首在融合宇宙间万法一切差别境界,人世间一切高尚业力,与过、现、未

---

① 方东美:《中国大乘佛学》,中华书局2012年版,第89—90页。
② 方东美:《中国大乘佛学》,中华书局2012年版,第93页。
③ 方东美:《中国大乘佛学》,中华书局2012年版,第99页。
④ 杜继文:《佛教史》,江苏人民出版社2008年版,第267页。

三世诸佛一切功德成就之总汇,一举而统摄之于'一真法界',视为无上圆满"①。

方东美对佛教义理的研究举重若轻,他深入佛教史的演变,条分缕析地把名相深奥、艰涩难辨的义理以及思辨置于整个中国哲学史中,以客观的视角审视外来佛教中国化的过程和影响。十宗之中,方先生特别介绍了三论宗、天台宗、唯实宗、华严宗,辨宗同异,取法华严。原因在于:"华严哲学,乃是一套机体主义之哲学体系,预涵透澈分析,然却尽能超越其一切限制与虚妄,旨在得证一切无上智慧,彰显一切差别境界,统摄一切完全整体,融合一切真际层面,悉化入无差别之法界总体,宛如天上奇观,回清倒影,反映于娑婆若全知慧海一,而海印三昧,一时炳现。"② 华严宗以圆融无碍指称事与理、事与事相及不离的关系,也就是根据一根本范畴把世间万物等而观之,"无碍"而彰显统一,"摄入"则是华严宗哲学在论证法界缘起时的逻辑范畴。换言之,华严宗把"华藏世界"作为宇宙统一整体,其内部显然是一个不同层次的差别世界,同时,这个"世界"一定程度上是并非现实的、科学的甚至不被人认可的。因为,它的产生乃是一套神话意义上的系统,而非科学。方东美将此归于"价值意义"的层面理解,从而得到了逻辑上的论证,"在《华严经》里面所形容的所谓'华藏世界',它是从世界海到世界种,从世界种到器世间,到生命世间到正觉世间,是不断的层层向上演进,向上面创造,而不断地有新奇的现象发生,最后归结在最完美的价值要求上。"③ 华严宇宙观在于生命和心灵的创造,从而证明宇宙是一个创造的秩序,当然,其最终的目的在于"入不可思议境界",点化为最高的精神境界——"梵我一如"④,即大梵天与人类的意识相互贯注,成为梵我合一的状态。

---

① 方东美:《华严宗哲学》(下册),中华书局2012年版,第693页。
② 方东美:《中国哲学精神及其发展》,中华书局2012年版,第303页。
③ 方东美:《华严宗哲学》(上册),中华书局2012年版,第105页。
④ "梵我一如"原是婆罗门文化里一个基本概念,也就是代表宇宙的精神主宰"大梵天"与人类精神相合。印度社会着重于"人类权利的有限性"和"大梵天的无限性"以实现人的政治功用。这一概念在佛教语境中则偏于指向天界与人间(有情界)的精神境界的统一,方东美指其有"生生"之意,因大梵天为世界之中最初生的太阳,由此而生万物。参看方东美《华严宗哲学》(上册),第313页。

二 "一真法界"：透过机体哲学了悟华严真谛

在世界层次的划分中除了物质世界、有情世界之外，还有正觉世界，正觉世间中智慧的最高代表便是文殊师利菩萨，毗卢遮那佛把光投射到文殊，文殊将此智慧普照世间，即为信仰的表征。《华严经》云："初发心时，即成正觉。"在华严宗，宗教的信仰必须依据"十心"① 发菩提，信念的对象则是要说明十种甚深意，通达一真法界。换言之，华严经义中所信仰的对象就是"一真法界"②，《华严经》在首章开宗明义把宇宙现象彰显出来，即"一真法界"，其起教的根源亦在于此，"一真法界"处于宗教最高的精神境界。在方东美看来，华严宗一代宗师杜顺大师撰写的《华严五教止观》、《法界观》足以笼罩《华严经》最后的《入法界品》，"因为他开辟了真空观、理事无碍观、周遍含容观，并由此可以烘托出一个以事法界、理法界、理事无碍法界、事事无碍法界等四法界的广大思想体系"③。《华严经》不像其他大乘经典从下层世界上推至最高境界；相反，它从第一会开始就提出宗教的最高领地，把人的精神提升到宇宙上面，即人的智慧与宇宙的光明（菩提）奇观，故而称之为"举果劝乐生信分"。据此，方东美认为华严宗代表最高的哲学智慧、宗教精神。他从三个方面进行了论证，首先，《华严经》依据具体的生命体验来印证并以人的天分、才情、因缘来指点人，以宗教经验彰显哲学智慧；其次，《华严经》哲学智慧宗教热诚融贯成生命精神的核心，乃至于"入不可思议境界"；最后，《华严经》"一真法界"总概诸法界，透过机体主义哲学方能了悟其真谛。

方东美同时强调，华严所讲因果系统不同于原始佛教十二支因缘，而是以最高的智慧"一切智智"从宗教的领域去彰显宗教经验，同时也要揭示其中的经验秘密。④ 也就是说，从这一立场出发，方东美把着眼点放在

---

① 华严"十心"：信心、念心、精进心、慧心、定心、不退心、回向心、护心、戒心、愿心。依据这种心灵态度产生、创造信仰。
② 澄观《华严疏钞》中说："统唯一真法界。总该万有，即是一心，直指本觉灵源，一心该万有，万法唯心现，此一真法界，即一切众生身心之本体也。融万象之色相，全一真之明性，然后才可以进入华严法界。"引自方氏《华严宗哲学》（上），中华书局2012年版，第147页。
③ 方东美：《华严宗哲学》，中华书局2012年版，第23页。
④ 方东美：《华严宗哲学》（上册），中华书局2012年版，第107—123页。

华严宗在历史演变中关于"法界缘起"①的推演和展开。"从杜顺大师的'华严法界观'、'一乘十玄门',到智俨、法藏大师便经由此而发展出的'四法界',甚至再透过'十玄门'来解说'无穷的法界缘起',如此才可以证明整个森罗万象的世界,绝无孤立的境界,也无孤立的思想系统存在着。"② 置言之,华严宗的一个核心思想是以法界缘的体用关系来说明真如本体和诸法万象的关系,这亦是理解佛我关系的关键。

诚然,华严宗"法界缘起"是重重无尽的缘起论,某种意义上是华严宗区别于其他宗派的重要标志之一,这与华严宗糅合诸种学说的特性不无关联。但是,问题的关键在于如何通达"理事无碍"臻至圆融?方东美给出的答案是:"一真法界——一定要透过现代人所了解的机体主义,把整个世界当作一个有机的统一整体,在各个层次所具有的'事',就是要说明宇宙里面深刻的'理',而这个'理'则必须渗透到宇宙万象的各个层次里去,在宇宙里面,宇宙万象里面。唯其如此才可以把一切万有的差别性、对立性、矛盾性等等多元的世界,都能透彻的贯通起来成为一个广大和谐的体系。"③ 表面上看,方东美的解释似乎有"唯心现故"的嫌疑,直接肯定了诸法无自体,一切随心而转。实际上,他的解释含藏着思辨与"机锋"。其中,"理"作为方东美解说的中介,它是贯注于人的生命精神价值和理想,作为世界整体的共性,世界各个阶层的万物分有此"理"。法藏大师在《华严经义海百门》中又相关的叙述:

> 如法界者,即一小尘缘起,是法;法随智现,用有差别,是界。此法以无性故,则无分齐,融无二相,同于真际,与虚空界等……若性像不存,则为理法界;不碍事相宛然,是事法界。合理事无碍,二而无二,无二即二,是为法界也。

也就是说随缘显现的一切事物、现象称之为法,诸法各有殊异便是界,从根本上,一切法无自性,是为虚空,然从其所表现出的相而言,又是具体的,性相不存的"理法界"与事相俱在的"事法界"相即不离。

---

① 在佛教经论中"法界"通常指称真如、实相诸多概念的异名,指一切现象的本质和本原,华严宗"法界"有其特殊含义。
② 方东美:《华严宗哲学》(上册),中华书局2012年版,第123页。
③ 方东美:《华严宗哲学》(上册),中华书局2012年版,第123页。

澄观在《大华严经略策》说道：

> 法界者，是总也，包理包事及无障碍，皆可轨持，具于性分。缘起者，称体之大用也。

而在《华严法界玄境》（卷三）中说：

> 法性寥廓，缘起难思。我佛世尊，融法界以为身……感而遂通，见有前后。

以上引文表明，法藏与澄观的解释中关于"法界缘起"有多层理解。据此，方东美清楚的点明了"界"之意涵在法藏和澄观有四层意思："第一种事法界的'界'是'分'义，说明无差别的事项均具分歧作用；第二种理事法界的'界'是'性'义，说明无尽事法同一性；第三种具'性与分'二义，这是'不坏事而无碍'的意思；第四种，事事无碍法界的'界'也具有'性分'二义。法性融于诸事项，而使一一的事法不灭坏其相，真如体性互相融通，重重无尽。"[①] 显然，这个观点是"法性"缘起，在哲学的诠释里，它是综合诸概念以求统贯一套思维概念，从而寻得解释人性的起点即佛性、法性的起点。这也为后来杜顺大师"无穷缘起"，法藏大师法界缘起奠定了极其重要的思想基础。方东美之所以溯本求源厘清其中之意趣，乃在于寻得一条路径，使得广大和谐的华严法界缘起论有其源头并且通向合流。

关于华严宗"理事无碍"的论证，赖永海教授将其置于"法性融通"的立场辨析，认为从现在哲学的角度把"理"和"事"理解为"一般"与"个别"的关系，这是华严哲学具有辩证性的一面。然而，这将导致华严宗滑向相对主义。更为关键的是"华严宗之滑向相对主义，实不在事包理上，而在理包事上。也就是说，华严宗在论证每一件事相包摄理之全体之后，就径直把每一件事互相等同起来。而实际上……事相之现起不是都得待缘而起作吗？此一待缘，其实就是赋予每一事物各自的特点、内容和

[①] 方东美：《华严宗哲学》（下册），中华书局2012年版，第333页。

规定性"①。赖教授认为华严宗"事事无碍"的思想，把待缘而起的特殊规定性给抽掉了，这是华严宗滑向相对主义的关键。

以此为观照，方东美"理事无碍"的阐释则立足于"价值论"来展开，一方面，方氏把佛的法身（觉者）作为宇宙精神"一真法界"主要精神首脑，将此置于最高的领地照射到世间万法，在这个层面"一真法界"是为圆满精神和境界；另一方面，他把"一真法界"等之于华严的华藏世界，也就是价值的理想世界，极为重要的是，这个理想世间不在"他世"而在"此世"。也就是通过价值意义的"理"与"事"圆融无碍，这样一定程度削减了两者的张力。方东美始终站在机体主义的角度试图给予"一真法界"圆融无碍的解释，他所凸显的是万法一切的相待无碍，这种融摄万物的精神不仅在佛的法身也在众人的生命精神中。反过来可以这么理解，方东美把"一真法界"的缘起推至人类伟大的理性，是人自己内在精神之光所照耀出来的内在性，精神的内在本质，心的内在实相。这时一切众生才有平等的佛性，世界才能被称为神圣的世界。为此，方东美"众生皆有佛性"的人性论主张有了理论依据，为他所要阐扬人性至善的理想境界奠定了基础。可以说，方东美更为关注的是众生共有平等法身智慧的一面，而忽略了生命个体和具体事物的独特性的一面，他的"缘起"只是他论证"法界"的条件，其目的终究指向"法界"即纯净真善的本体。

三 "六相圆融"：机体主义视域中的法界缘起

在华严宗的学说体系中，一切诸法体用为一，举一尘即为世界，论一物即为因果，缘一法而万法，无穷无尽是为无尽缘起。从而通过"四法界"、"六相圆融"②、"十玄无碍"的义理表现大乘佛学缘起论（缘生论）的一面，经由此而展开形成法界缘起（无尽缘起论）。从华严宗的历史演变来讲，就是始自杜顺法界观的提出到智俨《十玄门》③的撰述，接着便

---

① 赖永海：《中国佛性论》，江苏人民出版社2010年版，第149页。
② "六相"：总相、别相、同相、异相、成相、坏相。旨在言人人殊，然大旨无悖，原因在于摄受"一真法界"最高精神的普照。
③ "十玄门"旨在尽涵一切法，递进相接，分别为：一、同时具足相应门；二、一多相同不同门；三、诸法相即自在门；四、因陀罗网境界门；五、微细兼荣安立门；六、秘密隐显俱成门；七、诸藏纯杂具德门；八、十世隔法异成门；九、唯心回向转善门；十、托事显法生解门。详见法藏《金狮子章》，《大正藏》第一八八一分，第668—670页。

是法藏的无穷缘起，直到澄观的集结，用理法界囊括万法，形成即体即用的形上体系。

具体而言，华严是从圆满的立场出发，从无穷的境界推及有限的事理，其根本目的是探求宇宙的本原。唯其如此，精神的光芒才能从最高的领地照耀万有，这就依持华严从"平等处"（物质世界）为基础，然后把物质的基础安排在空间里，安排在世间里，并将空间的有限性化作无穷，把时间的有限化为永恒。尽管大乘佛教不同宗派都要世界往最上层的境界推演，但是，华严宗的特殊之处在于它认为理想精神领域在众生心中圆满具足，这是它与小乘及其他大乘不同宗派的差异所在，因此，这又被称之为"别教"。这是华严宗的宗教精神之一，方东美对此做出了详尽的申论，他主张华严自性具足的特征就是"不共教"—达到"一真法界"，这是构成圆满佛界的条件。但是，假如信奉华严的人才能达到这一境界，那么，华严宗的目的还没达到。因此，它接着提出"共、不共教"，也就是化除和其他宗派的门户之见，使一切众生同登佛地，成就平等的佛性。① 这里我们可以通过普贤菩萨对佛陀精神彰显的描写进一步深入华严成就平等佛性的理解：

> 尔时世尊，处于此座，于一切法，成最正觉。智入三世，悉皆平等。其身充满一切世间。其音普顺十方国土。譬如虚空，具含众像，于诸境界，无所分别……各现无量神通之力，教他调伏一切众生，身遍十方，而无来往。智入诸相，了法空寂。三世诸佛，所有神变，于光明中，靡不咸睹。一切佛土，不思议劫，所有庄严，悉令显现。②

这段经文立意在于从整个世界的角度，佛陀的光明超越时空的障碍，遍在一切可能的境界里、一切生命本体都受到感化。最高精神的感召下贯注在差别世界的每一个角落，这显然使得《华严经》演变为哲学深意，方东美称之为"互摄性原理"，即无碍又圆融的原则，"这样子一来，便可以看见整个的差别世界，从它的互相摄受、旁互融通的这一个普遍的关系里，把整个多元的差别世界的结构，都变做立体的贯注，成为一个精神统

---

① 方东美：《华严宗哲学》（上册），中华书局2012年版，第177—179页。
② 《大正藏》第十册《世主妙严品》，第1—2页。

一的和谐体"①，即设定精神绝对的自由，不受任何他力的束缚，当然，这里面除了含藏哲学原理还依仗了空灵胜境的点化。可以说，华严系最佳结构的"大普眼经"②，因此，在方东美看来，解读《华严经》③如果仅仅依靠人类理性是不能完全了悟华严真谛的，原因在于华严亦宗教亦哲学，无论六十卷晋经、八十卷唐经还是四十卷《华严》经文均由隐喻、象征的语言描绘精神意境，其中所彰显不可思议的秘密需要极高的禀赋和富于幻化的诗情才得以体悟甚深微义，通达正觉世间。换言之，华严宗以佛陀的精神为起点，点化一切非精神世界，再把它们变做生命境界以此步入庄严世界，这是"无穷缘起"的逻辑依据，亦是它的必然结果。更为重要的是，华严宗法界缘起克服了唯识宗阿赖耶识、如来藏藏识④染净同源的弊病，即解决了善恶染净对立问题，如此一来，二元对立的困惑得到解除。上述，方东美以机体主义的视角从宗教教义到哲学义理的阐释正是对华严宗自法界三观深入十玄门要义，以致六相圆融，得证一切无上智慧的高度凝练。方氏宗趣所向，宛若一面明镜，华严胜境，尽收眼底。

---

① 方东美：《华严宗哲学》（上册），第384—385页。
② 所谓"大普眼经"就是贯通过去、现在、未来三世的毗卢遮那佛，祂的光明遍布宇宙全体，彰显万法真谛。
③ 一般认定华严经有三个版本，东晋觉贤（佛驮跋陀罗）六十卷《华严》，唐代实叉难陀罗八十卷《华严》以及中唐般若三藏所译四十卷《华严》。
④ 阿赖耶识是唯识宗所指第八识，又称如来藏、藏识，如来藏谓"真如在烦恼中"，若真如出烦恼，称为法身，真如摄一切法，如来藏一切法也。《楞伽经》卷四中有"如来之藏，是善、不善因，能兴造一切众生。"善、不善因的糅合便是染净同位、染净同住。

第三章

传统人性论研究中的方东美机体主义思想

中国的人性论是人文精神的赓续和自我反省、革新，透过人性的反思以完成理想境界与现实生活中关于德业甚至人生的理解。无论是儒家、道家，还是佛教都离不开对人性论的探讨。中国人始终把人生、人性相互贯通，指向理想之境，将人性论的思索作为解决道德问题的根据，乃至解决人类自身依归问题。

第一节 儒家人性论中的机体主义思想

儒家一面宣扬乾元天道的创造力，一面高扬人的至性至善，发乎伦理文化，形成高度严密的人性论哲学，在先秦、宋明时期及其之后，各有表现。值得注意的是，儒家性善论也构成儒道佛合流的基础，人性至善与佛性圆满具足的相契为佛教中国化提供了条件。性善论在一定意义上构成方东美机体主义思想的前提，进而言之，人性之善是宇宙万物统摄万有，一以贯之的前提。

一 原始儒家：尽性至善

上一章厘清了儒家天命之转化，周公之后天命被赋予了形而上的理性。《说文解字》："命，使也。"《周易·说卦传》说的最为贴切："和顺于道德而理于义，穷理尽性，以至于命。"这就建立了天和人的联系，也说明了在此之前周初文化对人性论的孕育和限制。"命"的概念，在甲骨文时代就已经出现，但写作"令"，命字出现于西周中叶。《尚书·诏告》："今天命哲，命吉凶，命历年。"天命观点起源很早，上古时期人对自然和自己命运的无能为力,从而归之于上天的命令。"命"是"天"与"性"的中介,一方面是"天"之显现;另一方面是"性"之根。傅斯年先生在《性命古训辨证》中将"生"字之古义等同于"性"字,并把先秦时期的天命说例为五种趋势:"一曰命定论,二曰命正论,三曰俟命论,四曰命运论,五曰非命论。"而徐复观在《中国人性论史·先秦篇》中辟傅斯年"生"与"性"字等同的说法,指出:"从思想史的立场解释'性'字只能由它的上下文加以决定,只能从一个人的思想,从一部书的内容,加以归纳的方法加以决定。"本书不在于评判两位先生之间的歧义,而是指出人性、天命之间复杂的关系,以及研究方法不同所造成的理论差异。① 方东美将原始儒家分为二期,"初期,原始初民之上古思想遗迹,企图纳诸理性哲学。次期儒家则承受另一套思想体系,肯定人性之崇高峻极、天地之大美庄严,二者雍容浃化,合德无间,以灿溢完美之真理于无穷"②。同时,在他看来,汉儒可以勉强列作三期,但是,汉儒阳儒阴杂,训诂烦琐,哲学见地可以悬置而不论。换句话说,原始儒家一方面以承旧说,得自上古洪荒之世的宗教情绪与神秘经验;另一方面又化情为理,发乎伦理文化,开创了人性论学说。也就是说,中国的人性论是人文精神的赓续和自我反省、开新。《周易》《尚书》无不彰显天、地、人三才之性,"至哉坤元!万物资生,乃顺承天。坤厚载物,德合无疆,含弘光大,品物咸亨"③。我们还可以把目光放到《中庸》上,《中庸》开宗明义说:"天命之谓性,率性之谓道,修道之谓教。"此三句既是全书的总纲,亦是儒学的总纲领。类似的思考全篇皆有论及:"唯天下至诚,为能尽其性;能尽其性则能尽人之性;能尽人之性,则能尽物之性,能尽物之性,则可以赞天地之化育;可以赞天地之化育,则可以与天地参矣。"同时,出土文献亦有相应的论证,深入天命人性之探讨。1993 年湖北荆门郭店一号楚墓出土了 18 篇共 804 枚楚简。"性自命出"是郭店竹简的中比较重要的一篇,开篇即言:"性自命出,命自天降。道始于情,情生于性。"此言性命之成源自天降,而道出于人之性情,结合后面的简文可知,这是从"天—命—性—情—道"的逻辑线索讨论人性的本质和作用。郭店竹简《语从

---

① 徐复观:《中国人性论史·先秦篇》,九州出版社 2014 年版,第 5—12 页。
② 方东美:《中国哲学精神及其发展》,中华书局 2012 年版,第 42 页。
③ 《易经》(阮刻本)卷一,第 22 页。

一》:"知天所为,知人所为,然后知道。知道然后知命。"人通过探讨天命、天道来通晓个人行为,所以说,儒家性命论的基本点是命自天降。

在方东美看来,中国的人性论基于两个基本的前提才得以研究,"我们的理想境界仍然是现实世界上空灵的化境,我们的德业依旧是现实世界上伟大努力"。孔子说:"性相近,习相远",孔子并没有确切地说性属善或是恶,但是,通过伦理的教化,人为善。孟子更进一步,以心善扩充性善,"孟子道性善"(《孟子·滕文公上》),"夫君子所过者化,所存者神,上下与天地同流"。孔孟代表了儒家人性论的主流,深信人性本善,因此,在谈到道德时更相信人与人之间道德通感,相互熏陶,孟子在道德生活中坚决主张"尽心知性""善于人同"。在原始儒家人性论中争议最大的是荀子,荀子受自然"天"观念的影响,提出了醒目甚至刺眼的"性恶"说,他所说的性恶又是因为人之欲望所造成。荀子说:"人生而有欲。"(《荀子·礼论》)"欲不待可得,所受乎天也。"(《荀子·正名》)"凡人有所一同,饥而欲食,寒而欲暖,劳而欲息,好利而恶害,是人之所生而有也,是无待而然也,是禹桀之所同也。"(《荀子·荣辱》)"夫人之情,目欲綦色,耳欲綦声,口欲綦味,鼻欲綦臭,心欲綦佚。一此五綦者,人情之所不免也。"(《荀子·王霸》)

情、欲与性三者之间的关系,荀子将之表达为:"性者,天之就也。情者,性之质也。欲者,情之应也。以所欲为可得而求之,情之所必不免也。以为可而道之,知所必出也。"(《正名》)性受于天,情是性之本质表现,而欲则是情的反应,荀子虽对情、欲、性作分别界定,但其根本目的是提出"化性起伪"的论断,即通过后天教化可以规避欲望之恶带来的恶果①,荀子所凸显的是人为善的可能性。有鉴于此,方东美从"价值论"的立场论说:"荀子似是唯一生就厌闻所谓悉从价值中心之观点而侈谈天道者;反而诠表一套对天道之价值中性观,视自然界但为被造所生之自然界,藉以创说人智胜天,征服自然,所见意与西方科学家同调。"②当然,他进一步从两点强调孟子与荀子所论不同,指出孟荀"人之善"的宗旨殊途而同归。

---

① 依徐复观先生,在荀子那里,"事实上,性、情、欲,是一个东西的三个名称"。详见徐复观《中国人性论史·先秦篇》,九州出版社 2014 年版,第 234 页。

② 方东美:《中国哲学精神及其发展》(上册),中华书局 2012 年版,第 113 页。

首先，孟子把善归于不学而能的天性，荀子把善归于后天之教化和积习；其次，孟子对人的大小之辨依据是志趣，荀子则十分详细的把人划分为人、士、君子、圣人四品，唯独圣人才具备"至善"之品格，说荀子所论善的可能性是有条件要求、次第分别的。尽管如此，方东美并没有把孟荀放在对立的位置加以讨论，而是异中求同。在方东美的视阈中，两者皆肯定人性之崇高，亦是孔子后学之两翼。从中不难发现，方东美关于儒家人性论的观点始终以"个人中心论"为依据，显扬人性之纯善、人格之崇高，反过来说，"价值中心论"是方东美关于人性论的基本依据。

与此同时，在方东美关于中国哲学人性论的诸多论述中常以西方人性论作为参照，即中国文化不受原罪文化的干扰，而是相信人的纯洁、庄严的本性，"中国的人性论纯以哲学的思辨为依据，毫不挟带宗教的色彩，因此之故，中国思想上绝找不着纯粹的先天性恶论，也并没有出世的思想"①。这一点尤其体现在中国先哲大多认肯"天人合德"所彰显的是儒家式人格典型，这是一切儒家伦理、仁爱之道的基础。置言之，个人生命与天地和谐，与人人感应，与万物均调，这是儒家人性学说的应有之义。崇信人性原善，则忠恕体仁，泛爱众。方东美明确指出："凡此一切，莫非仁也。"② 人之所以为人者，在于成己成物，显扬人性之光辉，"致广大而尽精微，极高明而道中庸"。因为，人一方面是世界的创造者；另一方面又是宇宙的旁观者，唯有把人的生命渗透到宇宙奥妙之中才能凸显生命的意义。诚然，方东美的申论采用了直观的体验而非分析与推论，其坚定不移的基础便是"天人合一"的宇宙观，由此演变为"神人一体"③ 的人性论。另外，他认为中国先哲所持之种种人性论难以调和，问题的关键在于方法学的缺点，然而，这是有法可治的，药方就在《大易》"复，其见天地之心"的微言大义中，具体而言，即以天地万物之仁推导人心之纯善，诚意致知以达理，达情随欲以养生推导人性之美善，使人性论得到圆满的解释。

---

① 方东美：《中国人生哲学》，中华书局 2012 年版，第 25 页。
② 方东美：《中国哲学精神及其发展》（上册），中华书局 2012 年版，第 116 页。
③ 此之谓"神"已然超越了宗教意义上的"人格神"范畴，神性实乃无穷的创造力，无限创生的精神，它范围天地，生生不已。神性天然至善，人源于神性，其本性必然为善，这是中国哲学直觉思维的体现。

二 宋明新儒家：穷理尽性

人性论是在宇宙论的基础上产生的，在方东美的思想系统中，宇宙在中国先哲的观念里具备三种特征：第一，宇宙是普遍生命创造不息的大化流行；第二，宇宙是一个充虚中和的系统，将有限形体点化为无穷空灵妙用的系统；第三，宇宙是一个盎然大有的价值领域，充满了道德性和艺术性。① 如此看，宇宙是一个抽象的系统，为了理解起见，方东美给予普遍生命五义加以佐证。"普遍生命"在方东美的解释中具有五义：（1）育种成性义；（2）开物成物义；（3）创进不息义；（4）变化通几义；（5）绵延不朽义。从五义中可以看出方东美以具体生命的培育到养护的过程论说普遍生命，它们之分别在于精巧与广大、微观与宏观，具体的生命通过生生不息的创造才构成普遍生命无穷的拓展。这样，普遍生命有迹可循，充满生机，在此之上，透过人生的努力使生命充满了价值意义。

> 人性崇高论，实由创建初期之原始儒家显扬之，肯定之，并由之引申一套极高明且启人向往无穷之哲学人性论，保证人性之内在价值与尊严。沿着此思想途径，孔子与其高弟商瞿，乃成为最具有原创性之变易哲学家，而大开中国思想生面，厥功伟矣！然孟子之深眼具识，洞见人性之纯善而崇高庄严，亦复绝千古、无与伦比焉。②

因此，方东美总结说："中国哲学在人性论有一个特点……中国的人性论纯以哲学思考为依据，既未挟有任何宗教痕迹，也未沾有任何遁世思想。"③ 在他看来，中国哲学人性论不掺杂宗教出世的观念，更多的是以哲学为依据，各家理趣相异仅是方法学的差异。尽管如此，儒家性善论却也构成了宋代儒佛道合流的结点，儒家人性皆悉至善与佛性具足圆满的相契为佛教中国化提供了基本条件。只不过，两者内在人文与外在文化抉择中走向了不同的面向，形成截然不同的思想系统。

方东美并没有集中讨论宋儒人性论，而是轻描淡写散见于部分著作

---

① 方东美：《中国人生哲学》，中华书局2012年版，第123页。
② 方东美：《中国哲学精神及其发展》（下册），中华书局2012年版，第314页。
③ 方东美：《中国人生哲学》，中华书局2012年版，第133页。

中，相反，对宋儒的讨论方东美更多的是从道统论的角度进行了大篇幅论述，甚至提出批判。他从历史实际功用和经学源流演变两方面对宋儒道统做出了批判性阐释，认为不能维护民族文化之道统实为虚妄的道统，且以机体主义的观点立论，认为宋儒之"道统"应该以"学统"取而代之。其原因在于，方东美对儒家文化的判定更注重原始儒家纯而不杂的根本精神，在他看来，宋儒虽然承续了先秦儒家之大体，但其学"自驳杂中来"，一方面有道家的基因；另一方面又掺杂了佛学的痕迹。故而，方东美对宋儒人性论的讨论需要我们通览他所有的著作，取其精华，挖掘深意。宋儒以《周易》《中庸》《孟子》之说为基础继续发挥：

> 天体物不遗，无一物而非仁也。（张载《正蒙·天道》）
> 天理只是仁义礼智之总名，仁义礼智便是天理之件数。（朱子《续近思录》卷一）

他们赋予生命以道德性，此道德性归结于"仁"[①]。因为中国各派的哲学里都有一套共同的理想——伦理的观念论、道德的观念论，即人性论与价值论相关联，用方先生的话来说就是，"中国人要把世界与人生、人性点化为一个理想状态"[②]。这个理想状态并非高悬于空，渺无痕迹，而是切切实实落到此生此世，为此，方东美亦把儒家称为"实际人"。接着，他进一步追索"至善何以可能"？——"关于此层，孔子、老子、墨子已经为我们指出了一贯的标准。这便是孔子的忠恕，老子的慈惠，墨子的爱利。"[③] 方东美申论的一个特点在于不偏一家，而是纵观中国文化精神之一贯性，因此，在讨论道德的实现时亦是三家同日而语，协同概述。很明显，儒家的"忠恕"即为内在的精神自觉，《大戴礼记》孔子答哀公问小辨，曰："知忠必知中，知中必知恕，知恕必知外，知外必知德。"子思在《中庸》里讲得更为详尽，尽己、尽人、尽物之性是为仁。据此，方东美一再强调，原始儒家固然倡导以人心推及万物之仁学，"宋儒率视人类为

[①] 《说文》训恕为仁，汉儒皆据此释意，上溯至孔子、荀子"恕"乃是推己及人，《易》之无妄，《中庸》之至诚，《大学》之藏心以恕，均以忠恕体生命之源，合内外以修身养性，善由此生，仁由此成。
[②] 方东美：《方东美先生演讲集》，中华书局2013年版，第92页。
[③] 方东美：《中国人生哲学》，中华书局2012年版，第46页。

广大同情之存在，而共同主张'以天地万物为一体之仁'"①。但是，与此同时，宋儒一方面备受道家自然精神、艺术超升解放的影响；另一方面也因其具体社会处境不免心生困惑，把关注点放在宇宙论之玄想，继而思虑人之存在意义。就人类与宇宙而言，宋儒皆从直观体验、直观智慧求得印证，一切均是内在生命精神的流露，无须以形式与抽象取得论证。

在方东美的认知中，这当然是基于人性直观睿见上立根，然而，在人性论上，宋儒徘徊于孟子、荀子之性善或性恶，犹而未决。另则，宋儒各派思想之枢要在于强调"理性"，企图通过理性指导宇宙人生，化性起伪，而核心问题在于各家各派对"理性"之理解殊异，这造成新儒家哲学的薄弱环节，前期新儒家重在向外发散，是为"理学"，后期象山、阳明则向内诉求，是为"心学"。依此，方东美首先以周敦颐为例，透过宇宙发生论中进退观念论及人性，② 他认为周敦颐的哲学精义在《通书》，融《易经》《中庸》为一炉，以成己尽性；张载首倡心统性情，亦承《大易》哲学，提出"天地之塞，吾其体；天地之帅，吾其性。民吾同胞，吾吾与也"（《张子全书》卷一《西铭》）。人者，德合天地，性体自然。而后，明道论此更为详尽：

> 天道即人性，盖言自家元是天然完全自足之存在，若无损坏，即当下直而行之，为其动央；若小有损坏，即须敬以治之，使复其本然之初。人性所以能复其本然之初者，盖言其本质元是内在完全自足。③

伊川比其兄更甚一步，"天、地、人，只是一个道，道一以贯之"（《二程遗书》卷十八）。"孟子曰心、性、天，皆统于一理。"伊川在理论上力倡天人一体，但是，在方法上他却陷入了二元论，把人性剖为义理之性与气质之性，前者纯善后者多恶。从而，推导出他的修养功夫，但是，伊川之人性论也陷入繁杂。人性，从超越的角度观之，为善；从经验出发则可以为恶。朱熹同意二程从现实经验探讨人性，并提出自己的观点，第

---

① 方东美：《中国哲学精神及其发展》（下册），中华书局2012年版，第315页。
② 倘若以周敦颐宇宙观中初为气化，太极生两仪，演为五行，再则生万物，人最具灵性。这样推演属于人之退化形态，又如何凸显人之重要性。如此，再宇宙论上进化之进退决定周敦颐对人性论的理解。
③ 参看《二程遗书》卷一，第1页。

一，朱熹认为理为生之本，万物生于同一理，人之性具理之元善；第二，恶的产生在于气的污浊所染；第三，基于前二者朱熹提出了解决"人性论"纷繁复杂的里路：在具体的生命实际中，性与气合，性善故气善，恶仅是善之背离面。另一种情况则是性与气合，与理违，故为恶。①

方东美总结朱子之人性论时说："人性者，存乎心之理，人情者，其性之动显，而心者，统性情之主也。从价值论而言性之本初，得之于天，固为全善；性之后得，则杂乎气质，故可为恶……就思想史而言，孟、荀之根本大异，胥在是矣！"② 显然，方东美明确否定朱子"心统性情"说，认为朱子曲解了孔孟之原始性善说，方东美批判程朱"人性论"的过程亦是他自己关于儒家"人性论"的展开过程，通过他所驳斥的反面来推论他所认肯的，即摒弃程朱把人性割裂为理、气的二元论，坚持人性禀受天道，一以贯之。与此同时，也肯定宋儒体天地之心为仁，通过尽己尽人尽物之性的功夫，穷理尽性，止于至善。他一再强调儒家之所以追原天命，率性中道，乃在于天道是生命之源，人性受禀天道，理应向善。而这种善是精神价值的体现，具体落实于生活则表现为种种慈、慧、爱、利，③ 它们一致地集中于以仁心度物，慈惠爱人。无疑，"仁"在方东美的思考中作为联结世界与人生，展现人性与道德价值的最胜义，这是他对原始儒家精神的把握和承接。同样的，徐复观亦认为仁是融合性与天道的真实内容。④ 他们一致把仁作为一种自觉的精神，内在的融于生命，反过来说，道德的根源在有价值的普遍生命。这是儒家精神之命脉，亦是中华文化根深蒂固的普世价值。

三　性善：机体哲学的前提

总体上，古代各派哲学家主之以"性善"，深入人性的剖析，体现在五个层面：第一，性善论是各家各派共同的假设；第二，性善论"以性承心，更以心继天，天以生物为心，故纯是善，而性顺从天心，万无恶理"；第三，意与知是理之昭明灵觉处；第四，至于情，则性与情相为表里；第

---

① （明嘉靖刻本）朱熹《文集》，卷六七，《明道性论说》，第18—19页；《朱子语类》，卷四，中华书局1986年版，第175—176页。
② 方东美：《中国哲学精及其发展》（下册），中华书局2012年版，第385页。
③ 《说文》：慈，爱也。《尔雅·释诂》：惠，爱也。《说文》：惠，仁，也。《广雅·释诂》：惠爱恕利。人，仁也。
④ 徐复观：《中国人性论史·先秦篇》，九州出版社2014年版，第82—90页。

五,欲恶论是普遍流行之说。以上几种之中,方东美先生最为认可第二种,在他看来,几种不同的人性论学说其根本的矛盾仅在于方法学的缺点所致。他所坚守的法则是,由天地之仁推导人心之仁,从人心之仁推导人性之善,"在中国哲学里,人源于神性,而此神性乃是无穷的创造力,它范围天地,而且是生生不息的。这种创生的力量,自其崇高辉煌方面看,是天;自其生养万物,为人所禀来看,是道;自其充满了生命,赋予万物以精神来看,是性,性即自然……由于人参赞天地之化育,所以他能够体验天和道是流行于万物所共禀的性分中"①。故而,方东美一语道破混沌,确认了探讨人性论的基本条件:其一,理想世界把现实世界点化为绝妙胜境;其二,中国人的理想德业是在此现实世界中脚踏实地的奋发。此两点可谓中国人性论思想的中心思想。② 换句话说,中国人性论始终以道德价值、德性伦理为中心,不管是孟子的性善论、荀子的性恶论乃至董仲舒、朱熹不善不恶论等等,皆无不如此。

性善论在于追溯人之本性,且寄托于"心",以此上达"天"(天理、天道),以性承心,以心继天,生生为德,故为至善。《告子》:"人性之善也,犹水之就下也,人无有不善,水无有不下。"许慎《说文解字》:"人之阳气,性善者也。"焦循《孟子正义》卷十二释意"动心忍性"引申《说文》曰:"忍,能也,能与耐同。《广雅·释诂》:能,任也。孟子道性善,仁义礼智生于心,即本于性,即仁以为己任。"王阳明《传习录》:"孔子说性相近,即孟子说性善……人性初时,善原是相同的,但刚者习于善则为刚善,习于恶则为刚恶。"阳明把善恶相远归宗于习气所致。以上所引,均为儒家性善论之例证。相比之下,方东美先生对这部分的论说极为严谨,通过相当大的篇幅进行论证,尤其添加了大量的文献作为补注使得论证更加翔实、细致。他还对荀子性恶论作为比对,方先生提出"荀子之所以谓性为恶,实由于他将'性'与'情'混为一谈,'情'从逻辑上讲本应比'性'低一层……归根究底,荀子的主张原是一种'情恶论',而在此处犯了逻辑上混淆的错误"③。荀子可以说是中国历史上少

---

① 方东美:《生生之德》,中华书局2013年版,第225页。
② 方东美:《中国人生哲学》,中华书局2012年版,第140页。
③ 对此,方先生极尽精细的做出说明,认为荀子由心、性、情、欲四者均不能证明荀子之性恶,且性非但不恶而为善。荀子之性恶,牵性就情,而情之恶在习气。详见方东美《中国人生哲学》,第144—152页。

有的把性界定为"恶"者，方东美此论足见他完全把"性"作为不可染污的纯善至性，此为其理想胜境的根本。进一步，唯有纯粹的善根，至善无染的境界才配以作为儒家之理想。这样，方东美关于儒家人性论两个中心思想（条件）得到合理的关联与融通。

置言之，他把道德理想胜境寄托在纯善的人性之中，而道德理想的实践必须依仗至善的德行方能践履。后者的实现在儒家体现为"忠恕"之道，当然，方先生采用一贯的对比法对道墨两家做出了类比，在道家是为"慈惠"，墨家是为"爱利"。方先生此观点亦与徐复观先生不谋而合，徐氏提到人性论的开创时代时，一方面在不同思想体系中各有其特点，因人之差异、功夫深浅不同所到达点不同、立足点亦不同；另一方面，对人性的发展挖掘到了彻底的程度时，不仅在同一思想中呈现共同的立足点，儒家之仁，可以映带出道家虚、静、明之境地，实可到达《庄子·齐物论》中"参万岁而一，成、纯"①。也即是一个人对自身的把握，一部分在于对宇宙、社会的涵融，这些方面上儒、道别无二致。同时，徐复观在《中国人性论史》（先秦篇）中提出孔子发现了普遍的人间，并从三个方面加以说明。其一，孔子打破了以社会政治阶层的君子小人之分，转化为品德的分别；其二，打破了以为推翻不合理统治者即为叛逆的政治神话，而把统治者从特权地位拉下来，使之与平民一同接受良心理性的审判。其三，孔子不仅打破当时由列国所代表的地方性并且打破了种族偏见，对当时所谓的蛮夷给予平等的看待。② 以上观点与方先生普遍生命之流行亦有异曲同工之妙，只是，方先生论说趋于形而上的层面，按他的话来说就是"超越形上学"一词立论。

纵然，中国哲学史上关于人性之探讨并无条分缕析的系统，但是方东美基于方便起见采取了"纵贯法"分析中国人之人性，这与其"治学方法是西方的"不无关系。但是，无须质疑，他的论证始终根据中国文化层层推进。回到他的机体主义思想，性善论的逻辑自然呈现：机体主义作为一种思想方法，从人的生命体验，生活经验出发，旨在发现生命之统一、价值之统一。性善论不仅肯定了生命原善的本性，还进一步从功夫论的角度为德性至善找到理论支撑，进而言之，人性之善是宇宙万物统摄万有、

---

① 徐复观：《中国人性论史·先秦篇》，九州出版社2014年版，第421页。
② 徐复观：《中国人性论史·先秦篇》，九州出版社2014年版，第59—62页。

一以贯之的前提。亦是"天人合一"从"人"到"天"反向的回逆,这样,方东美关于中国形上学中宇宙与个人进一步得以充分论证。

第二节 道家人性论中的机体主义思想

道家对于人性的思考和人在宇宙中地位的思考是一以贯之的,皆把"道"作为其中的依据,"提其神于太虚而俯之"。道家宇宙论之精义在于一切大化流行莫非妙道,人居其间,道不失德,德不离道。中国先哲对于人性论的共通之处在于肯定人顺应天道从而发挥人性内在崇高之本质。

一 "上善若水":"大道"之津梁

尽管老子与孔子思想相异甚至相抗,但是,肯定人性之崇高这一点却是相同的。老子说:"天大、地大、人亦大。"人之所以为人者,其本性纯洁无瑕,与富有创造性的大自然和谐共处。基于此,方东美总结两者关于人性论的共通之处在于,首先,肯定人与宇宙万物一体俱化,人凭借着生生不已的生命力与宇宙永恒的创造力相摩相荡;其次,两者均肯定人的崇高精神。这两方面一致体现了儒家道家共同汇集于形而上和价值学的联系。譬如,老子说"天下皆知美之为美,斯恶已;皆知善之为善,斯不善已。"在方东美看来这便是绝对的价值学,并且体现了价值学上的两套系统——"相对价值"与"绝对价值"。方东美指出,"相对价值"即在谈论艺术、道德时通常以两两相对的价值作为比照,比如"美"的相对面"丑","善"的相对面"恶",它们之间往往离不开与它相反的负面价值。而老子是从相对价值中解放、超脱出来,成为绝对的价值,它与相对价值完全不能混淆。理解了这个原则,才能深入道家人性论之机理。[①] 老子从相对价值中超脱出来,变成绝对价值,从"无之以为用"肯定"无"的价值,从而推导"无为而无不为",如此,才能"万物作焉而不辞"。那么,这个绝对价值何以实现?老子的回答是通过"圣人"的伟大人格精神来完成,"圣人在天下,歙歙焉为天下浑其心",即在道家思想中,"圣人"的品格代表了宇宙中最高的价值理想标准。只不过,与儒家人性之善恶论相比,老子言性不善不恶,而是直接把"圣人"的崇高精神纳入至高

[①] 方东美:《原始儒家道家哲学》,中华书局 2012 年版,第 174 页。

无上的超越价值系统。固然，老子论人性属绝对的善是从理想境界立言，用方东美的话可谓"哲学的制定"。《老子》第一章："故常无，欲以观其妙；常有，欲以观其徼。"徐复观认为此一"徼"字，是老子的人生与宇宙的联结点。这是从外部去加以联结，与孔孟通过内部德性的联结成一明显的对照。简言之，老子之言人性更多的是趋于人之"本真"的初始理想胜境，人之善根作为其哲学思考的前提，无关乎善与恶的分歧；深言之，老子哲学的立足点相较于儒家更为高远，儒家从道德水平把人分之为不同的层次，道家无此区分，而是把"道"与"德"进行了详细的区别。老子说：

> 道生之，德畜之，物形之，势成之，是以安物莫不尊道而贵德，道之尊，德之贵，夫莫之命而常自然，故道生之，畜之，长之，育之，毒之，养之，覆之，生而不有，为而不恃，长而不宰，是谓玄德。

具体说来，人之形体莫不自德生，但是，两者不尽然等同，形残未必德不高，反之亦然。不难看出，老子言人性直指最高境地，然而，人性中亦有私见、鄙陋的恶习，这是不可否认的自然性。老子说："天之道，其犹张弓欤？高者仰之，下者举之……天之道损有余而补不足。人之道，则不然，损不足以补有余。孰能有余以奉天下，唯有道者。"他看到现实中存在偏私、不公正的存在，唯有顺应天道，损有余补不足，视万物一体之仁才是有道者。"道"在老子那里玄妙之处无法言尽，大体可以总括为三个方面，第一，道是万物之宗，又为天地根，天地万物一切所同具；第二，道为一切活动的法式或规范；第三，道无象为象，万物复归于道，它是最高的道德范畴，万物最后之归趋。缘此之故，唯有上圣者足以识之。据此，方东美侧重人在宇宙中的地位和作用体察"道"之津梁，他总结说："所谓真人、圣人、完人的生活，就是要摄取宇宙的生命，来充实我们自己的生命，更须推广我们自己的生命，去增进宇宙的生命。宇宙与人生交相和谐，取同样的步骤，向前创造，向前展开，以求止于至善。"[①]方东美并没有纠缠于老子"道"的玄妙深奥，而是通过旁征博引来指向自

---

① 方东美：《中国人生哲学》，中华书局2012年版，第40页。

己的主题：以"超越形上学"的路向兼综"道"之体用，囊括万有。置言之，他凭借道家"提其神于太虚而俯之"的视阈阐释宇宙之奥，同时把生活于其中的人类之价值曲尽其妙，将人性的善根以超然之态呈现。

人性论的产生，一定程度上是为了解决道德的根据，乃至解决人类自身的依归问题。老子五千言无不关乎人生与人性之慎思，司马谈论道家之术"以虚无为本，以因循为用"，后学解老亦多误解者，往往把道家推向虚无之境，然则，回归《老子》的文本，其义自明。老子参透道之体用，把道作为人生生之原，周流宇宙，虚而不竭，动而欲出，人性之思蕴含其中。老子最为担忧的是人的私心杂念、锢蔽狂妄导致不能法天地，他认为"吾之大患，为吾有身"，尽管如此，老子看到了人性之弱点，但是并没有对人性做出或善或恶的定论。因此之故，进而重申"自见者不明，自是者不彰，自伐者无功，自矜者不长"。对此，方东美将此与孔子绝四之旨进行比对，认为此四者乃与"毋意、毋必、毋固、毋我"意趣相投。同时，又说老子"同于道者道亦同之，同于德者德亦同之"，与孔子"惟天为大，惟尧则之"、孟子"知性知天，存其大者为大人"均一语道尽生命精神相待而有，相即不离。① 为了进一步阐明自己的观点，方东美驳斥了所谓道家弃绝仁义的说法。因为在他看来，老庄所谓道乃生命涵养过程中大方无隅的生命精神贯注于天地万物，"圣人无常心，以百姓心为心"。道家谓之"慈惠"，这与儒家推己及人的"忠恕之道"何异之有！与其说是在驳斥，宁毋说方东美更在于指向儒道殊途同归的路径。当然，不难看出，方东美把儒道两家的统汇之结点集中在生命价值之积极的肯定，从中可以窥见道德的根源——有价值的普遍生命。

严格地说，中国先哲的人性论是一种圆满的理论预设，这样的结论是在与西方的对比之下所得出。最为根本的是，中国人向来并没有原罪文化，对人性亦无任何诅咒；相反，中国人肯定人性的崇高伟大，奋发创进与天地万物浩然同流，各家各派关于人的无限潜能，皆持以积极的主张形成各自的人性论观点。老子说："故道大，天大，地大，人亦大，域中有四大，而人居其一焉，人法地，地法天，天法道，道法自然。"（《老子》二十五章）老子所指称的人与自然相融俱化，人深受大自然熏陶，深知如何领受自然之精纯，天地之精气。在一定程度上，老子所言人性论等同于

---

① 方东美：《中国人生哲学》，中华书局2012年版，第48页。

道家宇宙论，言人等于言宇宙。因为道家宇宙之精义在于："一切大化流行，莫非妙道之行，足以包举万有，涵概一切，广大悉备，了无遗蕴……宇宙与人，乃至一切万物万有，都是广大和谐的关系。"① 从而，方东美用"广大和谐"一词作为道家根本精神原则，即在此种广大和谐的光照之下，人性中黑暗的、卑劣的一面终将被克服；此世间一切昏念妄动，割裂的人格，顽劣的恶欲终被涤清玄览，以致虚静。也就是说，他认可老子承认人性中存在不完美之境，但是，人性如同宇宙生生不息的创造性能超越其破坏性，最终"去其障，致其虚"。

诚然，老子所言善行的本原是天赋的，但是，它的完成需要人的践行，一切善的根源在宇宙中都有其依据，"道生之、德育之、物形之、势成之，是以万物莫不尊道而贵德"（《老子》第五十一章）。老子哲学纵然立意高远、驰骋幻境、玄之又玄，但是，其人格之可贵，道德之论说亦有切实的落脚点。当他论及生命及其价值时，总要追溯生命之本源，以"道"与"德"作为慈惠、仁爱的来源，可谓"言有宗，事有君"（《老子》第七十章），所以，方东美强调"从先天讲，我们的禀赋与善性是浑然同体，从后天讲，我们的德业与善性又是浩然同流"②。在老子而言，"道"与"德"作为生命之源，以"道"来观照万物，故能"贵以身为天下，则可寄于天下，爱以身为天下，乃可托于天下矣"（《老子》第四十九章），"居善地，心善渊，与善仁"，使道不失德，德不离道。

二 "广大和谐"：道家根本精神原则

老子的哲学系统以"有""无"两个基本范畴深入展开，万物各得一以为一，此间重重迷惑到庄子得以厘清，庄子把玄之又玄之境以空灵超脱的艺术审美展现其有无之究竟，一方面肯定存有界无限产生、形成无穷的创造力；另一方面，也认识到万物亦受到束缚，限于障碍，然而，在"有无对反"的思维中可以得到调和。其前提是将整个宇宙整体视为无限，"和之以天倪"，庄子深得老子奥义：

> 君原于德而成于天……合喙鸣，喙合鸣，与天地为合，其合缗

---

① 方东美：《中国人生哲学》，中华书局2012年版，第166页。
② 方东美：《中国人生哲学》，中华书局2012年版，第175页。

綟。(《庄子·天下》篇)

夫帝王之德以天地为宗,……故约帝王之德配天地。(《庄子·天道》)

庸讵知吾所谓天之非人乎,所谓人之非天乎。(《庄子·大宗师》)

庄子的哲学,由于上合老子、孔子,所以对道与德体悟更为玄奥:"技兼于事,事兼于义,义兼于德,德兼于道,道兼于天。"(《庄子·天地》)在方东美看来,庄子最重要的是点出了老子思想精义:"建之以常、无有,主之以太一……以空虚不毁万物为实。"同理,"变常对反",具体说来,便是肯定整个宇宙系统的无限性,"彼时相因"、交融互摄为有机统一体。庄子将"道"投射到无穷的时空之中,在无限的时空里,精神生命得以源源不断,创进不息。[①]他把目光投向《庄子》文本,文体上从寓言、重言、卮言交相递进,气魄恢宏,通过《逍遥游》方东美将庄子本人及其哲学旨趣归宗于对"至人"精神人格的提炼,分别从五个层次申而论之:第一,主张至人者,归致其精神于无始,神游乎无何有之乡,弃小知、绝形累;第二,至人者,"审乎无暇,而不与物迁,命物之化,而守其宗";第三,至人者,"如无穷之门,以游无极之野,与日月参光,与天地为常";第四,主张"夫圣人之道,能外天下,能外物";第五,至人用心若镜,胜物而不伤。五个方面层层超升,直达庄子"寥天一"的大解脱之境,进一步说,"逍遥游乎无限之中,遍历层层生命境界"乃庄子人生哲学精义所在。

当然,这样的生命境界是对现实的反应,庄子在精神上邈邈逍遥,回睨人间世但见人心贪婪,处处狂妄偏执,"茫茫人生,孰非倒悬之民?滔滔浊世,尽是逐臭之夫"。庄子看到了人性的种种缺陷,为私心锢蔽,为功名束缚,理想与现实人生充满着矛盾。因此,方东美主张庄子把"至人无己,神人无功,圣人无名"作为道家超脱解放之道,也就是通过"丧我""复真"的修养功夫克服人性之弱点和卑劣。另外,庄子虽然指出了人性之种种弊病,但并没有直接给予性分善恶的评判,而是直接给出了最高价值领地以供参照。真正的至人、圣人乘道而行,贯彻天地。为方便理解,方东美把庄子解脱之道进行了哲学化的诠释,首先,个体化与价值原

[①] 方东美:《原始儒家道家哲学》,中华书局2012年版,第223—226页。

理——主张万般个性，各适其适，道通为一；其次，超越原理——主张个体化与价值之实现皆受制于其本身，个体要奋力突破限制，致乎臻境；最后，熙化自然原理——主张以浃洽自然对治斯憾。① 具体言之，方东美认为庄子试图把人的个体性与宇宙普遍性相调和，使之扩充，以齐万物，这是对治人心偏私、欲望贪婪的方法。通过方东美的分析，可以看出庄子人性论所持的观点是：第一，承认人性之中存在杂质，提出了一套精神超越次第。第二，对人性尚未做出善恶划分，其人性论一定程度上等于宇宙论。至于如何融通两者，庄子从相对真理表征于大道无限：

> 何谓和之以天倪？曰：是不是，然不然。是若果是也，则是之异乎不是也、亦无辩；然若果然也，则然之异乎不然也，亦无辩。（《庄子·齐物论》）
>
> 化声之相待：若其不相待，和之以天倪，因之以曼衍，所以穷年也。（《庄子·齐物论》）

置言之，在宇宙世界中，万物各具其性但互相交融，并不存在孤立的个体，而是相互交涉、彼此关联，形成完备的系统。因此，方东美进一步引出庄子"万物与我为一"是为实质相待性系统，天与人不相胜，是谓真人。对此，他采用了"本质相对的原理"以深入庄子的阐释，首先，把一切小的问题扩充为大的问题，依此类推到无穷，无穷的思想体系是为"道枢"，即思想系统的中心。其次，万物自有其特殊性，联结相对的特殊性称之为"两行"。方东美深究了庄子"道通为一"的前提——否定"道未始有封"，进而言之，"大道"应该处于开放的状态，才能从相待而观的万物中找到共通之处，再以此为焦点发散至无穷的开放系统。至于现实中多纷争，皆出之于人心之狭隘与封闭，因此，庄子重在剔除"小我"的偏执，力图抵达《齐物论》中"天地与我并生，万物与我为一"理想境界。

在厘清庄子关于人与宇宙的关系之后，方东美把重心放到人本身，认为"道家思想是从人出发，但是要把人的极限打破，然后在宇宙的客体里

---

① 方东美：《中国哲学精神及其发展》，中华书局2012年版，第139页。这里第三条目在《原始儒家道家哲学》中释为自发的自由原则，详见《原始儒家道家哲学》的第237页。

面，找到客体的核心。这个客体的核心就是大道的绝对精神"[1]。并指出，这是庄子哲学的转折，亦是一切人变成至人的转折。他进而强调，必须看到，道家"人法地，地法天，天法道，道法自然"，(《老子》第二十五章)，"自然"非机械的"宇宙世界"，而是表现为绝对创造力及其精神，完满的自足与内在的自由。换句话说，庄子更多是通过涤除玄览致虚静，使得人之本性得以达到大清明状态，继而大而化之，通达天地之灵气，"齐于人而侔于天"。方东美在解读庄子时，似乎表现出更为轻快的哲思逻辑，把道家"太空人"的人格特征表现得入木三分，展现了一副诗意的画幅空间。正如他说道："吾人一旦论及道家，便觉兀自进入另一崭新天地，如历太虚神奇幻境。"[2] 只不过，方东美论及老子和庄子亦存在差异，认清其中的差异是体察道家人性论的关键。这个差异主要体现在价值论的分疏上，他指出老子超越了"相对价值"，直接把"绝对价值"作为衡量人性标准，此之为"道"的最高原则与境界。庄子则从"相对价值"入手，以此联结"道枢"与"两行"，也就是对方东美而言，"相对价值"（"两行"）在庄子那里是通往"绝对价值"（"道枢"）的必经之路，此途径亦把老子玄之又玄的困惑一扫而空。庄子的超脱精神同时也是对其面临善恶不分，价值混乱的乱世所做的回应，把超脱的精神回向人间世。某种意义上，方东美从"相对价值"与"绝对价值"的区分中，对庄子所做的阐释也是对误读庄子者的回应。[3]

三 返本厚生之道：超越形上学的根源

在老庄而言，道创生万物，然而这种创生的力量并非至高无上的创造力与主宰力，而毋宁说是一种宇宙万物的开放性，万物得以自由生长、发展的开创性。谓之"玄德"（《老子》第十六章）。故而，体察"道"必

---

[1] 方东美：《原始儒家道家哲学》，中华书局2012年版，第258页。
[2] 方东美：《原始儒家道家哲学》，中华书局2012年版，第155页。
[3] 后世对庄子误解者不在少数，说其为虚无主义者有之，说其为避世主义者有之，司马迁在《史记》中曾评价："庄子'道'观万物。""其学无所不窥"，但是主要依据外篇、杂篇评述。对此，学者傅佩荣认为司马迁依据杂篇、外篇的评价是一种偏见，他认为应该从庄子内篇切入理解，庄子突破利义之辨，突破时空与生死。可见，傅佩荣与方东美所持观点一致：庄子之形上学，将"道"投射到无穷之时空范畴，成之为精神生命之极诣。参见《方东美先生的哲学》，（台北）幼师文化事业公司1989年版，第36—42页。

须使内心"致虚静""涤除玄览"。

> 万物并作，吾以观复，夫物芸芸，各复归其根，归根曰静，是谓复命。（《老子》第十六章）

老子摒弃一切感性经验，杜绝一切外在知识，并依靠"静观"这种理性直觉来达到主观和客观的统一，抵达"玄同"境界。庄子则进一步发展了老子的直觉思维方式，作为最高认识对象，庄子哲学中的道也是无形无相的，可心传不可言授，可感觉不可目见。保持"心斋"的状态，以视清明。"无听之以耳而听之以心，无听之以心而听着以气，耳止于听，心止于符。气也者，虚而待物。唯道集虚。虚者，心斋也。"（《庄子·人间世》）天道只能以"坐忘""无我"之境体会，亦不能用语言加以限制和干涉，正如海德格尔所说："语言是最珍贵的也是最危险的。"庄子认识到"知者不言，言者不知"，洞察了语言概念与思维客体的关系的一个重要方面：语言概念是人创造出来的用以认识外在对象的工具，但是不可完全表达人的认识或者感受。庄子说："夫言非吹也，言者有言，其所言者，特未定也。"（《庄子·齐物论》）这近乎维特根斯坦所言，凡是能够说的东西都能清楚地说出来，但是并非每个理解的东西都能说出来，即存在一个不可言说的领域，维特根斯坦称之为"神秘的东西"。神秘并非荒谬，而是它存在于语言之外。道家的"得鱼忘筌""得意忘言"便是破除语言概念对本来世界的抽象和切割，这是直觉的本质，也是直觉思维超越逻辑思维之处。

> 物谓之而然。恶乎然？然于然；恶乎不然？不然于不然。
> 今我则已有谓矣，而未知所谓之其果有谓乎，其果无谓乎。
> 今且有言于此，不知其与是类乎？其与是不类乎？类与不类，相与为类，则与彼无以异矣。（《庄子·齐物论》）

对此，方东美提出了一个概念——"庄子的语言哲学"[①]，即庄子从三个层次解释语言的局限性，"正名非指实"，也就是在性质上尚未决定时

---

① 方东美：《原始儒家道家哲学》，中华书局2012年版，第244页。

才了解所要表达的东西，这是第一层意思；第二层意思，"言不尽意"，若"名"指实，那么，可以推出"语句"指实（"朴素的实在论"）；第三层意思，"言辩而不及"，简单的心灵（图像）语言不足以尽意。这也是方东美把老庄之学定为"超越的形上学"的解释之一，而中国形上学之目的在于通透种种事实，从而蕴发对生命的了解与领悟。方东美进而提道："道家思想是从人出发，但是要把人的极限打破，然后在宇宙的客体里面，找着客体的核心。"① 这个客体的核心在一定程度上我们亦可以理解为审美力与道德的关系：在儒家，无论是牟宗三的"合一说"还是唐君毅的"至美"，均指向了审美之理想境界，美与道德生命相融相契。唐君毅"论儒教之尽主观之性，以立客观之天命，而通主客，以成此性命之用之流行之大序，而使此性德之流行为天德之流行，而通主客、天人、物我，以超主客之分者"②。与牟宗三、唐君毅的形上致思倾向不同，徐复观主张一切思想均应向具体生命敞开，主张从"心性"来建立人生价值。把"仁"引渡到心性之上，同时也在人性论上融合儒道两家。这亦是方东美的致思路径，具体言之，这关乎"善"的价值问题。方东美的一贯主张是："大自然贯穿着生命，大自然负荷着价值。""中国哲学的智慧乃在允执厥中，保全大和，故能尽生灵之本性，合内外之圣道，赞天地之化育，参天地之神工，充分完成道德自我的最高境界！"③ 但是，与此同时，他也陷入了同样的困境，即天地自然之理如何能成为道德价值的源泉。然而，在理解这个问题之先，方东美已做出了理论的预设，"基本上，东方人采取机体主义的途径去探索事物，运用统观的直觉，就是假定了彻底的分析，再超越其限制，庶几乎对神、人与世界得到一个庞统统贯的理解"④。

显然，在理解方东美关于道家的宇宙论探讨时，不得不重视他对于西方宇宙论的参照和批判，道家宇宙论与西方宇宙论有着本质的差异，道家并不把现象看作其背后存在着某种固有的实在、不变的机体的表现。相反，他们认为宇宙观不过是永不停息的经验之流，在庄子的《庄子·齐物论》中得到充分的论述。如果对照西方的"二元"论，道家宇宙论更明显地区分了自然与价值、身体与心灵、实体和属性，但又巧妙的使之融

---

① 方东美：《原始儒家道家哲学》，中华书局2012年版，第281页。
② 唐君毅：《生命存在与心灵境界》，河北教育出版社1996年版，第40页。
③ 方东美：《中国人生哲学》，中华书局2012年版，第105页。
④ 方东美：《生生之德》，中华书局2013年版，第267页。

合。因此，不得不肯定它克服了二元对立，即体即用，宇宙万物同一。天人合一的思维前提是以动态的宇宙生发过程来统摄事实与价值，两者在"道"的贯通下得以融合。故而，"道"作为统摄万有的有机存在，保证了天道贯通人道的逻辑合理性。但是，"道"与人或者宇宙万物之间是平衡的对应关系，老子的宇宙论和价值论是一体的。正如徐复观先生所说："老学的动机与目的，并不在于宇宙论的建立，而依然是由人生的要求，逐步向上推求，推求到作为宇宙根源的处所，以作为人生安顿之地。因此，道家的宇宙论可以说是他的人生哲学的副产物。"① 陈鼓应进一步提道："老庄之道的本根性，在两方面体现出人文意涵：一方面作为人间制度、人事的价值根源；另一方面，理想的制度规范与和谐人事，正是道的体现。"②

可以说，道家论宇宙万物的本质在论人性，人性问题不是具体的求其答案便可定论。它不提供结论，而是把人置于宇宙之中探求其本质，"至于人性与其在宇宙中之地位，中国人无论其为个人小我或社会大我，均不以遗世独立为尚，亦能免于与世界脱节，与人群疏离之大患……藉以提升至于'内圣外王'之理想境界"③。庄子整个思想体系建立在它诗意的哲学致思，借着讥讽世俗的利令智昏，以辨明精神解脱的重要，以重申人性的可贵。

基于此，方东美总结庄子的主张是：生命的崇高在于经验范围的拓宽、价值观念的加深，使我们的精神升华和道体合一，使我们把人世的快乐和天道的至乐打成一片。也就是庄子在本无的根源同万有的现状中间要求调和、统一。在这方面，庄子把老子和孔子的智慧推展到了极点，他深察老子"空虚不毁万物为实"的奥妙，同时也为一千年以后的大乘佛学融入中国哲学而铺路。④ 显然，在方东美看来，先哲在人性论上的共通之处在于肯定人性之伟大，具体地说，肯定人道顺应天道发挥人性内在之崇高本质是先哲一致的旨趣，这也构成了儒道互融的关键。同时，亦是佛学在

---

① 徐复观：《中国人性论史》，上海三联书店2001年版，第287页。
② 陈鼓应：《道家的人文精神》，中华书局2012年版，第107页。
③ 方东美：《生生之德》，中华书局2013年版，第262页。"内圣外王"在中国古籍中第一次出现在《庄子·天下篇》，庄子亦注重人格之修养以圆成人内在之美善，从"小我"推致至"大我"，但内圣外王却完全成为儒家思想的精髓，人即是通过修养功夫达到内外合一。
④ 方东美：《生生之德》，中华书局2013年版，第226页。

中土落地生根的根本条件。人性论在方先生的思想体系中占有极其重要的地位，对人性之理解伴随着他所有的哲学思考，无论是中西文化比较、中国文化内部各流派之比较皆注入了他对人的心性、人性之本质的关怀和理解。这些理解分散于他所有的著作之中，需要研究者统览全册方能全面地深入方先生的分析和论证。除此以外，从《生命理想与文化类型：比较生命哲学导论》纲目有关人性论的思考可以推导，这是方先生最为集中精炼的探讨和总括。文章开篇拟定"哲学人性论"为纲要，第六章进一步深入"人性之探讨"，其中，涉及宗教与宗教性、人格之完整与二分，从东西文化对照人性之殊异，并且把中国心性论单独作为"人心一切禀赋纯善论"来编排。从缜密的纲目结构观之，乃孕育着一部历久经年的巨制，惜乎哲人其萎，宏愿未果，后学有且通过纲目一睹方先生博大深邃的哲学致思。①

第三节　大乘佛教人性论中的机体主义思想

一定程度上，佛教在中土传布之初是否正视以儒家为核心的中国传统文化，是否直面现实社会的关怀，是决定其能否落地中国文化土壤的关钥。归根到底，这个问题指向佛教是否直面人的需求与人性的探索，而关于人性论的探讨即从人能否成佛、成佛的可能性去理解佛性，在此意义上，人性论亦是佛性论。方东美以华严宗人皆有佛性的主张立论，揭示大乘佛教从本体之统一、生命价值之统一的机体主义思想脉络。

一　"人人皆有佛性"：佛与众生相互涵摄

众所周知，佛学自东汉传入中土，原是抚慰人心的宗教团体，随着日益渐增的理论基础，推广流布至知识阶层，经过长期发展不断演变出新的宗派，佛教内部产生了不同的修行法门，判教观点，故有大乘与小乘之分。佛教传布之初重在"格义"，考据概念的正当意义，那么，考究格义除了探清源流，还需与本土文化密切相关才得以被广泛认可、传播。因此，从格义的角度，道家的"无"便与佛教的"空"相比照，皆指向万物之本体，探求事物之本相。从现实而言，佛学要想深入人心则必须正视以儒家为核心的中国历史文化，就不得不直面儒家现实社会的关怀。进一

---

① 按：纲目收录于孙智燊先生所译《中国哲学精神及其发展》文末。

步言之,佛教关于人性的探讨即人能否成佛的可能性问题(佛性论)是佛教能否真正意义上在中土扎根且与儒道诸家融合的关键。其中,佛性论又含藏着对佛的体性追问,因为立场的殊异此二者间亦存在分歧。前者从成佛的可能性去理解佛性,以此推导人性;后者从佛之性体,人之所以成佛的现实性去阐释佛性。对佛之性体的争论和思考那是佛教内部各宗派、各历史阶段相互问难的过程。除此之外,佛性一词自古有多义,兹且不论。然而,成佛的可能性问题构成了佛教与儒家文化共鸣的重要条件。

佛教传入之初有其渐进的过程,从道安般若学到支道林本无论,"六家七宗"再到僧肇《肇论》、道生的佛性论,此时期可作为大乘佛学的前奏。此后,通过隋唐时期的长足发展,即有"十宗并建"的盛况,这时外来佛教先受道家影响再结合儒家文化,在中土落地生根,扎根发展之后便不是佛学的前奏,而是佛学切切实实的发展,从六朝到隋唐逐步走向鼎盛。严格来说,佛性论并非佛教发展之初就有,也就是原始佛教(小乘)是没用佛性论之说的,小乘主张"无常""无我",《大般涅槃经·梵行品》记载"十一部经不说佛性",这里十一部经是为小乘经典。佛性论在中土的明确化也是南朝以后大乘发展至中期的阶段,尤其到了道生,他把僧肇纯哲学思想体系,用以指导人的生命精神,走向"佛性论",即把人性提升到神圣境界,称之为佛性。在此,区分佛性论的一个重要原因在于解答方东美先生何以把大乘佛教作为他关于佛学整体的论说重点,而不论及小乘。因为在申论儒家、道家文化时方先生始终以原始儒家、原始道家为精纯,论及佛教却弃原始佛教(小乘)于不顾,从中,一方面可以窥见他对佛教中国化的理解;另一方面,从佛性论言之,他取舍的出发点也就是支撑方先生融汇儒佛道"机体思想"的立足点。当然,值得注意的是,赖永海教授在《中国佛性论》中指出,中土"佛性"各宗派所据经典不一、释名不一,导致对佛性之理解失之毫厘,差之千里。并把"佛性"从各家各派所据经典、诸经论不同立场等方面详细地分为十二种类别。①

十宗之中方东美先生特别介绍了四宗,主要集结于《中国大乘佛学》《华严宗哲学》两部四册著作中,前者主要论即三论宗、天台宗、唯识宗;后者以华严为重。方东美所论佛教为中国化的佛教,而非印度的原始佛教,亦非以"无常""无我",厌弃世间,只求自我救赎的小乘佛教。他

---

① 赖永海:《中国佛性论》,江苏人民出版社2010年版,第16—17页。

所指的是中国化的大乘佛学，不论是三论宗、天台宗、法相唯识宗、禅宗或华严宗都是真正中国精神所衍发的独特智慧。它与印度本土的空宗、有宗在精神上完全不同。① 此四宗最能代表佛教中国化进程，即佛教从格义到理论再到生命实践的过程，它们是外来佛教与道家、儒家相融互摄过程中适者生存的典型。同时，天台、华严佛性思想较为成熟、自成系统，基本上以真常心释佛性。天台、华严主之以"一切众生皆有佛性"，各宗派内部有其独特之处，简而言之：天台主生佛一如，染净互具，于性具见平等，于修行见差别；华严主如来性起（法界缘起、净心缘起），以真如处"无明"与否分凡圣。

方先生把三论宗、唯识宗作为佛教中国化受阻的典型而对之作逆向思考，它们之所以在历史洪流中昙花一现，自有其原因。例如，以吉藏为代表的三论宗以破为立，秉持"八不""有无"② 去观想、自悟，因此难有传人，唐初逐渐走向衰落，以至成为绝学。唯识宗主张"一分无性"认为有一部分众生无佛性，永不能成佛，这把一部分人拒之于佛门之外，从而丧失了对佛教的信仰，这抑或是唯识宗在中土短命夭折的原因之一。值得注意的是，说到从理论到实践的转化，方东美认为不得不提到东晋末年（晋宋之际）的竺道生，道生从僧肇的理论智慧跨进生命智慧，提出了"人人皆有佛性，万物皆有佛性"③ 的主张。其前提是从小乘佛教所谓四颠倒见"常、乐、我、净"之中超脱出来，提升为最高的精神境界，这亦是道生"中道观"④ 的一种表现。无疑地，佛的精神人格需要在罪恶、污浊的世界之中涅槃、解脱，以修得圆满，成就法身。

---

① 方东美：《中国大乘佛学》，中华书局2012年版，第31页。
② "八不"，即不生不灭，不常不断，不一不异，不来不去；"有无"：有，无，亦有异无，非有非无。
③ 东晋末年，在昙无谶翻译《大般涅槃经》之前竺道生就提出了"人人皆有佛性""一阐提亦可成佛"，恰与印度原来《大般涅槃经》的根本思想吻合。而影响道生提出佛性论的条件包括：一方面，其老师鸠摩罗什对空宗的介绍，鸠摩罗什"无相为相，是为实相"的思想促成道生对法身的理解和转变；另一方面，身处西晋末年的时代危机，促使道生从北方迁至江西庐山，彼时，庐山慧远在《大乘义章》超脱俱舍论转为成实论，超越小我抵达大我的思想转变启发了道生。道生的著作流传下来的甚少，据目力所及，有《续卐字藏》中《法华经疏》，并且注解了《大般涅槃经》《维摩诘经》。
④ 中道观主要把"有"和"无"从绝对意义中出离，当作相对的名词，再进而给予更高的理论意义，即"离四句，绝百非"谓也。

> 闻一切众生，皆当作佛。(《妙法莲华经注疏·譬喻品》)
>
> 若谓己与佛接为得见者，则己与佛异相去远矣，岂得见乎？若能如自观身实相，观佛亦然，不复相亦，以无乘为得见者也。(《维摩诘经·菩萨行品》)

对此，通过道生在注疏佛经的相关论述以及他在佛教中国化进程中的历史贡献，方东美评价道生的高明之处有三：其一，道生通晓知识的巅峰是为最高智慧，并将智慧投射到宇宙，实现般若与菩提相应；其二，理想世界与现实世界双回向的合一；第三，"佛为悟理之本"，肯定精神的平等（平等性智或第七识）。[①] 历史上，道生的佛性论思想为六朝时代南朝佛学思想做出了重要的贡献，在佛教内部，他的顿悟禅法开禅宗之先河，而在与异质文化的交流中，其佛性思想无不与以性善论为主流的儒家思想相类，为儒佛道的交融奠定了重要的基础。这正是方东美先生给予道生高度评价的原因，方先生关于中国文化的致思路径始终循着儒道佛相融相荡的"机体"思想切入，总是在寻求它们之间得以贯通的结点。佛性论的探讨正是此中之渊薮，可以说方先生不仅深得佛学之精义，而且由此孤明先发，始唱儒佛旁通统贯，肯定人性之崇高、具足神性（佛性）的"机体"思想。

那么，在深入佛性论探讨之先，有必要对方先生的"佛性"之理解做出必要的判断，因为佛性释义如同佛教经纶繁多且杂，只有合乎逻辑的取义才能够通向思想内容真正的理解。据此，参照赖永海教授对中土"佛性"之释义和归类，显而易见，方东美先生取"佛性"义侧重道生"以当果为正因佛性""以得佛之理为正因佛性""以真如为正因佛性"。诚然，把方先生所取之"佛性"义放置在以上分类中反倒框定了逻辑范围，局促于佛性"本意"，而有失"机体"思想的开放性与延展性。正如赖永海教授所言："佛教理论之圆融性除了什么也不执着一面外，还在它通过'方便'的说法而包罗万象。"[②] 因此，方先生对佛性之理解应该放置在他对佛教的整体论述之中，更确切地说，应放置在他对中国文化整体旁通的理解之中，即机体主义思想之中。当然，相比于对"佛性"之释义繁多冗

---

① 方东美：《中国大乘佛学》，中华书局2012年版，第128—134页。
② 赖永海：《中国佛性论》，江苏人民出版社2010年版，第18页。

杂以及关乎佛性之历史论争的辨别，方先生更侧重对佛性思想义理的阐发。他一方面依托道生佛性论，从"三德的理想"——法身、般若、解脱指出渐修而顿悟的修养方法，即如何达到般若与菩提相应；另一方面，试图从宏大的视角出发，在佛性论与儒家的人性论中找到契合之处。具体来说，他肯认道生把最高的智慧投射到宇宙之中，"佛教上面的修养，一方面是上回向，从智慧的培养到光明的体验，一直到价值的把握，他的生命都是向上面的发展……二是，下回向，再表现他的慈悲要拯救世界、要拯救人类"①。即佛性与人性的同构意味着人的智慧不仅要了悟宇宙万法，菩提与真如相应，以证佛果；而且，也要慈悲为怀的下回向于众生。"人性具备这种'可使之完美性'是一切儒家与大乘佛家共赞之理。"② 从中可以窥见，他所谓众生皆有佛性乃指谓众生本有佛性，非指初始已具佛果，而是经由修道方能习得佛性。这样，凡圣一如得到清晰的解释，抛开了诸多别义的干扰，也只有如此才能更接近儒家主流性善论的现实之大流。

方东美先生对佛教的研究始于青年时代，其学力深厚，通过直扣原典、对比分析、多重钻研，把纷繁复杂、名相玄奥的中国佛学举重若轻地进行了梳理和反思。中国抗日战争八年，由于时政的变迁，他从南京迁至重庆，仍在重庆的深山之中探访古寺，取经求道，其为人谦逊而不武断。曾与熊十力先生对"唯实"问题进行了激烈的探讨，直至晚年佛学功力尽显。可以说，《中国大乘佛学》《华严宗哲学》两部四册，以及《中国哲学精神及其发展》（下册）集结了方先生最为重要的佛学思想和义理的阐发。当然，对佛学之探讨也散见于其他著作，他关注的问题包括佛教之源流、佛教中国化之历史演变、大乘佛学各宗派名相义理之论述以及佛教与中土儒、道两家间的互相排斥、互相吸纳最后合流构成中国文化的重要元素。而佛性之探讨进一步申论了他关于中国哲学之通性的阐释。概言之，他以道生"佛性"思想为起点，最后归于华严宗义理的展开从而剖析人性与佛性内在的关联。对此，他明确说道："由真如所显的真性常住，超绝于万古而平等，所谓真如平等不增不减，这在宗教上称之为佛性，染净诸法所不能亏损；在哲学上称之为根本性，始终所不能变易，而根本性显现

---

① 方东美：《中国大乘佛学》，中华书局2012年版，131—132页。
② 方东美：《生生之德》，中华书局2013年版，第292页。

在人类的领域中成为人性，显现在万物里面形成物性。"① 这样，宇宙万法之秘密被层层揭示开来。之所以在诸多佛学宗派中以华严为重，是因为他认为，第一，从《华严经》的宗教精神而言，不论在"有情世间"还是"正觉世间"都有立体的精神世界，扩充为无限的生命领域以达"一真法界"；第二，《华严经》广大慈悲，心佛众生三无差别，圆融无碍，系佛教中国化发展的最高峰；第三，《华严经》具备精深的哲学思想和智慧，"华严三昧"乃含摄一套"机体主义"的哲学观。②

依方先生之见，华严宗俨然代表了大乘佛学之巅峰，浓缩了中土佛教精髓，因为此宗佛教中国化程度最为典型，但是，这并不意味着方先生由此轻视其他宗派，从而割裂了华严宗与它们的关联。恰恰相反，他对华严的考察是基于佛学源流、历史演变、名相鉴别等方面深入的，尤其，把三论宗、天台宗、唯实宗作为参照，条分缕析地爬梳此种之奥义。他讨论诸宗又以相应的经典为依据，譬如，讲华严宗方先生认为主之以《华严经》、杜顺大师《华严五教止观》是为方便法门，智俨大师《华严经搜玄记》、三代祖师法藏《华严经探玄记》，辅之以唐李玄通《华严经合论》、明李贽《华严经合论简要》更引诸经以增信，引诸论以助成。③ 此中之目的乃直叩华严宗教精神，展现华藏庄严世界。当然，随之而来的问题是，华严宗何以成为方东美探讨人性论的重点乃至唯独而论的宗派？除了前文方东美列举的诸要素之外，可以从他对东西方宗教之理解、人性论的分析窥见其端倪。换言之，方先生借华严"人人皆有佛性"是从宗教面反观人之"疏离"及其原因，华严宗主性起，善于破"疏离"为"圆融"，这也正是"机体"思想本体之统一、生命即价值之统一在佛学人性论的发挥，循阶而上，层层展开。

二 华严宗哲学：真正机体之统一

关于佛学的定位方东美早已做出了"即宗教即哲学"的判定，而华严宗哲学则是"真正机体统一之哲学"。④ 方先生指出，可以凭借"无碍"

---

① 方东美：《华严宗哲学》，中华书局 2012 年版，第 662 页。
② 方东美：《华严宗哲学》，中华书局 2012 年版，第 15—25、149—150 页。
③ 方东美：《华严宗哲学》，中华书局 2012 年版，第 21—24 页。
④ 方东美：《华严宗哲学》，中华书局 2012 年版，第 413 页。

作为根本范畴来深入华严哲学之机理，"把宇宙里面千差万别的差别境界，透过一个整体的观照，而彰显出一个整体的结构，然后再把千差万别的这个差别世界，一一化成一个有机体的统一"①。同时，方先生认为在中国佛学领域，初唐杜顺禅师开其先例，以《华严五教止观》《华严法界观》为代表发挥了机体主义思想，以削减大乘始教二元对立的偏执，比如，法相唯识宗如来藏、藏识有善恶的对立，即理想世界与现实世界脱离的体现，导致其理论始终纠缠于杂染的阿赖耶识、超越阿赖耶识的阿摩罗识（无垢识）之间。故而，他强调，华严宗"无碍"的奥秘就在于"一即一切，一切即一"②，这是天台宗的根本教义，亦是华严不可分割的整体性观念的概说——"一真法界"所蕴含的基本思想。至于"一真法界"的境界，它依仗不可分割的精神主体统贯一切、融会万有，在华严宗的语意中释义为"真心"，即《涅槃经》所讲的"佛性"。

方东美进一步提到隋代净影寺慧远大师把佛性作为唯一的因，"以佛性作为一个出发点，再采取许多差别世界里面所流行的条件，来作为辅助因，由此所得的就被用来作为说明宇宙的来源，说明人性的来源，推而广之，说明物性的来源"③。他引用慧远在《大乘义章》对佛性的阐述：

> 佛性者，宇宙万法之生因。同一体性，生同性诸法。斯谓之自然生，非如异行生。多因多果，互生差别诸法，后先相续，因灭果现。此乃《维摩诘经》所谓之真也。一真之理，妙绝诸差别性。如如者，谓佛法平等；绝彼是差别，故曰无差别。④

藉"法界"表示"佛""法"总果，慧远实开其先河。但是，让方先生困惑的是，一真法界从何而来。他认为慧远"深受真谛误译所传之唯识宗文献影响，甚至不禁陷入两极二分，将一心剖成真妄二元对立——真心

---

① 方东美：《华严宗哲学》，中华书局2012年版，第413页。
② 此为天台宗的根本教义，但也是受华严之影响而产生，华严宗谓之"一真法界"，方东美将此视为完整的机体主义哲学中最高智慧里面的一个根本对象。详见方东美《华严宗哲学》的第443页。
③ 方东美：《华严宗哲学》，中华书局2012年版，第652页。
④ （隋）慧远：《大乘义章》，《大正新修大藏经》，卷三。

与妄心，如《大乘起信论》所为……唯待华严宗出，始为之消解"①。华严倡万法即法性，法性入万法，万法交摄互涵，重重无尽。华严"法界缘起"杜顺开其先河，智俨承杜顺之说，法藏及其后学继阐之。华严整个哲学系统经由法性界（法性/佛性）缘起而展开，人世间一切造作诸业、三世一切诸佛的一切功德智慧总和，均在"一真法界"的融摄之下具足圆满内在圣德，足以自发自佛性，修顿圆成。此间不难发现，华严法界观并未通过逻辑分析或者义理的推导，而是直达最高理想境界。

对此，方东美从两个层面做出分析、阐释，"中国哲学家总是先要把自己的思想主体，在研究问题之前就提出思想主体的间架……就像中国华严的祖师们，首先将整个宇宙论的产生程序，从事实上面将它发展的历程，在它里面的各种重要层次，所谓本体论的层次，一一彰显出来"②。此其一层面。但是，另一层面，法界观并非彻底没有逻辑，而是逻辑的基础隐藏其后，拿杜顺法师来说，他的法界观就是顺着真空观、理事无碍观、周遍含容观贯穿下来。具体地说，"真空观"本身需要肯定宇宙层次里最高的境界"理法界"，在它照耀之下的事物被称为"事法界"。为了方便理解，方东美把真空观概括为四句：第一，会色归空观为理性的向上回向；第二，明空即色观为菩提之体起妙用向下贯注；第三，空色无碍观为空色契合融贯无间；第四，泯绝无寄为精神点化超升性体实相泯绝涤尽。③ 显然，在方东美看来，唯有彻底洞察了"空"与"色"之内涵，才能把握真空观之奥义。只有透彻了解此四种层次才能真正意义上进入"真空观"的内容。这就首先要依靠杜顺大师的《法界观》文本，其次，还需借助澄观与宗密的注疏，其目的是了解真空观背后所含藏的逻辑方法。

诚然，方东美进入佛学领域的阐述更趋于西学的论证方式，这种治学特征不仅体现"三段论"的模式，更体现在他以此提出对治西方二元对立的顽疾。"正因为它具有这样一种原理，然后我们才可以说这是一种'机体统一'拿到哲学上来，至少可以解决流行在西方希腊哲学上面上下世界层次互相隔绝的这一毛病，可以医治近代知识论上面所谓主客对立的那一种不能够沟通和谐的毛病。"④ 这里提到的原理，乃"交相互摄的原理"，

---

① 方东美：《中国哲学精神及其发展》，中华书局2012年版，第292页。
② 方东美：《中国哲学精神及其发展》，中华书局2012年版，第682页。
③ 方东美：《华严宗哲学》，中华书局2012年版，第700—704页。
④ 方东美：《华严宗哲学》，中华书局2012年版，第692—693页。

也就是机体关系的建立是基于事物之间并行不悖的交互关系。放在华严宗的语境之中,即是在"一真法界"的观照下众生自证自悟,将佛性自体渗入人性中。倘若宇宙万物都照此相互交错,相互依存,那么无量佛刹于一微尘自有三世诸佛。相应地,方东美指出,在"交相互摄原理"下华严开展出四大境界:第一境界是根据般若经典所要肯定的"理法界"。第二境界是原始部派佛教所要开展的俱舍论、成实论,直至大乘始教所谓法相唯实宗里面的性法名相,所讲的就是"事法界"。第三境界则是前两者的基础上看出其中差别,所以务必在它们之间通过锲入、互依的关系把"理"(真谛)"事"(俗谛)结合形成无碍(中通实相)的"理事无碍法界";当然,方东美强调"理事无碍观"只是从"关系的作用"的观点去看时才产生,这也只是把许多差别的境界组合起来,让它成为不可分割的整体,这是通过《华严经》本身所得。倘若从般若经典来看,必然会遭遇"真空"精神层次的诘难。故而,不得不开辟出新的精神通道使得人的一切活动均能与无限的精神提升相融无碍,即形成第四境界"事事无碍法界"。① 可以说,第四境界乃是真空妙境与理想价值互相圆融和谐成无碍观,此为"法界缘起"之圣意。用方东美的话来说,"法界缘起"等之于儒道"兼天地、备万物"的精神,而从佛性论言之,则是众生皆具佛性特质的佛性观的成立,促成与儒家性善思想合流。事实上,这也是佛教在中土发展壮大的极为重要的条件,甚至是佛学中国化找到出路的必要条件。再次印证了方东美所言:"出于大小品般若经典同道家的第一次结合,而涅槃的佛性观又再度与中国原始儒家第二次结合,故佛学到了这个时候才正式在中国的思想界生根。"②

三 佛性自体与摄化人性

佛学始终是对宇宙万法的追问和解释,倘若论及宇宙万有的根本出发点时,从众生的角度来讲,众生皆有"佛性";从依报的器世间来讲,是"法性";从证得佛果菩提言之,是"法身",此三者概为"法界",也是"真空妙有"之异名。华严宗受三论宗的影响,认为万象无自性而不可得故空,空故万象无自性而因缘起。同时,华严继承天台宗实相缘起的观

---

① 方东美:《华严宗哲学》,中华书局2012年版,第745—747页。
② 方东美:《华严宗哲学》,中华书局2012年版,第728页。

点，认为缘起世界的本质是相依相资、相互关联的。方东美援引《般若经》"不坏假名而演实相""不动真际而建立诸法"的观点进一步论证"一即一切，一切即一"的圆融无碍，是从"真空"中产生"妙有"。他认为，华严的"德相十玄""华严大定""海印三昧"皆是在此一原则下具现。①"十玄门可以说是华严宗里面具有最高的哲学智慧，这个很高的哲学智慧，分成十个路径去发展，才能把一切高超的理想及一切差别境界里面所含摄的'理'，同这个'理'所印证的一切'事'，都囊括进去了。"②法藏大师在《华严经探玄记》中以"十项原则"作为"十玄门"的理论基础。③具体言之，就是从中探索"缘起法"的根本原理——六相圆融观。然而，《华严经》的起点是差别世界，但是华严各宗师总能通过"十玄门"以及所发挥出来的"十项原则"，应用在一花一叶的现实世界，通达"真空""妙有"，即体即用。从哲学思想上说，也就是说先将华严教法圆通，用严密的经论证其旨趣，罗列十玄含摄其机要，每一门都经由这十种原则的应用。

显而易见，华严十玄表面上看起来首尾自洽，整体圆融无碍，但只要稍微触即理体，其局限性暴露无遗。尤其"事事无碍"原理所依据的是一事一物皆具理之全体，但是，它直接把具理之体的一切相等同起来，这就造成了华严内部自身的矛盾，它无形的造成了对"法界缘起"的诘难。因为华严事相之现起，乃依缘而起，万物独具特色，各自成趣。正如赖永海先生所言，"华严宗'事事无碍'的思想，正是把这一待缘而起的特殊的规定性给抽掉了。可以说，这才是华严宗滑向相对主义的关键所在"④。遗憾的是，方东美先生对此概而不论，或者说，方先生直接以"十玄门"径直通达华严"法界缘起"——"以遍入智（佛智）为动机主体，且唯一之因因、产生高尚之愿性，终于成佛性（佛果），是为唯一之果果，而因圆果满。""人人内具圣德，足以自发佛性，顿悟圆成，自在无碍……佛

---

① 十玄门：1. 同时具足相应门；2. 因陀罗网境门；3. 秘密隐显俱成门；4. 微细相容安立门；5. 十世隔法异成门；6. 诸藏纯杂具德门；7. 一多相容不同门；8. 诸法相即自在门；9. 唯心回转善成门；10. 托事显法生解门。

② 方东美：《华严宗哲学》，中华书局2012年版，第798页。

③ 十项原则：1. 诸缘各异义；2. 互遍相似性；3. 俱存无碍义；4. 异门相入义；5. 异体相即义；6. 体用双融义；7. 同体相入义；8. 同体相即义；9. 俱融无碍义；10. 同异圆满义。

④ 赖永海：《中国佛性论》，江苏人民出版社2010年版，第149页。

性自体，可全部摄入人性，以形成其永恒精神，圆满自足。"① 从中可以看出，方先生对"佛性"的理解更重精神崇高之胜境以及坚韧修持之愿行，佛智为因，殊胜者还须步步精进，地地超升，才得以造就佛果，成就佛性。他认同华严自差别世界着眼论说，为觉者度化染漏众生提供依据，佛、菩萨、大菩萨依此救度众生苦厄，使之入华严海，合体同流，在精神上一往平等。

方东美可谓深入华严胜境，依照华严九会结合文殊之高超智慧、普贤之伟大愿行，把人性摄入佛性。因为在他看来，"文殊代表人性内具菩提光明智之本体；普贤代表人性内具入世差别智之大用……佛摄化一起众生，故为人人之所同参共享"②。这样，华严宗严密而庞大的立体理论结构被方东美概括为精简的论说："《华严经》之精神内涵：一、法界缘起论；二、法界三观；三、十玄门；四、六相圆融论。凡此一切，总而言之，形成一大机体主义哲学之体系，旨在阐明华严宗全部能诠之言教。"③《华严经》首章《世主妙严品》开宗明义，佛放光芒，一切智慧光明辐射众生，诸差别心法、差别境界一体俱化，圆满自足，以此作为人人皆有佛性的依据，法界圆满，成平等性智。"华严佛学，乃是一套机体主义之哲学体系，预涵透彻分析，然却尽能超越其一切限制与虚妄，旨在得证一切无上智慧，彰显一切差别境界，统摄一切完全整体，融合一切真际层面，悉化入无差别之法界总体。"④

一言以蔽之，相比于儒道人性论的论证，方东美在论证佛性论时以缘起论为依据，五种宇宙发生论（缘起说）中侧重阐述法界（佛性）缘起，依缘起论，万物皆因缘和合而生，佛、法一如，无上理性了悟佛性与法性一如不二，乃可谓人人皆有佛性。此间依据"三法界""十玄门"层层递进，与儒道人性的论证相较逻辑更为绵密繁杂，例证华严宗之机体主义哲学。尽管儒道佛关于人性论的论说迥异，精神修持之道表现各有千秋，但是，方先生的论证宗旨始终没有离开在儒佛道之间寻求共性，即寻得不同宗派之间对人性最为本质的看法与判断。这一本质就是人性崇高的精神人格，在儒家表现为宇宙普遍生命之源，从实然和应然着眼理解人性本善的

---

① 方东美：《中国哲学精神及其发展》，中华书局2012年版，第284—288页。
② 方东美：《中国哲学精神及其发展》，中华书局2012年版，第284—288页。
③ 方东美：《中国哲学精神及其发展》，中华书局2012年版，第289页。
④ 方东美：《中国哲学精神及其发展》，中华书局2012年版，第303页。

两种情况，高明峻极止于至善；道家观待万物，归于"道"，个人理想成至人神人；在佛家则力证精神人格无上正觉，上参佛性，一切众生所同具。相应地，分别表现为三种人格类型："实际人""太空人""时空兼综而迭遣"。① 方东美将此视为中国哲学通性之一——"人格崇高论"，融合差异，直指"个人"在宇宙世界之地位，宣扬不同宗派对人之本质的理解。

---

① 方东美：《中国哲学精神及其发展》，中华书局2012年版，第33—34页。

第四章

传统生死观研究中的方东美机体主义思想

中国文化的核心特质之一在于肯定宇宙创化之崇高，人性的价值得到极大的关注。那么，对人生死的关注亦是题中之意。只不过，各家各派对生与死的理解与关注呈现出不同的面向，这也取决于对宇宙世界及生前死后价值意义的不同贞定和理解。在方东美的思想体系中，"生命"并非单纯的个体生命，而是浃化于宇宙的"普遍生命"，他对生死观的阐释以此为基础，从而也呈现出独到之处。当然，其机体主义思想的主要任务在于异中求同，寻求儒释道相依相异的旁通之理。

第一节 儒家生死观中的机体主义思想

儒家把生命的意义寄托于此生此世，生命价值则依据伦理道德来衡量，力求尽己尽性，以德配天。"普遍生命"贯注于宇宙和人之间，相融互摄，生生不已，因此，儒家的"生死观"亦是"宇宙论""人性论"的延伸，人在时空范畴中对安身立命的道德精神的发挥，生生之德贯穿始终，以其生论其死。

一 "生生"之理："普遍生命"之流贯

生与死的问题是人类产生以来始终伴随着人并且永久纠缠着人类的主题，有生必有死的自然规律决定了这一客观事实。长期以来，不同地域、民族的人们在生产经验和生活体悟中形成了丰富多元的生死观。洪荒时代的中国先民"返古复始""回向本初"的心灵气质，把生命之始与终都回向神明之境，在一定程度上导致神尊人卑的原始宗教迷途。直至《尚书》，神权转为开明的政权意识，人的地位逐渐凸显。从起初诉诸天命转为德治，要求统治者秉承天意为崇高理想人格奠定基础，也就是人之生命意义得到保证。孔子而后，人性价值得到关注，人的生死更加蕴含着人的主体性意识，即儒家"实际人"的身份在时间范畴中展开，善、美俱在。孔子曰："天何言哉，四时行焉，百物生焉。"（《论语·阳货》）《易经》："大哉乾元！万物资始，乃统天。""乾道变化，各正性命，保和太合，乃利贞。"宇宙世界在时间之中，创生万物，生生不已，人亦创进不息，德配天地。《中庸》可谓一语而尽其义，"天命之谓性，率性之谓道，修道之谓教"。生命的自然秩序与道德秩序相即不离，先民把对死的恐惧、回避转化为对生的超越、对生活的热望。简单地说，儒家重生前轻死后，把生命之意义寄托于现世，生命价值则依据伦理道德衡量，以盖棺定论。因此，在艺术审美上，中国人陶醉于山水、领略大自然神威，亦是其生命观的反应，尽己尽性。落到实处，则把仁义道德作为反应生命意义与价值的标尺，在此范畴中决定一个人的生命厚度，以其生论其死。

  在论及儒家生死观时，方东美并没有从具体的个体生命论证"生"或"死"，而是从价值论的角度将其涵盖于"普遍生命"。他认为，普遍生命被囊括于时间范畴，而时间之本质在于变，也在于会通，从而趋向永恒，这是蕴含在《易经》中重要的原理，亦是中国文化重要范畴。在他看来，此原理推及生命，则会造成以下状况，"生命苞容万类，绵络大道；变通化裁，原始要终；敦仁存爱，继善成性；无方无体，亦刚亦柔；趣时显用，亦动亦经"①。同时，方东美主张《易经》与《尚书·洪范》中变易与永恒的哲学观念代表了中国先民关于生死的理解。尤其《易经》中之"创生宇宙论"与"人性崇高论"，抑又彼此互涵，人天一贯，澈通不隔。是为"天人合德论"。②换句话说，"普遍生命"的发挥使得方东美对"生命"的理解超越个体意义上的意涵，从而也规定了对死生的理解具有超越性。《尚书·洪范》篇中"皇极""大中"原是一种原始根本意符，象征神秘化宗教信仰，深信本体与价值之"天上原型"，这并非理性概念的发挥，唯有通过外在的祭祀、礼仪才能将神权和政治相联结。但是，人性之中不可避免地有恶的一面，导致政治腐败、战争四起，对神的敬畏受到削弱，即人开始自我反思与神圣之"天"的关联。从而，远古神秘的本体论

---

① 方东美：《中国哲学精神及其发展》，中华书局2012年版，第108页。
② 方东美：《中国哲学精神及其发展》，中华书局2012年版，导论第8页。

演变为普遍的道德理性，凝练为人自我反思的道德仪轨，自周公至孔子形成原始儒家之伦理文化。对于这一中国先民的认知过程，方东美总结为："复藉吾人身大宇长宙中对生命本身油然而生虔敬之情，而对之不断予以人性化、道德化，终将传统之神权统治导向德治之途发展。"①

《易经》始于"乾元"，而殿以"未济"的卦序亦说明此一过程，所以，方东美认为《周易》和《尚书》尤其是《洪范》篇代表了中国文化的源头。并且提出，从《周易》的演绎中可以得出一套理论：（一）万有含生论之新自然观；（二）性善论之人性观；（三）价值总论；（四）价值中心本体论，肯定万有平等生存之理由。此四者从不同面向反映了人在宇宙中的位置，宇宙表现为生生不息的创造力，弥贯万物，人则在此之中参赞化育，在时间之中将生命与生活发挥投射到宇宙的创造力场域。"儒家之宇宙，乃一人为枢纽、人格中心之宇宙；儒家之视个人，乃一发育万物、均调天地之个人。"②也就是说，方东美认为原始儒家乃至中国哲学各宗派在讨论"人"时总是从普遍生命的角度去论说，讨论人之"生"与"死"更多地立足于"普遍生命"。并且，人受命于"天"，"天"在原始儒家那里是皇天上帝，神通广大，鼓万物、骇天地，自然与人参与其中而获得神性，因此与人澈通不隔。

换句话说，在他看来中国哲学语境下的"生死观"，更多的是"宇宙论"与"人性论"之延伸，表现为人在空间和时间范畴里安身立命的物质基础和精神需求。把个人有限的生命放置在无限的宇宙生命中，发挥和拓展人生意义，人性的崇高就在于全幅尽性发展、扩充，通过教化抵达理想境界，止于至善。从根源上说，宇宙普遍生命来自上天与神明，表现为天地气象万千，把神性贯注于人性。要求宇宙神圣生命永生于自然天地之间，而突显万物生命气象与人类精神生命之庄严。为此，方东美称上古宗教表现为一套"机体主义"精神的宇宙观，亦是生死观在宇宙层面的展现。"中国人的宇宙是精神物质浩然同流的境界，这浩然同流的原委都是生命。"③"生"的观念在方东美那里始终代表宇宙绵延不绝的赓续，往往与"天"相结合。通过考证诸多文献后，方东美提出，秦汉时期阴阳五行之说盛行，以形气谈天，并把积气之天与积形之地结合，于是才有了"万

---

① 方东美：《中国哲学精神及其发展》，中华书局2012年版，导论第9页。
② 方东美：《中国哲学精神及其发展》，中华书局2012年版，第32页。
③ 方东美：《中国人生哲学》，中华书局2012年版，第18页。

物苍苍然生"这样的万物含生论。于是,不仅仅孟子有知性(生)知天说,墨子也主张:"天欲其生而恶其死。"(《墨子·天志》)他还认为,朱子"天以阴阳五行化生万物"一语,可以总括汉、宋儒家的说法。① 在上一章人性论部分清晰的陈述了中国先哲做出了形而上的预设:"天地生物之仁—人心之纯善—人性之完美—诚意致知达理—达情遂欲以养生"。也就是说,在方东美的机体哲学体系中,先哲的生死观是在宇宙论和人性论的基础上进行思考的,《中国人生哲学》一书所论最为明确而翔实:

> 中国人酷爱生命,中国人极端尊崇生命的价值,所以对于生命,总求其流衍创化,以止于至善。离掉生命本身的价值,则宇宙即蹈于虚空;撇开生命本身的善性,则人类即趋于诞妄。考之《论语》,孔子以四时行百物生说天。赞《易》之乾元坤元……生生之易纯为天之本体,道之大原,亦即是人之极则,故不能不至德之善配其广大。②

可见,方东美论说儒家生死观的路径是通过宇宙论和人性论的双重映证展开,严格地说,他重点论述"生"的普遍性,关于"死"的思考却着墨不多,死亡本身必须层层揭开普遍生命的局限性才得以知晓。但似乎"普遍生命"在方东美机体思想的视域中是无穷无尽的生机和创造力,尤其在其早期的思想中甚至没有把所有机体生命最后不得不终结这一事实纳入思考之中。"当儒家提到'生命'时,他们总是追溯到'元'作为根本来源,然后分于命,以言性。""生命之所以伟大,即是因为它无论如何变化,无论如何进展,总是不至于走到穷途末路。"③ 在一定程度上他直接否认了普遍生命的局限性,这导致我们难以参透他关于儒家对"死"的理解与呈现,或者说,方东美认为儒家并没有将"死"作为"生"的对立面,而是包含于"生生"④之中。在他的解释中,"生生"一方面囊括了生之理,主要

---

① 方东美:《中国人生哲学》,中华书局2012年版,第20页。
② 方东美:《中国人生哲学》,中华书局2012年版,第44页。
③ 方东美:《中国人生哲学》,中华书局2012年版,第57页。
④ 方东美先生将生之理概括为五义:一、育种成性义;二、开物成务义;三、创进不息义;四、变化通几义;五、绵延长存义。生命包容万类,绵绵大道,变通化裁,原始要终,敦仁存爱,继善成性,无方无休,亦刚亦柔,趣时显用,亦动亦静,故《易》重言之曰生生。"生生"在机体思想系统中常等之于"普遍生命",详见方东美《生生之德》,中华书局2013年版,第122页。

指具体生命的培育到生命本体的绵延,它包含着爱、化育之理;另一方面,"生生"又体现在中和、旁通统会之理中。这样他把"生"之观念引向永恒,只不过儒家并非追求宗教意义上的"永生",而是倡导生命精神的"不朽"。"在中国哲学里,人源于神性,而此神性乃是无穷的创造力,它范围天地,而且是生生不息的。这种创生的力量,自其崇高辉煌方面来看,是天;自其生养万物,为人所禀来看,是道;自其充满了生命,赋予万物以精神来看,是性,性即自然。"①

具体而言,方东美对生死的考量全然以宇宙生命(普遍生命)为主体,人在宇宙创造过程中既是参与者亦是旁观者,他指出:"人不成为人,有两种可能,一是造物者不再创造人,一是人在根源上没有神性。这两种情形都是不可能的……人的失落,并不是因为他具有知识,而是由于他失去悟性正智的作用。人缺乏这种正智,内心便会烦恼,情绪便会不定,也就无法了解生命和世界的真相。利令智昏,使我们的真性受到蒙蔽,生命无法展开。"② 显然,方先生始终从形上立场论述"生"的价值,精纯的生命在他看来是生生不息、合乎理性的,而非原始的自然生命,亦非堕落的、缺乏悟性正智的。他始终没有具体论述个体生命的培育、养护乃至消亡。但这不等于儒家思想中缺乏对"死"的探讨,也不意味着儒家死生观念的偏颇。《吕氏春秋·节丧》:"审知生,圣人之要也;审知死,圣人之极也……凡生于天地之间,其必有死,所不免也。"除此之外,儒家典籍精当论及生死问题的不胜数。孔子"未知生,焉知死"(《论语·先进》)、"子不语怪、力、乱、神"(《论语·述而》)等语奠定了儒家直面生死的理性,从神秘宗教转向人的理性之开显。对"死"的重视不仅反映在彰显"生"的价值中,倡导生命之伟大,也反映在"死后"的祭祀、礼仪之中,通过对生命的敬畏、珍视以消解对死亡的恐惧、排拒。仅《论语》一书就有十余处谈论死亡,并且孔子将其纳入仁和礼的范畴。儒家生死观中最为耳熟能详的当属"朝闻道,夕死可矣",也就是说,生的终极目的在于"得道",这样,生命意义的实现超越了必然死亡的属性。从这个角度,方东美"生生"之理可以得到很好的理解,他对个体生命的消亡着墨不多甚至避而不谈,并非他逃避"死"的必然性。而是他从宇宙论、人性论着

---

① 方东美:《生生之德》,中华书局 2013 年版,第 224—225 页。
② 方东美:《生生之德》,中华书局 2013 年版,第 225—226 页。

眼论证儒家生死观，也就是在他机体主义思维范式的观照之下进行思考，生命乃是贯通天地之道，以乾元的创造力引发坤元的化育力，生生不已。

二 复见天地心：生生之原

综观上述讨论，方东美以普遍生命、宇宙生命的"生"超越了个体生命之"死"，在他的诠释中，与其说儒家生死观倒不如说是生命观，因为"死"的具体范畴并没有成为他讨论的主题。那么，何为"生"、如何"生"的问题在他的哲学体系中构成了主要的理论架构，这个架构又建立在"时间"的基础之上。他认为："儒家最重要的哲学宝典是《周易》，而这部书把世界的一切秘密展开在时间的变化历程中，看出它的创造过程，由此看来，儒家若不能把握时间的秘密，把一切世间的真相、人生的真相在时间历程中展现开来，使它成为一个创造过程，则儒家的精神就没有了。"[①]《周易》强调的是唯变所适、变易回旋的时间观念，可谓"穷则变，变则通，通则久"。《易传》"一阴一阳之谓道"，"一阖一辟谓之变"，无不揭示宇宙现象、万事万物之变异不居。对此，方东美描述道："时间之真性寓诸变，时间之条理会于通，时间之效能存乎久。"值得强调的是，方东美进一步以西方时间观念作为对比，认为西方时间观念的弊病在于把时间空间化，自苏格拉底以来长时期忽视时间之流变。直到近代，随着伯格森对时间问题的重视，又有怀特海的过程哲学、胡塞尔现象学的深化，尤其海德格尔《存在与时间》才是真正意义上将西方忽视已久的时间问题重新引入哲学的范畴。与此形成鲜明的对比，"时间"概念一直是中国哲学中重要的内容。只不过，中国古人把时间作为描述性的参照，《易传》也尚未详论时间具体为何物，而是以类比、对照的形式进行描述。《易传》"时大矣哉"，《论语》"逝者如斯夫，不舍昼夜"等都是对时间类比性的描述。日月星辰、四时之序，都是对时间的描摹，古往今来曰"宙"，而宇宙观又是人类对于生命环境所下的合理解释。生命就是在时间、空间中的展开过程和形态，生命即时间，生命的生发、培育、养护终究离不开时间的参与，这一点孔子早已做出了肯定："天何言哉，四时行焉，百物生焉！"（《论语·阳货》）

儒家关于生之范畴论述极多，方先生列举先秦至宋明诸子之论以证其

---

① 方东美：《原始儒家道家哲学》，中华书局2012年版，第58页。

要,"天地含情,万物化生"(《易乾凿度义》),"万物非天不生,非地不载"(伏生《尚书大传》),"天地有合,则生气有精矣"(韩婴《韩诗外传》)。在方东美看来,中国哲学家观察宇宙总是把人与万物纳入其中,统观三才之道,他进一步引用程道明《近思录》"天地生物气象"一语以总括儒家生命、时间观之全旨。① 在儒家而言,时间有始初却没有尽头,天地玄黄、宇宙洪荒即是宇宙时间之端倪,"生命"裹浃其中,赓续不断。于是,方东美提出"普遍生命"作为一切现象的原委。他把"普遍生命"作为宇宙中创进不息的动力,生命的机体结构决定了生命力的发用流行在本原上是一致的,个体生命力、民族国家的生命力、宇宙世界的生命力不无体现普遍生命的变化流行。也就是说,"时间"是"生命"的一种表达方式,"时间"亦在"生命"之中得以展现、开显。既然在儒家那里时间无始无终,生命也就没有终点可言,从这个意义上,方东美已然把作为主体的"生命"与作为客体的"时间"兼而容之,正如蒋国保所说:"方东美想将'生命'作为超越主客体的实在的意向。"② 他详尽地论述了方东美这一意向的思想历程:"如果说在《生命悲剧二重奏》以及《哲学三慧》内欲以'生命'作为超越客体的实在尚是潜在的意向的话,那么当方东美在《中国人生哲学概要》中再度使用'普遍生命'这个范畴时,他已将这个潜在意向显为明确的认识:'宇宙是精神物质浩然同流的境界。这浩然同流的原委都是生命。'……它揭示了以下真理:'世界上没有一件东西真正是死的,一切现象里面都藏着生命。'"③

显然,这里含藏着巨大的逻辑缺陷——"普遍生命"何以作为一切生命现象的原委?事实上,"普遍生命"的提出使得方东美对"生命"之阐释有了合理的答案。即"普遍生命"作为一切生命的原动力,是乾道"大生之德"与坤道"广生之德"创造与孕育的合力。人居其中秉承乾元的创造力,表现自强不息的浩然之气,培养精神力量去笼罩生命环境,以完成自己的生命,推及物的生命,使一切生命得以持续不断的生发、壮大,直至生生不已,这样的生机广布流行、弥漫宇宙。以《易经》为例,它以阴阳为中心展开,其中生命之自然规律、人生意义都可以从六十四

---

① 方东美:《中国人生哲学》,中华书局2012年版,第20—21页。
② 蒋国保、余秉颐:《方东美哲学思想研究》,北京大学出版社2012年版,第75页。
③ 蒋国保、余秉颐:《方东美哲学思想研究》,北京大学出版社2012年版,第75—76页。

卦、三百八十四爻，五千余言的卦辞中揭示。六十四卦最后一卦为未济卦，下坎上离，三阴三阳，但是六爻居不当位，卦辞"亨；小狐汔济，濡其尾，无攸利"。以小狐不能渡过河为喻，阐明"物不可穷""生生不息"的道理。未济卦未了，转而乾卦，周而复始。方东美极其重视《易经》之探究，专从卦象、卦辞的逻辑问题深入，得出了一套独家解卦原理。① 由象立卦，列卦而后见旁通，此演绎系统运用于生命境界则由简入繁、由低渐高，如此一来，单纯的生命历程被升华为精神生命的过程，以达永无止境的宇宙真相。在德性上成就孟子"杀身成仁，舍生取义"的殉道精神，个体生命历程到精神生命的拓展，是方东美生命本体论建立的依据。纵然"普遍生命"的论说不免有跌入唯心主义的危险，但从另一个角度来看，方东美论及儒家生死观时，不言死只言生的主旨一目了然，唯其如此，方东美整个的"机体"思想才得以旁通无碍，一以贯之。以下分别引方东美的两段话，可以作为他对儒家生死问题的总括：

　　"天地之大德曰生"，然而并非只一度而已，如寻常所谓静态一度之生者，而是动态往复历程。《易经》"生生"一辞，中文直解原作"生之又生"或"创造再创造"，故余向采怀特海之术语"Creative Creativity"译之，庶几格义相当……是故，原其始，则见乎天地宇宙无限生命之所自来；而要其终，则知乎万物具体有限生命之所归。②
　　中国哲学的智慧乃在允执厥中，保全大和，故能尽生灵之本性，合内外之圣道，赞天地之化育，参天地之神工，充分完成道德自我的最高境界……总括其中的根本，便是"广大和谐"的基本原则。③

显而易见，方氏的落脚点在于天人合一，宇宙的普遍生命创化不已，其善性贯注于人类，唯有在道德宇宙、文化理想的观照下，新的生命气象方能脱颖而出。从这个意义上，儒家对生命精神的追求或者对死亡的超越

---

① 方东美解易有一套属于自己的逻辑系统，并且按照"岐出、叠现、相索、触累、引申"的原理进而解卦、说理。主要的演绎依据可以归纳为：兼三才而两之，乾坤并列、阴阳相索，触类而长之，引而申之，成卦之后，比而观之，凡两卦并列、刚柔两两相孚者谓之旁通。详见方东美《生生之德》的第1—22页。
② 方东美：《中国哲学精神及其发展》，中华书局2012年版，第112页。
③ 方东美：《中国人生哲学》，中华书局2012年版，第105页。

是中国人生哲学中包含的甚深义,它依托于天人合一观念的基础之上。作为理想境界,天人合一观念的经验事实基础和出发点无疑是与之对立的现实世界。因此,不得不承认,天人合一乃是儒家为了跨越自然界永恒长在与人生短暂易逝之间的巨大鸿沟,为生生之源找到不可推翻的机理;亦是方东美机体主义思想最为根本的基础。

三　原其始,要其终:机体主义之机趣

原始儒家学说与远古时代人们的生命意识有着直接的关联。《左传》中子产宣称:"苟利社稷,死生以之。"人们在承认死亡的前提下,寻求生命价值的不朽。范萱子问"死而不朽"是什么意思,叔孙豹说,世卿世禄不能算是不朽,"豹闻之,大上有立德,其次有立功,其次有立言,虽久不废,此之谓不朽"(《左传·襄公二十四年》)。这表明此时人民已经不仅仅局限在个体自身,而是在自身与整体/个人与社会关系中寻找生命的不朽。对生命意义的发掘也体现在儒家职能的转变,最初,儒者以担负婚丧活动中的礼仪为业,后来,儒家亦注重丧葬祭祀。但他们把祭祀宗教活动由对鬼神的迷信转化为对人的生命本质的思考。(《礼记·祭统》)有言:"祭者,所以追养继孝也。"现世的人伦道德蕴含于祭祀活动。孔子在解释孝时说:"生,事之以礼;死,葬之以礼,祭之以礼。"(《论语·为政》)通过祭祀活动延续亲子之间无形的道德生命。这样,有限的个体生命在持续不断的时间和空间中获得无限性。

两汉之后,佛教传入中土,与儒道两家构成三教关系,影响着中国思想学术史与中国文化的发展。三教在冲突中相互吸收、融合,异质文化在相激相荡中影响着中国文化的展开,亦形成此时期独特的文化特质。无疑,无论是程朱理学还是陆王心学,都是在儒道佛相融共济的基础上建立各自的理论体系。在三教关系冲突中,政治、经济、伦理的冲突极为明显,其融合与冲突的复杂关系均集结于人生这一亘古不变的主题。进一步细化为伦理的冲突,具体到生死观的互异与背离。佛教"三世因果""业报轮回"的生死观一方面影响着底层社会,现实中身处泥泞的百姓对来世抱有期望和幻想,一定意义上安抚人心、劝慰疾苦;另一方面,消极的避世情绪引起正统儒家士人的批判和质疑。宋明时期,对佛教生死观给予严厉批判的代表有张载、二程、胡宏、朱熹、陆九渊、王阳明,其中,二程的评议深入而广泛。程颐道:"天地之间,有生便有死,有乐便有哀。"二

程子亦在《论道篇》:

> 子曰：昼夜者，死生之道也。知生之道，则知死矣。尽人之道，则能事鬼矣。死生、人鬼，一而二，二而一者也。①

二程崇尚儒家正视生死的自然规律，反对佛教偷胎夺阴之谬、利己畏死之诞以反驳从轮回报应说牵引出的"鬼神"说。"神与性元不相离，则死也，何合之有？如禅家谓别有一物常在，偷胎夺阴之说，则是无理。"（《河南程氏遗书》卷三）尽管二程认为世间纵然有鬼神，但不过是"气"的聚散："魂谓精魂，其死也魂气归于天，消散之意。"（《河南程氏遗书》卷三）事实上，二程反驳佛教生死观尚未切中要害，他们更多的是从社会伦理、儒家人生观的立场给予回应。直至朱熹这种批判得以深入，朱熹言："六经记载圣贤之行事备矣，而于死生之事无述焉，盖以为常事也。"②"佛氏之失，出于自私之厌；老氏之失，出于自私之巧。厌薄世故而尽欲空了一切者，佛氏之失也；关机巧便，尽天下之术者，老氏之失也。"（《朱子语类》卷一二六）

对生死之态度殊异可谓宋明时期儒佛最大的冲突之一，耐人寻味的是，纵观方东美著作尚不能一眼望尽其旨。他对宋儒的讨论更多的是对宋儒"道统"的批判，关于宋儒生死观的阐述我们只能通过他对诸子的评价窥测一二，并且通过方先生对佛教生死观的论述进而旁证。同样地，方东美对王阳明所代表的心学一派生死观亦笔触甚少，尽管他极其赞许阳明种种之哲学观点。不难推论，方先生选择"机体主义"的路径决定了他的视域以"境界"论生死，以生超越死，把生命化于诗情。他引用唐代诗人司空图的《诗品·劲健》一诗总结了儒家对生命之礼赞：

> 行神如空，行气如虹。巫峡千寻，走云连风。饮真茹强，蓄素守中。喻彼行健，是谓存雄。天地与立，神化攸同。期之以实，御之以终。③

---

① 程颐：《河南程氏遗书》卷一，《二程集》，中华书局1981年版，第3152、1178页。
② 朱熹：《跋郑景元简》，《朱子全书》第二十四册，上海古籍出版社2002年版，第3854页。
③ 方东美：《生生之德》，中华书局2013年版，第330页。

第二节 道家生死观中的机体主义思想

道家自然无为的生死观在老庄那里有非常丰富的论述,并且把生死二者与"道"关联起来,相比于儒家,道家生于斯、死于斯的豁达态度使生命过程更为自然轻松,安时处顺,放任旷达。生命之理趣和宇宙之机趣相即不离,故而更显"机体主义"之特质。

一 "寥天一":老庄人生哲学精义

"道生一,一生二,二生三,三生万物。"道家把"道"视为生之根本,万物之源。"出生入死,生之徒十有三,死之徒十有三,人之生动之于死地亦十三。夫何故?以其生生之厚。"(《道德经》第五十章)人之出生入死,能全者不过十之有三,生而不易,因此,"夫唯无以为生者,是贤于贵生!"(《道德经》第五十章)《道德经》第六章:"谷神不死,是谓玄牝,玄牝之门,是谓天地根,绵绵若存,用之不勤。"对于"死"的论述都是在"生"之相对意义上描述生命的终结与消亡,作为域中"四大"(道、天、地、人)的人,其生死变化、消长更替都是依循自然规律的。老子说:"天地尚不能久,而况于人乎。"他不仅仅看到自然生命存亡的客观因素,还指出了导致生命终结的种种外在因素,"开兑而终身不救",无论内因外因都承认了生死乃自然规律而不能违。"道"在《道德经》中有多重意涵,对此,方东美有自己的阐发,他认为老子之"道"可以从四个基本面向来展开,分别是"道体""道相""道征""道用"。如果从道体的角度,他把"道"视为命运最后的归趋,"万物一切,其唐吉坷德英雄式之创造活动精力发挥殆尽之后,无不复归于道,谓之'复根'(庄子)……"①"道"玄之又玄,但是,从老子第二章开始就把重玄之价值理想落到实在的世界,进而辨别事物的相对性,也就是说,从本体论超越出来,自"有"至"无",探清更为深远的宇宙真相。这里,方东美采取形上学的路径增加了理解的难度,不妨借用章太炎的具体阐述深

---

① 方东美:《原始儒家道家哲学》,中华书局2012年版,第156页。

入其中:"道者,内以尊生,外以极人事,筦析之以尽学术,非独君守矣。"① 老子认为生命不过是自然造化的过程而已,把"道"理解为安时处顺、死归自然,便是面临生死的态度。相比于儒家,道家生于斯、死于斯的达观态度使"生"之过程更为轻松自然,"死"也最大限度地弱化了人类的恐惧。

方东美关于"道"的解析本书第二章已做出详尽的论述。如果说宇宙论、人性论是对"道"的终极关怀深入探讨,那么,生死观的视域则是"道"的具体呈现。以道观之,生命归于道。"大道之在宇宙万物里面,仿佛是一个万有的母体(玄牝),宇宙一切现象都落到这个大烘炉里面去陶融。在这样的陶融之下,可以把一切实的东西变成虚象。然后透过一切虚象去把握一切实象的统一。这就是'知其白,守其黑,为天下式,常德不贰复归于无极'。"② 既然自然生命终究要陨落、消亡,那何来"生"之意义?他的回答是:"自永恒观之,万物一切,最后莫不归于大公、平静、崇高、自然……一是以道为依归,道即不朽。"③ 万物一切的创造力总归发挥殆尽,最终无不复归于道,生命的真谛就在于道的永存不朽。如此,方东美认为,道家选择了艺术的途径去悟死生,从而形成冲虚绵邈、物我两忘的生命情调,"老子玄览万象,损其体,致其虚,而物无遁形"④在中国古代艺术形式主要以绘画、诗歌、音乐等来表现,道家多以诗情载道。"近水平波,其境至湫隘,词人对之……候馆溪桥,其境至易遮断也,词人临之……危阑坐倚,其地至局促也,词人居至……关山极目,其程至易尽也,词人眺之……"⑤ 方东美这样的比拟可谓鞭辟入里,诗词无不表达对生命的崇敬、对生死之豁达,老子对自然生命的态度亦然。

方东美直言其生命情调正是道家式的,道家精神塑造了他的哲学气魄,洒脱而遒劲。因此,只有真正意义上揭橥方东美对艺术的理解方能进入他对道家生命境界。"各民族之美感,常系于生命情调,而生命情调又规模其民族所托身之宇宙,斯三者如神之于影、影之于形,盖交相感应,

---

① 章太炎:《原道》,载傅杰编《章太炎学术史论集》,中国社会科学出版社1997年版,第287页。
② 方东美:《原始儒家道家哲学》,中华书局2012年版,第199页。
③ 方东美:《原始儒家道家哲学》,中华书局2012年版,第200页。
④ 方东美:《生生之德》,中华书局2013年版,第101页。
⑤ 方东美:《生生之德》,中华书局2013年版,第104页。

得其一即可推知其余者也。"① 当然，他亦强调这样的罗列仅仅是为逻辑次序的简练，而非把生命的实质必须归于外物的衬托才显其机趣。同样的，生命之理趣和宇宙的机趣相类，舍其形体而穷其妙用。老子"道生万物""原天地之美而达万物之理"的玄奥义理亦在方东美的层层推论中得以揭示，以他独特的视角放眼望去，道家生死观的基本图景跃然纸上。

二　内以尊生，死归自然

先秦诸子著作中，《庄子》一书关于生死问题最为突出和重视，它在庄子那里得到更广泛的讨论。一方面，庄子所处乱世面临着社会危机四伏、生死不定的时局，关于死的思考不得不成为时人急迫和必要的问题；另一方面，伴随着动荡的时代危机，人们出现善恶不分、价值混乱的局面。庄子通过寓言、重言、卮言的方式反映社会现象，描绘理想的生活图景。面对满目疮痍的现实世界如何安顿身心，面对至亲至爱与自身生命的终结如何消减痛苦，排拒忧恐，皆在内篇、外篇、杂篇中次第呈现。

物无非彼，物无非是。自彼则不见，自知则知之。故曰："彼出于是，是亦因彼，彼是，方生之说。虽然，方生方死，方死方生；方可方不可，方不可方可。"②（《齐物论》第二）

事物之间相互关联，互为表里，而不是相互对立，"生"与"死"也并非对立的双方，而是相即不离。庄子用薪火的燃与尽比喻生命的始与终。《养生主》："适来，夫子时也，适去，夫子顺也。安时而处顺，哀乐不能入也，古者谓是帝之见解。"《庄子·人间世》又道："知其不可奈何而安之若命，德之至也。"生的时候安时处顺，是至德，可见，庄子也把生的真谛推向价值领域。内篇《庄子·德充符》："冬夏青青；受命于天，唯舜独也正，幸能正生，以正众生。"庄子把自然界草木万物的生归之于天，此天乃自然之极则，又将空灵超化的理想之境推向重玄，有鉴于此，方东美指出，庄子点出老子思想之精义："建之以无常、无有，主之以太一……以空虚不毁万物为实。"同理，"变常对反"也于消弭，"万物无成与毁，道通为一"③。"原有之'有无对反'也在理论上得到调和，'和之

---

① 方东美：《生生之德》，中华书局 2013 年版，第 92 页。
② （清）王先谦：《庄子集解　庄子集解内篇补正》，刘武撰，中华书局 1987 年版，第 24 页。
③ 方东美：《原始儒家道家哲学》，中华书局 2012 年版，第 223 页。

以天倪'盖两者均消弭于玄秘奥窔之'重玄'之境，将整个宇宙大全之无限性，化成一'彼是相因'、交摄互融之有机系统。"① 在方先生看来，庄子之所以如此，不仅仅因他是道家，更在于庄子对"时间"观念的认知不同于孔子。孔子肯定时间的起点固定于过去某一点，无限蔓延至未来，庄子则否认过去时间的存在，只接受时间永远向未来无限延伸。《庄子·大宗师》："孰能以无为首，以生为脊，以死为尻，孰知生死存亡之一体者，吾与之友矣。""父母于子，东西南北，惟命从之。阴阳于人，不翅于父母，彼近吾死而我不听，我则悍矣，彼何罪焉！夫大块载我以形，劳我以生，佚我以老，息我以死，故善吾生者，乃所以善吾死也。"从以上论述中可以看出，庄子对"生死"问题有多重理解：第一，生死乃自然之理，不可畏生、不足惧死；第二，死生一体，方生方死，方死方生；第三，生死存亡，祸福在天，安时处顺。此三者，均表达了生死的必然，顺应自然即为道。但是，必须强调，生死乃自然万物之必然并不等于庄子不珍视生命。庄子在《德充符》中说"死生亦大矣"足可见他对生死的重视。

庄子对生死的重视往往上升为形上的超升境界。方东美提出，庄子对生死的达观、超越态度是建立在"天地与我并生，万物与我为一"的基础之上的。他进而主张，从机体主义的视角，"消极的才能承认'大道未始有封'，不会陷入一个封闭的系统。积极的才能建立'道通为一'的境界"②。庄子对死生的豁然与达观最有说服力的表现是《庄子·至乐》中"鼓盆而歌"的经典故事，他以且乐且歌的方式应对丧妻之痛，歌曰："生死本有命，气形变化中。天地如巨室，歌哭作大通。"他对自身未来的死亡态度亦不悲不惧，任其逍遥。因此，方东美把庄子超脱解放之道归纳为三个原理：其一，个体化与价值原理——主张万般个性，各适其适，道通为一。是谓大道有限，其中个体化之有限分疏观点，就其独特性而论，必须接受之，视为真实。其二，超越原理——主张个体化与价值之实现皆受制于其本身特性范围，而各有所不足，犹有待乎种种外在条件，而多少非其所能控御者也。其三，熙化自然原理（自发的自由原则）——主张以浃洽自然对治斯憾。③ 方东美的论述显得"佶屈聱牙"，但切中了庄子"齐万物"的主

---

① 方东美：《原始儒家道家哲学》，中华书局2012年版，第223页。
② 方东美：《原始儒家道家哲学》，中华书局2012年版，第257页。
③ 方东美：《中国哲学精神及其发展》，中华书局2012年版，第139页。

旨，逻辑上凸显了庄子"天地与我并生，万物与我为一"的实理。庄子逍遥之境亦是悟透生死意义的超然，在方东美而言，庄子论"自由""超越"即是论死生。

三 "空虚以不毁万物为实"：道之妙用

对道家的讨论，方东美首先就划定了界线，在他而言，老子、庄子是为道家，凡此之后都不能列入道家之属。黄老之学、魏晋玄学、道教排挤在外。魏晋时期，注疏老庄的王弼、何晏被称之为新道家。① 因此，方东美对道家的研究实际上仅限于老子、庄子。《老子》第五十一章曰："道生之，德畜之，物形之，势成之。"第五十二章接着说："天下有始，以为天下母。既得其母，以知其子，既知其子，复守其母，莫身不殆。"老子把生之缘由归之于"道"，道造就了万物之形体、之趋势。"凡物之所以生，功之所以成，皆有所由。有所由焉，则莫不由乎道。"② "道"是生的缘由，"德"是养的根本，"故道生之，德畜之：长之、育之、亭之、毒之、覆之。"老子玄之又玄的道论到庄子更显超然，他把道投射到无穷之时空范畴，成为精神生命之极致。《庄子·逍遥游》通篇以诗意的寓言通达哲理："北冥有鱼，其名为鲲，鲲之大，不知几千里也。化而为鸟，其名为鹏，鹏之背，不知其几千里也。""乘天地之正，而御六气之辩，以游无穷者。"通篇寓言，一气呵成，深宏磅礴，洒脱成趣，给人以翱翔于空之感。跨入道家的领地，方先生文辞、笔风随即恣意空灵，他把庄子寓言所折射的真义概括为"至人论"：

1. 至人者，归致其精神于无始，神游乎无何有之乡，弃小知、绝形累；
2. 至人者，"审乎无假，而不与物迁，命物之化，而守其宗"；
3. 至人者，"入无穷之门，以游无极之野，吾与日月参光，吾与天地为常"；
4. 至人者，行圣人之道；

---

① 方东美：《中国大乘佛学》，中华书局2012年版，第24页。
② 楼宇烈：《老子道德经注校释》，中华书局2008年版，第137页。

5. 至人者，与造物者为人……①

方东美论道家生死观与阐释儒家生死观一样，依然采用了"以生论死"的方式，甚至只字未提及个体生命之死，而是把死超脱于生命精神之上，他用以上五种"至人"精神层次超升递进，申明道家"寥天一"的精神主旨，以极高明、致广大、尽精微。"从老子到庄子，都是把人看成一个起点，不是一个终点。所以说：'人法地，地法天，天法道，道法自然。'道家思想是从人出发，但是要把人的极限打破，然后在宇宙的课题里面，找着客体的核心。这个客体的核心就是大道的绝对自由精神。"② 这里，方东美所注重的是道家自由精神的绝对价值，生命境界唯有抵达于此才在真正意义上了悟了死生。道家精神境界乃浩渺长空，方先生的阐释有时宛如随风翱翔于长空的风筝，不免让人难以抓住绳索，洞察其去向。尤其对"死"的探讨与普遍意义上的研究截然不同，甚至更应该称之为生命观。但是，作为机体主义思想研究的一部分，"死"的观念最能分辨机体思想的合理性，也便于深入理论的边界。

尽管方东美并没有给"机体主义"下精准的定义，但是"机体"思想作为骨骼、脉络贯穿他的整个思想系统。机体主义之所以能吸引方东美并且成为他的哲学的重要思想，一方面，由于机体主义承认不只有一套，而是多种多面的哲学观点；另一方面，机体主义始终以价值为中心枢纽。他摒弃"二元对立"，否定把人、物、世间互相"隔绝"开来，反对把创建不息的生命视作机械的秩序，而是肯定机体主义统摄万类，一以贯之；肯定生命万物，处处充满生机，在本质上彼此相连，交融互涉，是一广大和谐的系统。③ 纵观之，似乎宇宙一切囊括于此，充满生机，毫无损耗、纰漏，落实到生命——无穷无尽的更新换代，永无终结。显然，不得不说他已然陷入理想主义的泥沼。生死观的视角把"死"作为重要的范畴引入"机体"思想来探讨，可以削减方东美思想系统中"普遍生命"的悬置。换言之，具体到道家，对"死"的探讨不仅没有减弱"道"作为生命之本的终极意义，反而使之更有源源不断的生机、推陈出新的动力。如此一来，机体

---

① 方东美：《中国哲学精神及其发展》，中华书局2012年版，第135页。
② 方东美：《原始儒家道家哲学》，中华书局2012年版，第258页。
③ 方东美：《生生之德》，中华书局2013年版，第236页。

主义逻辑的合理性得到进一步确证，它所含藏的是一套万有价值系统，"道家根据他的本体论推到超本体论、超万有论，是运用思想上'化有为无'的办法。我们可以说，在中国哲学的发展上，若不先有道家的思想体系，则佛教'空'等观念与中国传统思想格格不入，将无从传入中国"[①]。

第三节 佛教生死观中的机体主义思想

佛教以"十二因缘"解释世间万物，在此基础上产生"业报轮回"的思想，佛法是为一切众生了生死、求解脱，成就菩提。轮回的时间观则影响着佛教对生死的参透，由于对人生态度的差异，佛教内部又有大乘与小乘之分。小乘把人生看作"苦"的集合场，处处陷于我执。因此，方东美的整个理论体系舍弃了对小乘佛教的论述，在他而言，大乘佛教才具备中国哲学机体主义的通性与特质。

一 大乘胜义，取法华严

两汉时期，佛学在道家"无有"的接引下传入中土，在结合儒家人性论、道家本无论的前提下，佛学才在真正意义上有了立足于中土的土壤。佛教传播初期经典"格义""对勘"是最为重要的传法途径，安世高、支娄迦谶、竺法护时期的翻译都出于梵文、中文的混合翻译，直到三国时期的吴康僧会《大明度无极经》中把"Buddhatathata"（"真如"）译作"本无品"，显然，这是以《道德经》为范本以本无的思想去对译佛教的"真如"。道家对于佛学的影响一般认为是大乘佛学的前奏，形成两晋时期"六家七宗"的繁荣景象。道家"无"接引佛教"空"，两派最高的精神本体皆是对人生本质的思考。在佛教的教义中，苦、集、灭、道"四谛"构成佛教教义的核心，也是初转法轮的根本，其中，苦、集二谛说明人生的本质及其形成的原因；灭、道二谛说明解脱的途径和归宿。"苦"构成了佛教教义的出发点，佛典中有四苦、五苦、八苦、九苦、十一苦，《增一阿含经·四谛品》对"苦谛"做出了代表性的叙述：

> 彼云何名为苦谛？所谓苦谛者，生苦、老苦、病苦、死苦、忧悲

[①] 方东美：《原始儒家道家哲学》，中华书局2012年版，第31页。

恼苦、怨憎会苦、恩爱别离苦、所欲不得苦，取要言之，五盛阴苦。是谓名为苦谛。

生老病死是人生在世不可逃避的自然规律，佛教认为，人为"五蕴"相合而成"有身"，因为"有身"的存有，色、受、想、行、识五种因缘影响，故不可免于生老病死、忧悲恼苦的生存困扰。贪生怕死乃人之自然本能，追求永生不仅是人之常情，也是人之为人实现最大价值的愿望，当主观愿望和客观规律相互矛盾，势必滋生情志之苦，造成人间世消极悲观厌世的心理。对于生死，佛教以"十二因缘"说来解释世界万物之间的联系，没有任何事物是单一的，它必然与其他事物发生关联。比如，"老死"是人生的终结，原因是"生"，有"生"才有"老死"，从而在"十二因缘"的基础上产生了"业报轮回"的思想。佛教把此生当成"苦"的聚集场，只有精进修行，才能在"六道轮回"中得以涅槃，飞升"天道"，求解脱、了死生，是为"正觉世间"。佛法的目的就是帮助一切众生脱离苦海、成就菩提。①《度世品经》中就说到，有情世间只要有一人尚未度脱生死，修"菩萨行"的佛徒即要为之勤奋修持。所以，"苦""空""无我""涅槃寂静"成为早期佛教"四法印"，但到了后期佛教于空上更谈妙有，"常乐我净"成为"涅槃四德"。

方东美对佛学的探究依着上述历史脉络而展开，因教义的差异、判教方式的不同后来产生诸多宗派，但各宗派对于生死的看法基本上是一致的。佛教对生命的理解也是基于时间和空间这两个范畴进行度量与思考。"从佛教方面看起来，另外有一个重要的范畴，就是'时间'。时间有过去，有现在，有未来；过去有过、现、未三世，现在也有过、现、未三世，未来也有过、现、未三世……因此，从时间方面看起来，世界是变化不已的过程。在这个过程中有黑暗面，有罪恶的生命……"② 在轮转循环的"时间"观念下，佛教认为生命充满着无限的痛苦、烦恼，而在面对这些现实人生的态度又有小乘与大乘之分，小乘把人生实相看作"苦"的集合场，它的基本教义集中在苦、集、灭、道四圣谛。小乘过于执着

---

① 成佛的标志是成就"阿耨多罗三藐三菩提"意译"无上正等正觉""无上正遍道""无上正遍知"，亦简称"菩提"（意为觉悟）。详见杜继文《佛教史》，江苏人民出版社2008年版，第84页。

② 方东美：《中国大乘佛学》，中华书局2012年版，第192页。

生死，处处陷于我执，并且走向了只求自我解脱的人生观念。也就是说，一切众生循环于无知无明、情感的纷扰、生老疾苦的黑暗世界。"人的一生，假使从情感的骚动与知识的无明里面产生出来，那么最后的结果是否定的。换句话说，人生乃是一套悲剧，而那一套悲剧不是希腊的悲剧，因为希腊的悲剧结局是走向精神的解放的……"① 正是因为如此，方东美从华严的判教方法对三乘进行了论述，从这个角度申论面对死生之态度。"中乘人从因缘条件里面了悟痛苦的世界如何形成，痛苦的原因何在，然后再悟出一套道理出来。独觉乘是根据因缘条件（就是十二支因缘）产生的。至于大乘，可以从《大般若经》第十分以后的所谓'六度'说起。"② 相应地，依据三乘所理解的知识可以分为：一切智、道种智、一切种智。

在方东美看来，这就涉及修养层次，他称之为"渐修而顿悟"。概而言之，方东美清楚地看到大乘佛教并没有执着于生死，而是将宇宙万物等而视之，不常不断、不生不灭，通过次第渐修超越肉体的生与死，把生命引渡到智慧领域。这样，在机体主义的视域中，佛教宇宙观、人性论、生死观有了密切的关联，一以贯之。它的前提则是承认万有在神论，人参与宇宙造化，以有形的生命去悟证无限的精神生命，在缘起性空的观照下，破除以色身为真我的无明愚痴，证得菩提。

二 正觉世间：心佛众生三无差别

《杂阿含经》云：

> 一切众生、一切虫、一切神，有生辄死，终归磨灭，无不死者。尔时，释尊复说偈言：一切众生类，有命终归死。各随业所趣，善恶果自受。恶业堕地狱，为善上升天。修习胜妙道，漏尽般涅槃。如来及缘觉，佛声闻弟子。会当舍身命，何况俗凡夫（《杂阿含经》卷46）。

佛陀主张世间万物终归磨灭以至于"空"，对此，方东美从般若的角度论述："所谓空性，就是一种精神力量的凝聚，把一切生灭变化的世界，

---

① 方东美：《中国大乘佛学》，中华书局2012年版，第262页。
② 方东美：《中国大乘佛学》，中华书局2012年版，第210页。

都在永恒状态之下设想它的本性。这才是真正的出发点。"① 他继而借助了僧肇的"谈有而不执于有,谈无而不堕于空"。"有"和"空"在方东美的理解中谓之"妙有""真空","'真空'就是超本体系统,'妙有'就是本体论系统。然后这两个根本的思想范畴又合并起来,形成一个统一的哲学思想体系,形成一种统一的智慧,这也就是中道哲学"②。但是,为了将此化为智慧,方东美进一步引用僧肇的论点:

> 诚以即物顺通,故物莫之逆。即伪即真,故性莫之易。性莫之易,故虽无而有。物莫之逆,故虽有而无。虽有而无,所谓非有非无。③

如此一来,妙有提升到真空之境,宇宙秘密深藏其中。但是,如果把"真空""妙有"理解为宇宙的上、下层境界,那么两者是不可能等同的,它们之间纵横贯注。很明显,论及佛教义理时,方东美从知识论加以论证,在十宗之中,主要以三论宗、天台宗、唯识宗、华严宗。而以吉藏为代表的三论宗以破为立,若要究实而言,则要依"有""无"观想,初唐之后成为绝学。在"有""无"问题上,天台宗"一心三观"之说,从"空观、假观、中观"循阶而上,破处无明,得证慧果,方先生以此为例论说修行次第。至于唯识宗,方东美指出"转识为智"才是唯识之要旨,而关于佛教生死之看法,方东美在回复熊十力书信中屡次提及二程之观点,企图让熊先生给予解释:

> 程氏屡说:"佛学只是以生死恐动人,可怪二千年来无人觉死,是被他恐动也……佛之学为怕生死,故只管说不休。(《河南程氏遗书》卷一)李端伯传师说,伊川且说'语录只有李旰得其意。'""释氏苦尘根者皆是自私者也。"(同上卷二上)……程氏兄弟尊孔无微不至,而谤佛亦极尽能事,果如程氏所说,则佛直是小人之尤者。程氏号称儒家,其谤佛也犹情有可原,而先生固自称"抱孔释遗文……

---

① 方东美:《中国大乘佛学》,中华书局2012年版,第62页。
② 方东美:《中国大乘佛学》,中华书局2012年版,第60页。
③ 张春波:《肇论校释》,中华书局2010年版,第50—55页。

欲与群圣遥契于本原之地。"（十月廿日第二次来函末段）者，如忠于佛，应直斥程氏为胡说八道。反之，如轻许明道先生为真见者，则佛只是以生死恐动人之徒。综贯来书及程氏所说，可作下图以明其趣：

孔家之道＝佛家之道＝程氏所谓佛以生死恐动人之道≠孔家之道
来书自称于"百家之说无不落实认清，从未尝混金银铜铁为一。"复云："学比稽于众家而反之自己，那是混乱混说！"①

以上诘问是基于对"道"的认知而发，从方先生的讨论中可以看出熊先生去信的部分大意："明道诸先生见道功夫未必下于无著世亲"，"天道即宇宙本体，佛所谓圆成实性亦即此"。"纵说见仁见智或有不同，而所说是一个物事，则无可否认。"② 从摘录来看，二位先生对此展开了激烈的论争，然而，因为其中往来书信尚未公开发表，他们对二程生死观的探讨戛然而止。这意味着，方东美直接论述生死的文本无迹可寻，目前只能通过方先生对佛学整体的把握、已发表的全部著作进行对照分析，以窥其深意。而《华严宗哲学》一书最能代表方先生对佛教的理解。"生命的世界若用《华严经》的名词，就叫作'有情世间'。在这个有情世间的上层，即在心灵现象产生之后，人类就能够运用他的大脑神经的活动，他就可以把他的生命范围从空间上面的有限境界，转向到无穷的三度景象；而在时间里面，他就破除现在有限的时间，他可以产生过去，过去的过去，未来，未来的未来，过、现、未三世都可以把它扩充而成为无穷的时间领域。"③ 在了解了以上思想理路之后，方东美指出《华严经》的因果观念——信、解、行、证四分，从而把整部经典的内容结构加以阐释。他认为《华严经》为了进一步说明宗教的因果，把四分扩大成五周因果来说明。分别是：1. 所信因果周；2. 差别因果周；3. 平等因果周；4. 成行因果周；5. 证入因果周。④ 这些因果之间互相蕴含，使得人的生命最后之精神与佛的最后之精神相类，从而产生相互摄受的系统。在这一系统中众佛位奉行诸善，层层递进，相互摄受，成就最高佛果。对此，方东美称《华

---

① 方东美：《中国大乘佛学》，中华书局2012年版，第567页。
② 方东美：《中国大乘佛学》，中华书局2012年版，第567页。
③ 方东美：《华严宗哲学》，中华书局2012年版，第13页。
④ 方东美：《华严宗哲学》，中华书局2012年版，第89—91页。

严经》此一系统为尊贵的"宗教极致",并可视为人间真正实际生活的原则。①

方东美从《华严经》的大科四分五因果周把华严之主旨概括为:"真正的宗教是要把人从现实生命里面提升到理想的生命领域,从鄙陋的行动提升到高尚的行动,然后再拿大慈大悲的胸怀,把一切生活在世界上面的人,都能落实到一个真正平等的精神领域里面。"② 真正的宗教精神是心佛众生三无差别,因此,华严因果观能避免原始佛教十二因缘的困惑、黑暗。所以,在方东美看来,从《楞伽经》到《解深密经》,从《法华经》到《涅槃经》及《华严经》等一系列的大乘始教、大乘终教、大乘圆教,可以避免十二因缘中循环无休的生死之苦。诚然,从表面看,它不免有落入机械逻辑的危险,有鉴于此,方东美提出了"价值中立"的观点来应对以上因果系统可能导致的理论缺陷。他所指的"价值中立"便是道种智与一切种智,从而归于《大般若经》所含摄的"空"。"讲空性的哲学,面对内层外在的世界解脱掉,然后内空、外空、内外空、空空、大空、胜义空、本性空、自相空、共相空、无性空、自性空、无性自性空等十八空。"③ 而为了避免趋向顽空、断灭空,"我们讲'空',讲到'胜义空'、'毕竟空',最后还要讲'空空'……这时的世界里面的一切内容,自然不再有黑暗、罪恶、烦恼、痛苦,而是纯洁的理想价值"④。

三 "真如":机体主义之价值标准

以上讨论集中于"空"与"有",杜顺大师在《华严五教止观》中以"事""理"消融"空""有",东晋道安大师在般若学中早已提出"无在万化之前,空为众形之始"。佛是整个宇宙的无穷理体,构成"有""无"之间的一道桥梁。华严宗法界缘起是综合诸缘起而成,即有即空,圆融无碍。方先生的结论是:空与有是相互补充而不是矛盾对立才能成就真空妙

---

① 具体的逻辑是:通过实践修正的旅程,把下层色界、物质世界转变为生命境界,再从生命境界向上面超升,变成"调伏界""调伏方便界",最后变作"等觉""妙觉"而成佛的最高精神领域。
② 方东美:《华严宗哲学》,中华书局 2012 年版,第 65 页。
③ 方东美:《华严宗哲学》,中华书局 2012 年版,第 117 页。
④ 方东美:《华严宗哲学》,中华书局 2012 年版,第 152—153 页。

有。他认为"这样才可能把'有'的层次里面的各种偏见,各种复杂的成分,一一地给予化除掉,变成空灵的精神状态。对于这个空灵的精神状态,我们再应用一种下回向的办法,将其所已经获得的一切智慧,用来观照现实世界。如此说来,那个被我们所使用的智慧,就叫作'方便般若'"①。在厘清"有"与"空"的关系之后,华严宗所表现的缘起论(缘生论)经由此思想而展开,形成法界缘起、法性缘起,在华严哲学中又称之为无尽缘起。②

方东美治学旨趣一向以中西比较为基础,所以他甚至指出:"必须首先了解西方希腊哲学家亚里士多德的形上学里面的根本观点,然后才可以了解大乘佛学。"③ 其原因在于,"在亚氏的哲学里面,他在科学之后再要讲形上学,讲哲学本身,然后说明宇宙的存在理由,并不是物质的存在理由,而应是精神宇宙的存在理由。所以他在质料因同动力因之外,再产生第一因,同目的因、究极因,而'第一因'同'究极因'是'精神因'"④。就华严宗哲学而言,"真如"为宇宙万有第一因,这个真如即佛心、佛性、法身、一真法界、诸法实相、清净觉海、大圆镜智、本来面目。以此来说明宇宙一切的根源,才能讲理法界、事法界、理事无碍法界、时时无碍法界,继而升至十玄门、六相圆融观,才能说明大乘圆教的佛学体系。因此,方东美提出,在此前提下深入相对价值和绝对价值的理解,"因为唯有在这个统一的、美满的、和谐的、圆融的价值中心之下,才能充分说明宇宙的根源,人生的根本来源,以及宇宙演变的最后归宿,同人生发展的最后归宿"⑤。拿华严思想来说,其机理就在于"无碍","就是拿一个根本的范畴,把宇宙里面千差万别境界,透过一个整体的观

---

① 方东美:《华严宗哲学》,中华书局2012年版,第302页。
② 关于"法界缘起"方东美依照法藏大师与澄观对"界"字的解释做出了四种分类:第一种,事法界的"界"字是"分"义,说明无尽差别的事项均具分歧作用;第二种,理法界的"界"字是"性"义,说明无尽事法同一性故;第三种,理事无碍法界的"界"字是具有"性与分"二义,这是"不坏事而无碍"的意思;第四种,事事无碍法界的"界"也具有"性分"二义。方先生认为,"法性"同"佛性"沟通在一起,正是《涅槃经》的根本义,"无穷"的思想体系正是可以解释世界、解释人生的起点;亦是佛性、法性的起点。详见方东美《华严宗哲学》的第333页。
③ 方东美:《华严宗哲学》,中华书局2012年版,第34页。
④ 方东美:《华严宗哲学》,中华书局2012年版,第34页。
⑤ 方东美:《华严宗哲学》,中华书局2012年版,第341页。

照，而彰显出一个整体的结构，然后再把千差万别的这个差别世界，一一化成一个机体的统一。并且在机体的统一里面，对于全体与部分之间能够互相贯注，部分与部分之间也能互相贯注"①。也就是说，华严的奥妙在于不可分割的整体性，一即一切，一切即一。方东美指出："《华严经》里的'一真法界'就是一个完整的 organisitic philosophy（机体主义哲学）中之最高智慧里面的一个根本对象。"②

纵观上述，方东美从机体主义的视域论证佛教生死观，其形上意味更为浓厚。他没有从佛教的立场对具体的"死生"做出论述，也没有提及中国哲学史上儒道佛诸家对生死问题的论争，而是一再从宇宙本体论的角度论证，并以华严宗作为佛教最高智慧来阐述生死观。"生"在他那里便是杜顺大师《华严五教止观》"生即无生门"，"一方面是属于超越的境界，也就是本体论，乃至于超本体论里面所讲的宇宙是（本体的最高境界）所流行的境界；第二方面就是一切存有物（连人类包括在内）所寄托的现实世界"③。而"死"作为小乘佛教"苦谛"中的观点，在方东美看来是无明愚痴的颠倒见，由于众生无始无明的不觉才会随顺染缘而流转于六道，并非中国佛学的正见。从这个路径我们不妨说，方东美关于中国佛教的生死观已然蕴含在宇宙论、佛性论之中。

---

① 方东美：《华严宗哲学》，中华书局 2012 年版，第 413 页。
② 方东美：《华严宗哲学》，中华书局 2012 年版，第 443 页。
③ 方东美：《华严宗哲学》，中华书局 2012 年版，第 503 页。

第五章

传统知行观研究中的方东美机体主义思想

前一章论述了中国哲学中的生死观,儒道佛在面对死生问题的不同态度一方面取决于截然不同的宇宙观(缘起论);另一方面,对人生意义不同的理解,又决定了它们之间本质的差异,具体来说,对"命"或者"性与天道"之理解以及生命价值的差异使得儒佛道走向不同的路径。在这个意义上,由不同的"知"走向相异之"行"。

第一节 儒家知行观中的机体主义思想

从对宇宙万物的认知,对生命精神的领会儒家所要显扬的是生生不已的生命力,个体有限生命的意义在于道德价值的彰显。结合前四章的讨论,儒家的知行观是在人参赞天地之化育、尽己性尽人性这样的逻辑思路下展开,在"天人合一""天人合德"的本体论基础上,"知行合一"是为机体哲学之旨归。

一 乐天知命:从宇宙论到价值论的升华

在中国传统思想中,"知"一般指知识、认知、良知,而"真知"即是"道"。儒家《周易·系辞传》:"乐天知命故不忧。"《周易·说卦传》:"穷理尽性以至于命。"正是以"命"为基点,将认知主体与道德意识、道德实践相关联。质言之,穷理尽性在于"知命",顺应天命,"乐天知命"方能破除忧虑。在宇宙本体论的基础上,把"知"与"行"相关联展开讨论,知行说既是致知论的逻辑展开,又以致良知为指归。就儒道而言,关于宇宙生成的猜想有两种模式:第一种是道家的道生万物论。

老子把"道"作为宇宙的起点和本原,"道生一,一生二,二生三,三生万物。万物负阴而抱阳,冲气以为和"(《老子》第四十二章)。第二种是儒家的太极衍生。《周易大传》:"《易》有太极,是生两仪,两仪生四象,四象生八卦。八卦定吉凶,吉凶生大业。是故法象莫大乎天地,变通莫大乎四时,具象著明莫大乎日月。"(《周易·系辞上》)"太极"是最初始未分的混沌状态;"两仪"谓天地、阴阳;"四象"指春夏秋冬四时,也可指东西南北四方;"八卦"指乾、坤、震、巽、坎、离、艮、兑,它们分别代表自然界中的天、地、雷、风、水、火、山、泽。天地是万物的父母,由天地交感而成万物。"有天地然后有万物,有万物然后有男女,有男女然后有夫妇,有夫妇然后有父子,有父子然后有君臣。"(《序卦》)从天地万物到人的生命再到社会秩序、规范形成自然流转的过程,内在贯通着生命活动。"无极"概念出自道家,《老子》有"复归于无极"一说,"太极"概念出自《易传·系辞》,儒家历来将其作为最高存在范畴。总而言之,儒道都是在宇宙论的基础上产生认识论,宇宙之本原"无极""太极"在知识论上即是"道"。它既是判断真知的准则,又是德性与德行统一的标准。

孔子由"生而知之""学而知之",在人的本质和宇宙本体之间需要建立一条通道,在传统哲学中,便是性与天道的问题。子贡曾言:"夫子之言性与天道,不可得而闻也。"《中庸》谓"天命之谓性"。从天命下贯,确定了"性与天道"的关系为"天命人性"的关系。天命之谓性,是说人之所以为人的本性即由天所命。天命无处不在,因此它有普遍的意义,受命的个体只是一特殊的存在,但在受命之后,人具有了所以为人之性,于是天命的普遍性与受命的个体结合为一,使特殊的个体生命也具有了普遍的存在意义。这样就解答了人性的来源问题,同时也为人性提供了形上的或超越的根据。《中庸》:"诚者,天之道也;诚之者,人之道也。"从而也肯定了人的主动性,并非完全被动的受之于天,孟子则说:"诚者,天之道也;思诚者,人之道也。"(《孟子·离娄上》)天道表现为仁义礼智的诚德,人道则表现为体认天道以成就自身善性。因此,人之所以为人者,就在于人的心性之中具有来源于天道的仁义礼智道德及其对仁义礼智的持守和体认。孟子继承孔子"生而知之"的观点,并进一步发挥为"不虑而知""不学而能"的良知、良能,也就是"四端之心"——恻隐之心、羞恶之心、恭敬之心、是非之心。重在把潜在的道德意识扩而充之,弥贯天地。

从机体哲学的角度,"中国先哲的宇宙观谓天下万物'一往平等','各正性命','尽性为善',乃是以道德之究极标准为核心,故又发展出'正德利用厚生论'"①。为此,儒家的人生境界可以说是审美的境界,孔子曾让弟子各言其志,其中曾点说:"莫春者,春服既成,冠者五六人,童子六七人,浴乎沂,风乎舞雩,咏而归。"孔子喟然叹道:"吾与点也!"生生不息的自然过程即是天道的表现,即天道。天人合一,万物一体,不是简单地把人与物混同,并非人的物化或自然化抑或人的抽象化神化,也非单纯的本体超越,而是道德主体通过自我体验而实现同宇宙主体的合一。方东美认为:"中国人的宇宙,穷其根底,多带有道德性和艺术性,故为价值之领域。"② 他把儒家精神人格称之为"实际人",在此过程中,实现了人对宇宙本体的认知(真),实践(善)和审美(美)的统一,分别代表了真理境界、伦理境界、美学境界,"诚""仁""乐"即是真善美的统一,如此,完成了方先生所说,宇宙论与价值论的合一。

进而言之,在机体主义视域中,宇宙观是人类对于生命环境所做的合理解释。人类生活于世上不难以物质表现精神的意义,精神贯注物质的核心,两者共同维持宇宙和人类的生命。普遍生命又是生生不息的创造力,儒家在这样的宇宙观、生命观的对照比观之下将理想境界和德业相连通。朱子可谓一语道尽其中关键:"天地以生物为心者,而人物之生,又各得夫天地之心以为心者……盖天地之心,其德有四,曰元亨利贞,而元无不统其运行也……故人之为心其德亦有四,曰仁义礼智,而仁无不包其发用也……此心何心也,在天地则盎然生物之心,在人则温然爱人利物之心,包四德而贯四端者也。"(朱子《仁说》)"人盖未始离乎天,而天亦未始离乎人也。"(朱子《太极说》)依此,方东美一再强调中国先哲所观照的宇宙生命不是机械的系统,而是旁通统贯的大生机,"在这种宇宙里面我们可以发现旁通统贯的生命,它的意义是精神的,它的价值是向善的,惟其是精神的,所以生命本身自有创造才能,不致为他力所迫胁而沈沦,惟其是向善的,所以生命前途自有远大希望,不致为魔障所锢蔽而陷溺"③。

---

① 方东美:《中国哲学精神及其发展》,中华书局2012年版,第68页。
② 方东美:《中国人生哲学》,中华书局2012年版,第22页。
③ 方东美:《中国人生哲学》,中华书局2012年版,第43页。

可见，从对宇宙万物的认知，对生命精神的领会中，儒家所显扬的是积极创建的活力，有限的生命个体之意义在于道德价值的彰显。在这个维度上，宇宙观、生死观、人性论、知行观一以贯之，闻见之知与德性之知相生互补，形成完满的认知系统：天地生物之仁——人心之纯善——人性之完美——诚意致知以达理——达情遂欲以养生。也就是道德实践的优先地位要以对天地万物的认知为基础，并且两者相即不离，严格说来，认知的终极目的是真知——至善。

二 止于至善：儒家"实际人"的德业

孔子以四时行百物生说天，赞《周易》生生之易是为大道之原，亦是人之准则。子思承其家学，发挥天命谓性，率性谓道的奥义。孟子继起，主张知性知天的显理。先秦宇宙、生命观大抵如是，方东美进而总结中国先哲从对生命的认知到人生的领悟：

> 中国先哲所体验的人生不是沈晦的罪恶深渊，而是一种积健为雄的德业。在这里面，我们可以察觉中和昭明的善性。它的本原是天赋的，它的积累是人为的，因为是天赋的，所以一切善性在宇宙中都有客观的依据，不随人人之私心而汩没；因为又是人为的，所以一切善行，均待人人之举凡自为，不任天之好恶而转移。我们先天的禀赋兀自与善性混然同体，我们后天的德业兀自与善性浩然同流。①

方东美重在交代中国先哲探索道德生活的根源，他指出："尽己性，尽人性，尽物性，赞化育以天地参，就是中国人做人的极则。"② 其目的在于突出儒家内在而超越的心性臻善之依据和道德理想，换句话，亦是突出牟宗三先生所说儒家心性之学的两个重要贡献：一是指出了道德的超越性源头；二是挺立了道德主体自我。牟先生用壁立千仞来形容道德自我所有的主体地位，这两点确实概括了儒家哲学的基本特征。儒家完整的人格境界便是内圣外王，一方面，要通过主体的心性修养而达到理想道德境界，提升人的内在价值；另一方面，把个人的内在价值外化到齐家、治

---

① 方东美：《中国人生哲学》，中华书局2012年版，第41页。
② 方东美：《中国人生哲学》，中华书局2012年版，第44页。

国、平天下的外在事功。张载说:"圣人苟不用思虑忧患以经世,则何用圣人?"(《横渠易说·系辞上》)内圣与外王说有一个内在的无法克服的矛盾,圣是内在的道德境界,王则是外在的权位。由此说来,儒家的内圣外王之道超越了功利而最终又落实到功利,它是道德主义与功利主义的统一,理想主义与现实主义的统一。

方东美依照心性修养、天人合德的生命之统一、价值之统一的形上路径深究,即人文主义的途径,以此确证儒家同道家、墨家统会之结点在于生命价值积极的肯定。"所谓真人、圣人、完人的生活,就是摄取宇宙的生命,来充实我们自己的生命,更须推广我们自己的生命,去增进宇宙的生命。宇宙与人生交相和谐,取同样的步骤,向前创造,向前展开,以求止于至善。"① 对于"内圣外王"这一说法,方东美亦提出自己的见解,他说:"孔子及儒家的政治思想,更是与道德精神融成一体。这却是因为他们重视天地生生不已之德,人类博施济众之仁。国家之政治,植本于德。政治之标准,建立于仁。"② 同时,他从三个方面指出儒家政治之所以如此的原因:其一,儒家宇宙人生(普遍生命)浑然一体,天与人、人与人、人与物相待而生,相待而成,理应表现在政治上,始能与天心之仁,天与之善,继承不隔。其二,国家为一种悠久的道德场合。其三,儒家德治在于礼治,礼乃是普遍文化价值之隆正,准之可以尽心正性,絜情制欲。③ 方东美对德治的论证不仅细致地阐述孔子"导之以德,齐之以礼","礼义以为纪,示民有常"的儒家"内圣""外王"之无穷机趣,更重要的是,德治观念的揭橥使他的形上理论落到实处,"机体"思想不至空悬于抽象领地或者纠缠于理论之沟壑。因此,可以理解为儒家"内圣外王"在方东美这里是价值、生命、存在之统一,内外兼修、知行合一的人文主义精神。"中国的人文主义,乃是精巧而纯正的哲学系统,它明确宣称'人'乃是宇宙间各种活动的创造者及参与者,其生命顶天立地,足以浩然与宇宙同流,进而参赞化育,止于至善。"④ 这里的"善"方东美援引戴震《原善》中的论述进行佐证:

---

① 方东美:《中国人生哲学》,中华书局2012年版,第40页。
② 方东美:《中国人生哲学》,中华书局2012年版,第63页。
③ 方东美:《中国人生哲学》,中华书局2012年版,第63—64页。
④ 方东美:《中国人生哲学》,中华书局2012年版,第87页。

> 善曰仁、曰礼、曰义，斯三者，天下之大衡也。上之见乎道，是谓顺；实之昭为明德，是谓信；循之而得其分理，是谓常。道，言乎化之不已也；德，言乎不可逾也；理，言乎其详致也；善，言乎知常体信达顺也。①

仁、礼、义是为善，知常、体信、达顺皆为善，具体推之即是循理以明德，从而见乎道。对此，方东美明确指出，中国先哲在人性的了解之上，在仁爱的意识之下，根据智慧的引导以完成神圣使命。其基本逻辑是：宇宙之善贯注个人—尽性成物—同情仁爱—理性秩序—公义原则。一言以蔽之，人的创造活动来自同情仁爱，人文教化产生理性秩序，而根据理性秩序的义行彰显公义原理。从另一个侧面则是方东美关于"仁"与"义"的认定，"天与人和谐，人与人感应，人与物均调，处处都是以体仁继善、集义生善为枢纽，然后天地之间，才能怡然有序，一切万物也才能益然滋生"②。因此，从这个角度而言，方东美认为人人皆有成为圣贤的可能，其前提在于率天命之性。那么，问题在于是否人人知天命，又依天命而行，也就是如何处理外在人文的（礼、义）与内在人性（仁）的关系以达天道。对此，方东美的回答是："从'自然'来看，我们可知人'能够'如何，然而，从历史来看，我们则知人'应该'如何……因为生命之善或价值之光都不是自然礼物，必须经由新的良心、新的激发与新的天才才能积健为雄，完成德业。"③ 可见，他所强调的是将自然生命转化为人文生命，完成真知到力行的转化，凸显"行"的道德实践优先地位。这与孔子"弟子入则孝，出则弟，谨而信，泛爱众而亲仁，行有余力则以学文"（《论语·学而》）是以同一主旨的不同侧面去观照人的主体性。

纵观中国哲学史，直至宋明时期，知行的先后、轻重、难易、分合等问题得到深入的讨论。程朱主张"知先行后"，他们力图说明道德认识对道德实践的作用，而非强调知的来源。程颐："须是知了方行得"，"识在行之先"（《河南程氏遗书》卷一八）。朱子："知之为先，行之后，无可疑者。"（《文集》卷四二）到明代，知行问题走向合一，以湛若水、王阳

---

① （清）戴震：《原善》，木刻本卷一，第1页。
② 方东美：《中国人生哲学》，中华书局2012年版，第96—97页。
③ 方东美：《中国人生哲学》，中华书局2012年版，第98页。

明为代表。王阳明通过知行合一把心学推向极致,"知是行的主意,行是知的功夫;知是行之始,行始知之成"(《传习录上》)。"知行功夫本不可离,只为后世学者作两截用功,失却知行本体,故有合一并进之说。"(《传习录中》)儒家知行观,无论先秦对认识根源的追问,还是宋明知行先后、轻重、离合的探讨,其立足点各异但其共识和目的则是知行合一。在"机体"思想的框架下,知行合一必然作为方东美思想系统的落脚点。关于儒家知行论,他集中于王阳明知行合一的论证,其主要论点体现于1972年东西方哲学家会议阳明五百周年纪念论文中。这篇约一万两千余字的论文把阳明哲学之精义抉发无遗,并且指出,机体主义哲学观是阳明思想所凭借的重要起点。依方东美之见,王阳明于正德十六年大揭"致良知"说,正是涵盖本体论、良知、致良知即是体用不二的关系。这也意味着阳明自身理论困境得到解决,因为"阳明对本体与现象、睿智与感官了然于心,确信良知直觉睿见普遍妥当有效性及真实无妄,价值之最高统会实为心灵之本觉,不假外求"①。阳明并没有详细定义"良知"为何物,他给良知下的定义曰:"心之本体及是天地,天理之昭明灵觉,即所谓良知也。""良知"包括非理性的自我,它离不开感官理智,但又不是感官知觉,更不是理智知识。在这里阳明是从圣人角度立言,圣人只是顺乎良知发用,在精神上能超脱任何障碍。所以,方东美将此视为形而上的直观睿见,发为道德智慧,是不觉而能的精神力量,当良知发用后便使人与天地万物合德无间。以天地万物为一体,从心之灵明发窍处感应,而一视同仁之旨,是中国古今各派哲学家共同之宗趣。

通过《从历史透视阳明哲学精义》一文可以看出,方东美对阳明学的探究一方面落实于阳明学本身的思想渊源、理论逻辑中;另一方面又以朱子为参照,罗列朱子在知识论上持"二元论"、宇宙论上持"客观实在论"的立场,意味着与阳明一元论的彻底不同。如果说,"身、心、意、知、物,浑然一体,形成机体统一"是心与物,格物与致知、致知与明明德,皆一以贯之是在本体论基础上的诠释。那么,"心物合一、格致合一、致良知即明明德"即是价值论的发挥。按方东美的论证,机体主义哲学观构成了阳明哲学之逻辑起点,这也是方东美理解阳明哲学最根本的切入点。置言之,本体论与价值论,是阳明机体主义的呈现和展开,机体主义

---

① 方东美:《生生之德》,中华书局2013年版,第306页。

是隐藏在一体之学与合一功夫的未聚焦却又始终在场的思想基础。无疑，对阳明知行观的评判囊括了方东美关于儒家知行学说的主旨，他所指的"知"侧重于不学而能的良知以及直观睿见的真知。相应地，"行"是道德主体人对宇宙道德原则的顺应，由内而外对至真至善的践行。

三　知行合一：机体主义之旨归

从机体主义的视域着眼，"知行合一"的本体论基础是"天人合一"。首先，天人合一的天指的是道德之天而非自然之天，确切地说，是体现于自然中的道德本体。先秦思孟学派早就把天与天道完全道德化了，冯友兰先生曾指出，在思孟学派那里宇宙实质上是道德之宇宙，人的道德原则也就是宇宙的形而上学原则，人性就是这个道德的例证。董仲舒同样赋予天以道德本体属性"人，仁也"，"察于天之意，无穷极之仁也"。宋明理学家把天人关系明确为"性与天道"的关系，而天理就是道德本体。朱熹："所谓天理，复是何物？仁、义、礼、智岂不是天理？君臣、父子、兄弟、夫妇、朋友岂不是天理。"（《朱文公文集》卷五十九）"人与天地本一体，只缘渣滓未去，所以有间隔。若无渣滓，便与天地同体。"（《朱子语类》卷十七）无论是程朱一派的理还是陆王一派的心，都是宇宙本体，都是本体化的道德观念。其次，这一道德本体化的天是人性的本源、本体。《中庸》曰："天命之谓性。"这一思想奠定了中国哲学中性与天道关系的基调。董仲舒认为，仁受命于天，人之仁亦取法于天之仁。宋明理学更强调天道与人性的这种本体与派生关系。程朱自不必说，二程曰："天之赋予谓之命，禀之在我之谓性。"就连心学派也不否认这一点，陆九渊谓："人乃天之所生，性乃天之所命。"王阳明谓："性是心之体，天是性之源。"所谓"天命"不是主宰者的意志，而是"天道流行而赋予物者"，"其在于天谓之命，其赋予人谓之性，其主于身谓之心。心也，性也，命也，一也"（《王阳明全书》卷七）。最后，现实中的人不可避免地会被私欲、杂念所蒙蔽，不能完全拥有天所赋予的本性，唯有破除私欲杂念才能使本性呈现，方能与天合而为一。换种方式理解便是气质之性与天地之性的相辅相成。用吕祖谦的话说便是："人身本与天地无间，只为私意间之，故与天地相远，苟见善明，用心刚，去私意之间，则自与天地合。"（《东莱文集》卷十二）

综上，天理与德性、性与天道相合不悖，人受命于天必然禀受天道善性，如此，知与行在宋明理学家那里根本上是合一的，即便因为私欲妄念将其阻隔，通过修养功夫便能破除障碍，使之合一。它所要凸显的是道德主体的认知自觉，立足认识论和道德论即是主体与客体的统一，人与道德本体的合一或者人与自我本质的合一。张岱年认为："中国哲学家大多数都主张所知先于能知而有；佛教传入很久以后，才有认为所知依附于能知的思想。知之来源的问题，即是知之所缘起者是感官抑其它？知与行之关系如何？中国哲学对此问题之解答，可以说有三：一、认为知由感官来；二、认为知由内心自发；三、认为感官是知之一源，而尚有其他来源，即知有不从感官而来者。三说虽异，而皆认为知与行有密切关系，此实中国哲学之基本倾向。"① 与他不同，方东美提出"直觉思维"来判定中国哲学中"知"的特点，"人自性中含着神性……由于人同具理性和神性，所以他对神和人性的了解是直接的，而非推论的；是亲切的，而非隔膜的；是直觉的，而非分析的。由于直观的体验，中国哲学家能确知人性的至善是源于神性的，也许会失落，但并非偶然，而是由于他违离了天道"②。故而，以形上学为主旨直探中国哲学精神，并且以"超越型态之形上学"一词形容典型之本体论，成为方东美阐释中国哲学精神的主要途径。"从此派形上学之眼光看，宇宙全体与生活其间之个人雍容浃化，可视为形成一大建筑学式立体结构、完整统一，复依其种种密切相关之基本事素昧基础，据以缔造种种复杂缤纷之上层结构，由卑至高，直至盖顶石之落定为止……柏拉图尝以'忆'训'知'。中国先哲尚仰观俯察，其心态兼观想与体验并重，辄以'忘'训'知'。'忘'也者，'即相遣体'义，意谓一种留连清晰表象，而浑然忘却大全本体之认知法式也，即相即体。"③

从中可以窥见方东美对儒家知行观的申论，但他的表述显得"羚羊挂角，无迹可寻"，唯独《从历史透视阳明哲学精义》一文做出了详尽的分析。在此文中，方东美给予"机体主义"一词基本含义的界定，视为一切思想形态的核心。他认为，此种机体主义之哲学观被早期中国思想家视为哲学推理的结论，亦成为阳明哲学所凭借的重要起点。通过对阳明"心体"（存在）与"价值"（至善）不二的分析，他力证阳明确信良知直观

---

① 张岱年：《中国哲学大纲》，中国社会科学出版社1982年版，第497页。
② 方东美：《生生之德》，中华书局2013年版，第225页。
③ 方东美：《中国哲学精神及其发展》，中华书局2012年版，第21页。

睿见之普遍有效性及真实无妄、价值之最高统会在于内在心灵之本觉。在他而言，阳明知行观代表并且凝练了儒家知行观的真义，为此，方先生层层推理，直击鹄的。主张阳明机体主义思想可从纵横两个维度来理解。第一，从身、心、意、知、物，浑然一体，形成有机整体来看，心与物、格物与致知、致知与明德，皆一以贯之，是之谓"心物合一、格致合一、致良知即明明德"①，从而推演"心即性""性即理"这些等式成立之理由，唯有"心学"方能阐明原委。正如方东美所说："当观照万物，机体思想无不自其丰富性与充实性之全貌着眼，故能统之有宗，会之有元。"② 第二，从阳明学说着眼，他对儒、道、佛的传承、借鉴、吸收，其思想渊源、理论逻辑的发挥无不是机体思想的展现。进而言之，阳明"心即理""格致合一""致良知"等学说形成本质上相融互涉、旁通统贯之体系。

在方东美看来，宋以降，尊德性与道问学，二元与一元，尽管各派重重对峙，莫衷一是，但各派无不以人性论为基础。无论哪一家哪一派，无不以人的发展作为出发点。正是基于这样的共性，阳明方能攫取可吸收的精华，旁通统贯了儒家大本大源，深契道家精神，染习禅宗智慧，最终"返儒开新"。他的"致良知"之道在于彰显人性，突显人的道德主体性——"尽性"，发挥心本体的极致——"尽心"，心性合一。显然，阳明知行观在此基础之上展开与发挥。阳明从儒家立场出发，充分吸收佛老精神修养智慧，通过"心外无理""致良知""仁者与物同体"的阐释，完成了儒学自北宋以来坚持入世的价值理性。"知行合一"的功夫论集中体现了他对于道德法则和道德主体内在关系的确立，从而引向了内在的修养方法。

但是，方东美径直指向阳明"心外无理"及"不可外心以求理"有局限性的一面，它笼统地断定内心先验法则，并运用于事物，且限定在伦理学的范围加以论述。所以，以"形而上"的认知范式进行考察，在一定程度上更接近阳明哲学本来的特征。正如陈来先生所言："表面上看来，明代理学的基本问题是'本体'与'功夫'，本体指心（性）的本然之体，功夫指精神实践的具体方法；而本质上，本体功夫之辨的境界含义是

---

① （明）王阳明：《传习录》（上），中州古籍出版社 2008 年版，第 8—9 页。
② 方东美：《中国哲学精神及其发展》，中华书局 2012 年版，第 23 页。

敬畏与散落之争，这是把握明代理学的内在线索。"① 方东美"普遍生命"中"人的小我生命"与"宇宙的大我生命"的关系是"人参赞了宇宙的创造力"，这是宇宙本体论的核心。与此同时，他强调价值之最高统会在于人充分发挥道德主体意识，践行于善。把这一逻辑运用于阳明哲学，即肯定心能大用者，意味着阳明主张自"诚意"着眼，为功夫下手处，本心当体起用。也就是说，不仅从心体上用功，动用良知、正心、诚意、省察、止于至善；还要在事功上琢磨，致良知于事事物物。

另外，方东美再三重申，阳明讲知行合一还有一功用，在于对治"心中贼"，"致良知"说的提出方能克服"知行合一"的理论困境。因此，他反对将知行二分，因为"不试图于妄念方萌发之际，一刀斩断，世人复析知行为先后两截，视妄念但一念耳，何足介意？殊不知，诚如阳明所言：'妄念始萌，已具行动之机'，故必须连根拔除净尽，'防于未萌之先，克于方萌之际'"②。显而易见，方东美之所以提出机体主义的哲学观并将此视为阳明哲学的起点，旨在说明"明明德者，充其天地万物一体之体也；亲民者，达其天地万物一体之用也……同理，道德实践，推而致乎整个广大社会人伦与夫自然天地，皆莫不尽然——'尽性'是也。凡此一切皆阳明用以宣示'明明德于天下'之主旨，以证明'至善者，明德亲民之极则也；''止至善者，复其心体之本然耳'。由是观之，足征'心也者，价值之最高统会也'"③。"由于，身、心、意、知、物'只是一件'——浑然一体，不可分割——机体主义遂表现为一极复杂之概念，容有种种不同角度、不同层次之解释。诸如实在之统一、存在之统一、生命之统一、价值之统一……兹谨克就'价值之统一'一层，而申论之。"④"价值之统一"也就是天道人性、心灵之本觉弥贯天道——至善，如此，道德主体与宇宙道德本体相因俱化、圆融无碍。儒家生生理念在知行互动中绵延赓续，出世的伦理诉求得以趋向理想之境。尽管如此，不得不正视机体主义存在的理论纰漏，譬如，其多元视域在一定程度上掩盖了儒家哲学的精准、纯粹，在逻辑上不得不厘清理论边界。瑕不掩瑜，机体哲学"统之有宗，会之有元"的思维范式给中国哲学直觉主义提供了合理的理论解释。

---

① 陈来：《有无之境——王阳明哲学的精神》，北京大学出版社2013年版，第11页。
② 方东美：《生生之德》，中华书局2013年版，第310页。
③ 方东美：《生生之德》，中华书局2013年版，第308—309页。
④ 方东美：《生生之德》，中华书局2013年版，第306页。

第二节　原始道家知行观中的机体主义思想

在道家的视域中，生命的永恒在于个体生命与宇宙生命相互贯通——"天地与我并生，万物与我为一。"原始要终，在于将道之妙用转化为妙道之行，追求生命的绝对超脱与自由，"善行无辙迹"这是庄子对老子的见解，亦是方东美对老庄思想的见解。

一　"上回向"的超脱精神

一般而言，先秦时期与儒家积极入世的生命观相对应的是道家消极出世的生命观，之所以对之有不同的理解或者误解，一部分原因在于老子玄之又玄的生命境界、庄子逍遥无端的游世态度。老子直抒胸臆："吾言甚易知，甚易行，天下莫知，莫能行。""言有宗，事有君。"（《老子》第七十章）万物一切不外乎"以道观尽"。老子认为自己所说简单易行，世人却不得其义，反倒指称他用语多谓，玄乎其玄。因为常人一般从道的人为属性去意会、描摹，甚至妄自臆测。常被后学引用的当属《老子》首章：

> 道可道，非常道；名可名，非常名。无，名天地之始；有，名万物之母。故常无，欲以观其妙；常有，欲以观其徼。此两者，同出而异名，同，谓之玄。玄之又玄，众妙之门。

王弼作注曰："可道之道，可名之名，指事造形，非其常也。"[①] 在《老子微旨例略》中进一步释义："名也者，定彼者也；称也者，从谓者也。名生乎彼，称出乎我……名号生乎形状，称谓出乎涉求……故名号则大失其旨，称谓则未尽其极。"[②] 在方东美看来，历来解老者众，然渗透道之奥义者寡，他称道王弼作注精湛的同时，举重若轻地指出，"自余观之，倘使其中诸关键字眼，如'道、常、无、有'等，皆依上下文义、而另以大体、凸体、小体，乃至藉助撇号等方式，妥予标明之，则举凡其一

[①] 楼宇烈：《老子道德经注校释》，中华书局2008年版，第1页。
[②] 王弼：《老子微旨例略》，参见严灵峰《老子微旨例略》的序与跋，（台北）艺文书局1956年版，第5—15页。

切自然义、绝对义、相对义、寻常一般义乃至滑稽幽默特殊突梯义等，皆莫不可使之一一明白显豁，毫无暧昧，何解难之有？惜前人向未此之图，致其精句隽语，辞约旨远，释者纷纭，言人人殊"①。因此，深透老子之"道"应该从理解"有""无"出发，首先，"有""无"不宜运用西方本体实有来理解，切勿把"有"视为本体实有之全域，把"无"划为低层次的虚幻界，此其一。另外，老子把"无"径指无上性相，是一套动态的本体论，"有"则是变易现象界，"天下万物生于有，有生于无"（《老子》四十章）。何谓老子之道？老子说："天下有始，以为天下母。既得其母，以知其子。既知其子，复守其母，没身不殆。"（《老子》五十二章）天下之母即是"道"，由道而知天下万物，周而不殆，并行不止。此二者，方东美用自己的话语做出概括："太初有子。子与母同在。"② 这就为"道生一，一生二，二生三，三生万物""万物负阴而抱阳，冲气以为和"等说法包含的从无到有、从有到万有的意思找到依据，即老子以"无"为究极始点。

为了揭橥"道"之主旨——"道、常、无、有"，方东美把"道"分为体、相、用、征四个向度来诠释，每一向度又细分为多层次的逻辑概念。道之四个向度的意涵：一、道体（超本体论），道乃无限真实存在之太一或元一。（甲）道为万物之宗，其存在乃在上帝之先；（乙）道为天地根，万物之所由生；（丙）道为元一，万物所同俱；（丁）道为一切活动之唯一范型或法式；（戊）道为大象或玄牝，如慈母之于婴儿；（己）道为万物之最后归趋。二、从道用而言，道之发用呈双回向：顺之则道之本无，始生万有，以各明其利；逆之，则当下实有，仰资于无，以各尽其用。三、就道相而言，可分为天然本相和意然属性两类。天然本相包括：（甲）道无乎不在，即体显用；（乙）无为而无不为；（丙）为而不恃；（丁）以无事取天下；（戊）长而不宰；（己）生而不有；（庚）功成而弗居。四、就道证而言，高明至德显发之，称为天然本相，原出于道；而圣人，道之表征，其具体而微者，直乃道之当下呈现，可谓"道成肉身"。③ 论及道家，方东美便进入另一番新天地，文辞更为俊逸，立意开阔高远，难怪乎他把

---

① 方东美：《中国哲学精神及其发展》，中华书局2012年版，第129页。
② 方东美：《中国哲学精神及其发展》，中华书局2012年版，第127页。
③ 方东美：《中国哲学精神及其发展》，中华书局2012年版，第126—129页。

道家称之为"太空人",道家自是展现人生之空灵境地。四个面向的诠释囊括了"道"之胜义,面面俱到,道即是万物之始亦是万物之终,即是目的也是归宿,即体即用,其性无穷,其用无尽。庄子将道之玄奥推至"重玄",只不过,庄子并非以"无"为究级始点,而是肯定万有,并且主张万有之间双回向"交融互摄""和之以天倪"。

> 道者,万物之所由也。庶物失之者死,得之者生;为事逆之则败,顺之则成。(《庄子·渔父》)
> 夫道,有情有信,无为无形;可传而不可受,可得而不可见;自本自根,未有天地,自古以固存;神鬼神帝,生天生地;在太极之先而不为高,在六极之下而不为深,先天地生而不为久,长于上古而不为老。(《庄子·大宗师》)

庄子把道置于无穷的时空范畴,即用并举,成为精神生命的根基、极致,其主旨固然在于揭示人类超脱解放之道——"寥天一"。方东美认为庄子把整个宇宙视为"无限有机整体"。"《庄子》最后一章《天下篇》更扼要点出老子思想之精义在于:'建之以常、无、有,主之以太一……以空虚不毁万物为实。'同理,以同法处之,则时间与永恒二界之'变常对反',亦于焉消弥。'凡物无成与毁,复通为一。'"①

> 芴漠无形,变化无常,死与生与?天地并与?神明往与?芒乎何之?忽乎何适?万物毕罗,莫足以归……独与天地精神往来,而不敖倪于万物。不谴是非,以与世俗处……彼其充实,不可以已。上与造物者游,而下与外死生、无终始者为友。其来不蜕。芒乎昧乎,未之尽者!

这段引文庄子集中表述了神秘莫测的超脱空灵之境,庄子忘乎死生而与天地万物为一,与神明相感应。张岱年先生认为:"庄子的思想,虽然是超脱世俗,但不是出世的,所谓'不敖倪于万物,不谴是非,以与世俗

---

① 方东美:《中国哲学精神及其发展》,中华书局2012年版,第133页。

处'即表明其非出世。"① 方先生则把庄子超脱解放之道作为重大问题加以讨论:"庄子哲学主旨,固在于揭示人类种种超脱解放之道,然其重大问题,亦关键兹。严格言之,问题核心在于《齐物论》……庄子言之甚谛:'以不平、平,其平也,不平。'(《庄子》第三十二章)"② 同时他指出,庄子之所以把超脱解放的问题作为重中之重,在于人类认识的局限性以及宇宙万象的复杂性,人不可能全能而知。一方面,理想之境与现实世界之间的鸿沟,圣人与常人认知的差距;另一方面,真理与常识的区别、本质与表象的阻隔。针对此,方先生把超脱解放之道归纳为三个原理:第一,个体化与价值原理——主张万般个性,各适其适,道通为一。第二,超越原理——主张个体与价值之实现皆受制于本身特性范围,而各有所不足,各有所限。第三,熙化自然原理——主张以浃洽自然对治斯憾。③ 超越之目的在于打破偏见、涤除玄览以视清明,庄子把老子空灵超化之道推至"重玄"(玄之又玄),大方无隅。到汉代,道作为宇宙本体获得了更形象的描绘,《淮南子·原道训》云:"夫道者,覆天载地,廓四方,柝八极。高不可测,包裹天地,禀授无形……"这段文字极力铺陈摹状之能事,无非是要说明,道是一种普遍性存在,是天地万物背后的统一性,是万事万物内在本质和存在的依据,而它自身则没有任何特定的规定性,它在具体现象和事物中实现自我,展现自己的本质。"道通为一"的关键在于道之妙用推至妙道之行。

二 "下回向"的实现途径

道家观照万物,但凡在特殊条件下生发起用,终归之于"无","无"实乃万有之根源。因此,道家超然物外、游心太虚,然其落脚点不外乎知人、知天、知中,认清人在宇宙之位置、价值以及局限性,这就要打破思维惯性,破除偏见以探求世界之本质。道为最高境界,无处不在,应在万有。人要顺应自然,应时处变方能无为无不为,这与儒家运无入有形成尖锐的对比,从这一立场言之,道家之终可谓儒家之始。宇宙、人生观之差

---

① 张岱年:《中国哲学大纲》,中国社会出版社1982年版,第297页。
② 方东美:《中国哲学精神及其发展》,中华书局2012年版,第137—138页。
③ 方东美:《中国哲学精神及其发展》,中华书局2012年版,第139页。第三条"熙化自然原理"在《原始儒家道家哲学》中写作"自发的自由原则,两种解释实则都在强调庄子"天地与我并生,万物与我为一"之主旨,详见《原始儒家道家哲学》的第237页。

异导致两家面对世界、生死的态度截然不同,换言之,宇宙观念反应生命之内涵,而生命之内涵表现则包括生命情调、艺术美感、伦理道德等认知,从而践行为切实的生命经验和活动。因此,儒道最激烈的论争在礼乐文化的对立,老子极力排斥儒家的仁义礼智:

> 上德不德,是以有德;下德不失德,是以无德。上德无为而无不为;下德为之而以有为。上仁为之而以无为;上义为之而有以为。上礼为之而莫之应,则攘臂而扔之。故失道而后德,失仁而后义,失义而后礼。夫礼者,忠信之薄,而乱之首。前识者,道之华,而愚之始。是以,大丈夫处其厚,不居其薄;处其实,不居其华。故去彼取此!(《老子》第三十八章)①

老子力斥儒家仁义礼智,视之为失道之主因,主张"无为""不言","致虚极,守静笃。万物并作,吾以观复。"(《老子》第十六章)对此,方先生指出原委:"仁义礼只是道德的名目,其纪纲在于道德之本,生命之原。舍其本而言其末,塞其原而求其委,自为老子之不许……道为生命所自出,老、庄论道,不仅说无为,乃说无为而无不为,尤重无不为。"② 他反对给道家贴上"弃绝仁义"的标签,因为道家之仁心度物,慈惠爱人与儒家忠恕之道别无二致。他从两个方面加以论证:一方面,老子自见者不明、自是者不彰、自伐者无功、自矜者不长,与孔子绝四之旨若合符节,此其一;另一方面,老子"同于道者道亦同之,同于德者德亦同之"。人法地,地法天,天法道,洞见大道乃能成大人,这与孔子"惟天为大,惟尧则之"和孟子"知性知天,存其大者为大人"之意殊途同归。③ 可见,寻求儒道之共性是方东美最主要的目的,归根到底,他所注重的是不同流派中国哲学家对道德价值基础的一致认同——"无一事而非生,无一物而非仁。"老子把"道法自然"作为知人论世的最高法则,庄子在精神灵性上臻此高致,可谓道家人生论的集大成者。对此,张岱年主张:"庄子以老子的无为思想为基本,会综田骈慎到的齐物思想,及惠子的天地一

---

① 楼宇烈:《老子道德经注校释》,中华书局2008年版,第93页。
② 方东美:《中国人生哲学》,中华书局2012年版,第45页。
③ 方东美:《中国人生哲学》,中华书局2012年版,第48页。

体观念，提出一个比较丰富的学说。老子'微妙玄通，深不可识'的理想人格，颇有神秘性，但未尝以神秘生活为中心。关尹讲'澹然独与神明居'，教老子更倾向于神秘。到庄子，乃以神秘的精神生活为人生之最高境界。由无为而逍遥，以游心于四海之外，而与天地万物为一体，是庄子的理想生活。但庄子思想之出发点，仍在于全生保身。"①

> 以全生，可以养亲，可以尽年。（《庄子·养生主》）

在方东美看来"全生保身"既是道家遵道贵德之目的，也是万物一往平等之根本。道如何无上高明、变幻莫测，终以淡化万物，万物齐一。"道家本其仙想妙法，故能游心太虚，驰情入幻，振翮冲霄，横绝苍冥，直造乎'寥天一'之高处，而洒落太清，洗尽尘凡，复挟吾人富有才情胆识者与之俱游，纵横驰骋，放旷流昐，居高临下，超然观照层层下届人间世之悲欢离合、辛酸苦楚，以及千种万种迷迷惘惘之情。于是悠然感叹芸芸众生之上下浮沉，流荡于愚昧与黠慧、妄念与真理、表相与真际之间，而不能自拔，终亦永远难期更进一步，上达圆满、真理与真实之胜境！"②不难看出，尽管方先生将道家高悬于缥缈胜境，至高至神，然而始终不忘道之下贯，着眼于"道"之于人间世的真谛。因为人总是免不了私心杂念、私欲妄念的羁绊，向内的修养对治人性中不可回避之"恶"。从修身到内圣的过程需要养神、养心以至"涤除玄览"，从而道家提出"坐忘""心斋"的逍遥游世的内在依据。《庄子·天下》最早提出"内圣外王"的理想政治状态，把"道通为一""配神明，醇天地"的宇宙观与"道法自然"的人生态度相结合。人取法于自然之道继而践行道，从对自身生命根源的追寻到外向天地万物的流衍，循环往复、周而不殆。

道家知行之主旨，不妨借助陈鼓应先生做出的精当阐释进一步理解："庄子而言，生命的实践在于达到大鹏鸟展翅般的逍遥。这需要生命的层层转化。无论《庄子·人间世》'心斋'的从'无听之以耳'到'无听之以心'再到'听之以气'的层层转化，还是《庄子·大宗师》中'坐忘'的层层'忘'，或者女偊层层'外'的功夫，这些都是让生命最终达至道

---

① 张岱年：《中国哲学大纲》，中国社会科学出版社1982年版，第292页。
② 方东美：《中国哲学精神及其发展》，中华书局2012年版，第123—124页。

遥之境，亦即道的境界。然而庄子道的境界不是远离人间，不是高高在上作为信仰的崇高对象或思辨探求的绝对真理，而是可以在真实生活中实践而出的真实境界。《庄子·天下》在论及庄子的境界时言：'独与天地精神往来而不敖倪于万物，不谴是非，以与世俗处。'正呈现出庄子之论中的人文精神。"① 陈鼓应先生深谙道家精神之精髓，与方先生关于道家"超越形上学"的本体论之旨辞异而理一，相映成趣。方先生重在申述道家腾越超拔趋于理想胜境，而又点化现实的理趣，宇宙世界、人与万物彼是相因、交融互摄。这是"知"的一面。"行"则不仅仅在于自身内求，"致虚极"，方先生也强调道家无为无不为的人生态度在实际生活与现实社会的落实。他的论著中常提到老子的治身与治国、治心与治世，从个人修身养性到宗族、乡间、邦国、天下的道家精神：

  修之于身，其德乃真；修之于家，其德乃馀；修之于乡，其德乃长；修之于邦，其德乃丰；修之于天下，其德乃普。故以身观身，以家观家，以乡观乡，以邦观邦，以天下观天下，吾何以知天下之然？以此。

  圣人处无为之事，行不言之教。万物作焉而不为始，生而不有，为而不恃，功成而弗居。

  是以圣人之治，虚其心，实其腹；弱其志，强其骨。常视民无知无欲，使夫智者不敢为也。为无为，则无不治。

  圣人在天下，歙歙焉为天下浑其心。圣人无常心，以百姓心为心。

方先生认为，老子以道观尽，故能"贵以（章太炎曰：以、用也。）身为天下，则可寄于天下，爱以身为天下，乃可托于天下矣"。他把老子的慈惠心看作道观万物的基础，他说："修身、修家、修邦、修天下，处处以身观身如其身，以家观家如其家，以乡观乡如其乡，以邦观邦如其邦，以天下观天下如人人之天下。这样说来，老子据慈惠以言仁爱，真是无所不用其极了。"② 在评论梁启超《先秦政治思想史》时他提道："道家

---

① 陈鼓应：《道家的人文精神》，中华书局2012年版，第110页。
② 方东美：《中国人生哲学》，中华书局2012年版，第49页。

信自然力万能,而且至善,以为一涉及人工,便损自然之朴,故其政治论建设于绝对自德自由理想之上,极力排斥干涉,结果谓并政府而不必要。吾名之曰:'无治主义'。"① 方先生认同梁启超先生关于道家自然之朴、至善之质的说法,但并不认可梁先生的道家"无治主义"一说。他进而指出:"事实上,老子的政治思想约可分作两层来看。一方面,他对现实政治上玩权弄术、斯恶人性的统治者深恶痛绝,极力反对……另一方面,他却怀抱着伟大的政治理想。"② 如此看来,方先生不但没有把道家纳入出世、避世的讨论范畴,反而始终强调老子治心与治国、治身与治世的同一,并且将关注点投射到个人与无限之"道"契合无间,常人与圣人精神之层层超升。在他看来,若将司马谈论道家之术"以虚无为本,以因循为用"理解为道体虚寂冥无,道用因任自然,那么,必然曲解道家之深意以致把道家置于消极、颓败的出世观念。而事实上,在老庄那里无一物失道之本体,无一处缺道之妙用。道之"用"即是"行"的表征,在论及"道用"时方东美认为道的显发有两种方式:第一,退藏于密,放之则弥于六合,因此,道收敛时,隐然潜藏于"无"的超越界,发散时,则弥贯万有;第二,反者道之动,双回向流贯。与之相对应的是道家本体论,但又不能陷于此,"反者道之动"则指向超本体论,如此,道家宇宙创生论、生命观无不隐含宇宙冲虚中和性、道德性,然原始要终,尽在揭示一套自由、超脱的生命精神。

三 生命之向度:翕合与拓展

道本作为生命的根源,亦是道德生活的本源,老子把生蓄、长育、亭毒、养覆当作妙道与玄德。倘若与儒家相比较,那么,"道"与"天"同是生命的本源,"生"与"畜"为妙道的"运行",鉴于此,方东美一语道破它的要旨:"妙道之行,周遍天地,玄德之门,通达众妙。其在天地之间,虚而不屈(竭也),动而愈出,不断地表现创造性。"③ 方东美致力于论证老子对生命的看法与《易经》天地之大德无二致,"生"德发用——

---

① 梁启超:《中国学术思想变迁之大势》(《饮冰室文集》壬寅),载《先秦政治思想史》第二章,第107页。
② 方东美:《中国人生哲学》,中华书局2012年版,第222页。
③ 方东美:《中国人生哲学》,中华书局2012年版,第55页。

天地"大生""广生"完成万物生发、创造与老子"道""德"开物成务、周行不殆的创造力对应。

由此可见,在他的理论中,"道"与"天"都处于"无为""无不为"的歙合、辟弘之中,当生命成形时,道看似无为,当生命发用时,则无所不为。这样,宇宙之美在于生命,生命之美形于创造,即生命体现在致一之道与成化之德。这是从形上的普遍生命来说,至于个体生命,道家追求永恒,直面死亡的必然性,把人的生死作为生命本体之道的自然体现,企图通过合于大道发挥人之价值而获得不朽。那么,道家如何摆脱死亡的威胁而达到个体生命永恒的存在?首先,道家想到的是延长肉体生命的时间,在《庄子·达生》篇中庄子提出人可以通过导引之术,全形保真,延年益寿。但是,尽管彭祖活了八百年,广成子"修身千百岁",但终究不能达到永生不死。因此,庄子不得不寻找一条新的永生之路。他借女偊之口谈长生的经验,人需守人之道,"参日而后能外天下;已外天下矣,吾又守之,七日而后能外物;已外物矣,吾又守之,九日而后能外生;已外生矣,而后能朝彻;朝彻,而后能见独;见独,而后能无古今;无古今而后能入于不死不生"(《庄子·大宗师》)。这是一条由外在而内转化的路径,人唯独脱离生死的纠缠,从根本上否定生死矛盾才能谈到永生问题。"忘乎物,忘乎天,其名为忘己。忘己之人,是谓入于天。"(《庄子·天地》)面对这个永恒的话题,方东美始终保持一贯的立场,从老子到庄子都把人视作起点,且要打破人的极限,在宇宙客体里寻找客体的核心,所谓"人法地,地法天,天法道,道法自然"。客体的核心就是大道——自然素朴、绝对自由的精神,如此一来,道德与生命的合一即是宇宙与生命之合一的逻辑展开。

在道家的视域中,永生是一种即生即死、非生非死的境界,真正永恒的不是人的自然生命,而是将人的个体生命和宇宙生命相互沟通,沟通两者的正是精神——德合天地。人的无限性在于撷取宇宙价值,发挥道德意义而达到宇宙生命的无限性。老子谈及生命价值时,首先追溯生命本源,把"道"与"德"作为仁、义、礼德来源,假使反其道而行之,离开道德本源空谈仁、义、礼,是莫大的错误。庄子将此发挥到极致:"夫形全精复,与天为一。"(《庄子·达生》)道家最高境界亦是天人合一、天人合德,追求"天地与我并生,万物与我为一""独与天地精神往来"的人生境界。有鉴于此,方东美先生将此归结于:"庄子融贯老、孔,深知其玄旨大意，故说：'夫明白于天地之德（天地生生之大德）者，此之谓大本大宗，与天和者也，所以均调天下，与人和者也，与人和者谓之人乐，与天和者谓之天乐。'（《天道》篇）。"①

方先生对待中国文化向来求其和会，认为尊孔而贱道，崇儒而诋墨是我们所不能的，因为生命活动是人类的共业，善之所趋，美之所向，都是以生命的最高福祉为目的。因此，方先生主张道德的生活依托于三种精神：第一，要体天地生物之心以为仁，彻底做到尽己尽人尽物之性的功夫，方能忠恕贯通，止于至善；第二，要法天地自然之长生，领略大道之无不成化，做到去私容公，用身为天下的功夫，才算玄同妙道，成就上德；第三，要总天下之义以尚同于天志，始觉仁至义尽。② 三种精神可视作方先生对儒、道、墨三宗根本精神的归纳，将三家一并论说是他早期思想的主要特征。至于晚期思想忽视甚至把墨家排除在中国哲学四大领域之外，本书最后会做出详尽的阐述。

回到方东美关于三种道德精神的论证中，不难发现整个宇宙世界由一以贯之的生命旁通，它从何而来，向何处去，如此论说固然属于神秘领域。这一神秘的领域方东美视之为"道"的历程，"若是'原其始'，则为善之本质，由此源头而流衍出一切生命原动力，超乎一切价值之上，所以必然是超越性的，不只是超绝性而已；若是'要其终'则为善之完成，所谓'道'也就是在此历程之中尽性践行，成己成物；又因其包容万类，扶持众妙，所以也必然是内在的"③。故而，方先生极其赞同王弼注《老子》所揭示的主旨："天下万物，自其为有而观之，虽象纷赜，而为用有限，且不足，故终必济之以道，更藉道之空灵妙用，顺逆双运，往复不已，使万物返始复初，归乎道本。'道本'者，名之曰'无'，实指万物所以穷神尽化、妙用不息，而终臻于无限圆满者。"④ 方东美无非是进一步强调，道家将道投射到无穷的时空范畴，翱翔于空灵的艺术之境，将道之妙用转为妙道之行，追求生命的绝对自由与超脱。其主旨是将万有与本无容纳于思想系统，彰显"中和"的至高美德，落实老子"善行无辙迹"，这是庄子对老子的见解，也是方先生对老庄思想的见解。

---

① 方东美：《中国人生哲学》，中华书局2012年版，第57页。
② 方东美：《中国人生哲学》，中华书局2012年版，第59页。
③ 方东美：《中国人生哲学》，中华书局2012年版，第95页。
④ 方东美：《中国哲学精神及其发展》，中华书局2012年版，第152页。

显而易见，以上论说又回到宇宙论、人性论、生死观中切近的主题。正因为持守"中和"之极则，才能避免人性之恶、心胸狭隘，也才能行之有则，保其大本，生命也才能遵循达道，宇宙、生命、道德从而一以贯之，以"大道"为本源、遵循自然而成己成物是生命歙合与拓展的两个面向。

由此，方东美以诗哲独到的洞见阐述道家艺术之神韵，他认为，道家论及生命的歙合与拓展，是将哲学理性与艺术创意相辅相成，老子把生蓄、长育、亭毒与养覆当作"妙道"与"玄德"的表现。最好的生命状态是崇尚自然与归趋艺术，艺术的美感对道家而言亦是自然而然的呈现与领悟，老子所谓"知者不言，言者不知"，所以圣人行"不言之教"。庄子"天地有大美而不言"，天地之大美就在于天地化生万物、普遍生命的流衍之中。当然，在论述道家艺术与审美境界的同时，方先生把儒家艺术全景铺陈开来并行讨论，力图凸显两家之共性。其共性在于天地之美与生命意境的融合、哲学理性与艺术境界的共通。

质言之，天地之美寄托于生命，在于普遍生命的创建不息，生命之美在于生生不息的创造，在于浩然生机与酣然创意，从而形成中国先哲深邃的艺术哲思以及审美特质。"中国人对美的看法，尽可在道家与儒家的伟大系统中得到印证，简单来说，不论在创造活动或欣赏活动，若是要直透美的艺术精神，都必须先与生命的普遍流行浩然同流，据以展露相同的创造机趣……甚至在中国佛教的雕塑、壁画与绘画，也不例外。"[①] 诚然，艺术上的巧运神思正是精神纵横天地万物、自由畅游于宇宙之表现，亦是道之妙用倾注其间而成就妙道之行。具体而言，则是"有"与"无"的"致一"——致乎无限实体的原始统会，这一过程即是"道"的延展，知与行的合一。老庄之后，魏晋时期有无、本末的对诤向有"六家七宗，爰延十二"之说。道家对般若学产生了极大影响，般若的理论核心是阐发万物的空有问题，在某种程度上，道家人文精神的玄奥接引了佛教宗教观念的传入，促成中国大乘佛学的前奏，方东美坚定不移地保持这一基本立场深入中国哲学及其精神的探讨。

---

① 方东美：《中国哲学精神及其发展》，中华书局2012年版，第200—201页。

第三节 大乘佛教知行观中的机体主义思想

在佛教的语境下,"知"并非一般意义上的知识、常识,而是宇宙万法背后所蕴藏的智慧,为了深入佛教知行观的探讨,方东美另辟蹊径,引入了"中道学说"以论证智慧的获得。而"中道学说"的发挥莫不是佛教"机体主义"思想在知行观中的展现。

一 悲智双运

佛教要深入中国人的心灵,不能不正视本土文化中对人性的思考,对社会的关怀,此一过程即是佛教认识论的展开和发展。佛教的根本宗旨在于通过身心兼修以求得人生的解脱,其前提要解决如何认识人自身、人生、客观世界以及如何处理这三者的关系。对此问题的回答构成佛教对世间、出世间的认识,即对客观世界的认识与主观内在的认识。沿着上述问题及其相关的认识途径前进,佛教从两个方面对人生的价值和意义做出了判断——人生皆苦,但需通过去恶从善、由染转净的价值判断实现人生的意义。质言之,佛教四圣谛、十二因缘、业力说、无常说等等相互交织、密切联系构成佛教知行观的基本前提。人的痛苦源自"五蕴",也就是人生痛苦的直接原因是有"生",生是苦的开端,生命是受苦的实体。种种因缘形成盘根错杂的生命现象,佛经中记载有五分、九分、十二分,"分"亦称为"缘","十二因缘"(十二有支)。十二因缘互为因果、循环复始,无明缘行——因无知而升起种种烦恼,任何一个有情众生在获得解脱之前都处于"生生于老死,轮回周无穷"的因缘之网。在宇宙有情识和证悟得道的生命体中,人处于"四圣六凡"的较低阶位,正如方立天先生所指出的那样,佛教宣扬人类是六凡中的一凡,在宇宙中的地位很低,表现蔑视人生的基本立场。但人在六凡中又居于较高的第二个层次,比较接近天神,若果相信佛教,努力修持,就能经过"天"再上升进入"四圣"圈,获得解脱。这是佛教许诺给人比畜生等有较大的成佛的可能性,表现出对人的重视和期待。总的来说,蔑视人生是佛教的重要特征。[①] 而"世俗认识的转变,愚痴无知的克服,始终被认为是一切众生的首要的、根本任

---

① 方立天:《中国佛教与传统文化》,长春出版社2007年版,第69页。

务。这也是佛教一整套宗教说教的出发点和根据"①。佛教宣扬众生的一切善恶观念及其行为，影响并决定着它们能否认识宇宙人生的本质，能否把握真理。凡善的观念与行动必将得到好的果报，在"四圣六凡"中层层超升，甚至成佛；相反，恶的观念与行为必将遭到报应，渐次下坠直至地狱。也正因为如此，佛教高度重视心性修养，充满了强烈的伦理道德色彩。

方东美先生的佛教观也是依着上述理路层层深入阐述，唯一不同的是，方东美强调人在宇宙中的重要地位及其人格精神的伟大光明。他的基本立场是，原始小乘将十二因缘视为真理，到大乘则当作思想范畴所构成的思想体系，对于思想体系本身只是一个可能的说法，可以打破，从而跳出轮回说的窠臼，人的主体性地位也因此得到肯定。他的佛学研究主要集中于《华严宗哲学》上、下两册，《中国哲学精神及其发展》下册，《中国大乘佛学》上、下两册。这些论著主要以中国佛教史为基本线索展开论述，并且集中于大乘经典与思想的阐释。他认为，佛教初入中土关键在于僧肇、僧叡、鸠摩罗什等人对《庄子》文辞的模仿翻译佛经，以迎合中土文化气息。佛教在此基础上从下层民众进入上层社会，从而扎根于中土。后来它又与儒家文化交融互补，为社会所用，在历史的沿革中演变为大乘十宗。尽管十宗的出发点是印度的《大般若经》，但是，各宗简择三乘，融归一乘，与老庄精神相结合演变为中国本土的哲学智慧，即中国大乘佛学。② 在十宗之中，方先生特别介绍了三论宗、天台宗、唯识宗与华严宗。理由在于："这四宗不管从宗教的观点看起来，或者从哲学的观点看起来，它们的宗教同哲学都不能够分开。离开哲学的智慧，宗教精神无从体验；离开宗教精神，哲学智慧也不能够达到最高的玄妙境界。"③ 尽管每一宗所重视的经论不同、叛教方式相异，但是，它们都肯定人心的无限潜能，人人皆有佛性。人可以通过善导除却内心的魔障，明心见性，由此化解无明行识，削减业障。从他的整个思想体系来看，对儒、道两家方先生以"原始"为正宗，谓之"原始儒家""原始道家"以区别于先秦之后的儒道流派。而佛学则以大乘为正宗，甚至忽略原始佛教（小乘）。可见，他

---

① 方立天：《佛教哲学》，宗教文化出版社2013年版，第60页。
② 方东美：《中国大乘佛学》，中华书局2012年版，第19—20页。
③ 方东美：《中国大乘佛学》，中华书局2012年版，第230页。

始终把大乘佛学列入中国哲学精神及其发展的重要位置,并且有明确的分界,必须承认,他最为注重的是思想的纯粹性和本土化。

从"空""有"的维度,方东美把中国佛教分为两个主要的流派:其一,主性空之般若学;其二,主妙有之涅槃佛性说。质言之,对"空""有"的分梳构成方东美理解佛教知行观念的依据和出发点。魏晋时期性空般若学盛极一时,晋宋之后除了三论宗短暂中兴之后日趋衰落。"苦""空""无我""涅槃寂静"成为早期佛教"四法印",到了后期佛教于空上谈妙有,"常乐我净"成为"涅槃四德"。佛教传入中土之后,两晋南北朝时期影响最深的当属鸠摩罗什传入的大乘中观学说,其门徒僧肇、道生对中国佛教思想亦影响深远。东晋僧肇《般若无知论》主张般若智慧可知可不知①,道生提出顿悟说,认为真理是直观睿见,不可分而论之,视大乘为一种精神生活方式,循之而行。隋代三论宗创始人吉藏拓展为"四重二谛"与"般若无得"的学说。天台宗提倡止观双修的同时重返观心,从心的主体意识调和空、假、中三谛,在此基础上有了"真心观""妄心观"之辩。为了弥合这些论争,华严宗主张"六相圆融""十玄无碍"以论证本体与现象圆融无碍的认识论。方东美的论学旨趣,在于视一切存在领域为机体的统一,形成广大和谐的有机整体。因此,华严哲学成为方先生讨论中国大乘佛教的重中之重。他详尽地罗列了华严宗九大特性:1. 华严宗该用哲学眼光去探究;2. 透过儒道思想才能了解华严哲学的精神成就;3.《华严经》的主要精神由一真法界所彰显;4. 华严宗的宗教思想就在此时此生;5. 华严宗的理想世界是华藏世界;6. 华严世界是金色妙香世界;7. 华严宗是自力宗教;8.《华严经》的宗教精神彰显《大般若经》的"善行无辙迹";9. 最理想的教育在表现华严高贵的人性——文化理想。②

大乘佛教认识论是一套庞杂的系统,各宗不尽相同,方先生重点辨别源流、思想路线的逻辑发展。他认为:"佛学上所讲的宗教信念与哲学智慧,并不像科学是在平面世界上成立的一个知识体系,而是要把这个世界还出许多层次……它所流行的层次,并不代表宇宙的现象,而是在宇宙里

---

① 方先生把僧肇三论(物不迁、不真空、般若无知)相应地归纳为:(1)动静相待观;(2)即空即有观;(3)依般若上智观,知与无知融成无上理境。详见方东美《中国大乘佛学》的第49—60页。

② 方东美:《华严宗哲学》,中华书局2012年版,第169—174页。

面层层超脱解放,向最高的境界探索,形成最高度的智慧。"① 可见,"知"在方东美先生那里首先是知识,他遵循感性知识化作知行知识再而上升为理性知识,理性知识包含于智慧,如果故步自封,有相为相则是常人的认识。与此同时,他还补充道:"人类不仅仅讲知识,不仅在知识领域里面要达到最高的顶点,自然能包括人类的一切知识体系,我们还能由此而把它们汇集成知识海,在那个地方再涌现出最高层次的智慧,然后拿那一种智慧去体验宇宙里面精神的最高境界、价值的最高统一,那一种东西就叫作'实相般若'。"② 因此,他着重以僧肇三论作为佛学知识论的典型做出了全面的梳理,认为在般若哲学里,"无相为相"破除"虚妄分别"心,不粘连任何一种境界才是真正的智慧——"无分别智"。也就是在无相与相之间引入"实相"作为沟通两者的桥梁使之调和。方先生继而强调,佛学的发展最为关键的是僧肇的理论智慧,通过道生佛性论的提出转变为生命智慧。"道生根据高超的智慧,根据宗教的精神把人的生命从僧肇束缚的境界,开出一种自由发展的途径,然后把人性提升到神圣状态。这人性的神圣状态,最后叫作佛性,所以佛性论可说是佛教的生命哲学。"③ 他巧妙地点出道生哲学的高明之处:众生上回向的精神平等,此其一;慈悲为怀的下回向,般若与菩提相应观照众生,此其二。④ 统而言之,方先生的主要逻辑在于论证各个时期、主要宗派高僧大德对小乘的超越,依照"知苦、断集、证灭、修道"——"四谛"循序展开判教立场和宗教精神的论说。由此,他提出四项评判教义的标准,第一项标准,包括三个要点:(1) 佛教的教义应该说明世界幻灭无常的道理;(2) 教义应该引入正途,指点到永恒的涅槃境界;(3) 佛教要去我执,一切教义不能违背阿含经所谓四圣谛,最后推到涅槃。第二项标准:一切宗教都要讲道德修养,而道德修养里面最重要的是培养精神人格——"真如"。第三项标准:判教时要警惕表诠与遮诠的区别,披沙拣金揭示真理。第四项标准:一切佛教的真理,都要清楚而精确的陈述。⑤ 秉持着这些原则,方先生对大乘诸宗判教方式和特征作了详尽的区分和类比。并明确说道:"在

---

① 方东美:《中国大乘佛学》,中华书局2012年版,第51页。
② 方东美:《中国大乘佛学》,中华书局2012年版,第299页。
③ 方东美:《中国大乘佛学》,中华书局2012年版,第97—103页。
④ 方东美:《中国大乘佛学》,中华书局2012年版,第128页。
⑤ 方东美:《中国大乘佛学》,中华书局2012年版,第197—199页。

各种判教的说法里,我认为三种判教的方法最有成就:一个是天台宗的判教,第二个是法相宗的判教,第三个是华严宗的判教。"①

诚然,方先生之辨析各宗的判教立场和特点,其目的更多的在于阐明各宗所依据的经典、立场及其着重点,进言之,则意在辨别修行法门、次第的趋同与相异。譬如,谈到天台宗的立场,它以《华严经》为起点,但是最后所凭借的是另外两部经典,一部是《法华经》,另一部是《大涅槃经》。但由此又提出"化仪四教"——顿、渐、秘密、不定的修行次第与法门。至于华严宗亦认定有一个共同的教义,感化中乘,使菩萨变成大菩萨以至成佛。换言之,他为方东美意在厘定大乘"六度"(持戒、布施、忍辱、精进、禅定、智慧)之间的关联,亦可认为他极力揭示戒、定、慧三学所含藏的知行观念。这里,我们不妨摘录方先生的概述:

> 在宗教上面要严格戒律(持戒);处世也要有慈悲心,把自己的所有贡献给别人(布施);生活在黑暗世界上要能够忍受痛苦(忍辱);要有极大的耐心,处在痛苦的世界、黑暗的世界里面,不但不逃跑,更要改造自己(精进),这是因为他在精神上面有一种镇静的力量(禅定);所以在世界的了解上面,能够把握许多重要的条件,然后才能建立完满的知识(智慧)。②

相比之下,方先生采用极为平实的话语论述大乘"六度"的递进关系。"知"在佛学的语境下非一般的常识、知识,而是万般知识、宇宙万法背后所蕴含的最高智慧。为了深入这个问题的探讨,方东美另辟蹊径,引入了"中道学说",也就是为了更好地对"知"做出阐释,他追溯到僧肇三论的根本——"谈有而不执于有,谈空而不坠于空",其要旨在于将"真空""妙有"统合为一。当然,方东美数次申明知识到智慧的转化,"假使要成立中道哲学,我们在哲学上仅仅谈知识是不够的,还要把知识化为智慧"③。那么,这个智慧如何获得?方东美引用僧肇在第二卷中的论述做出回答:

---

① 方东美:《中国大乘佛学》,中华书局2012年版,第176—178页。
② 方东美:《中国大乘佛学》,中华书局2012年版,第210页。
③ 方东美:《中国大乘佛学》,中华书局2012年版,第59—60页。

> 诚以即物顺通，故物莫之逆。即伪即真，故性莫之易。性莫之易，故虽无而有。物莫之逆，故虽有而无。虽有而无，所谓非有。虽无而有，所谓非无。

显然，把妙有提升至真空，这是宇宙秘密所在，必须从中去探讨智慧。对此，方东美又把智慧分为"实智""权智"两类，前者是智慧本身；后者为"方便善巧"。从这个角度出发，"行"必然包含至少两个层面的意涵：第一层，破除无明、遮蔽是通达智慧的首要条件；第二层，循阶而上的认知（修为）是不二法门。显然，此过程知行不二，一体俱化，此中深意尚且不能依照儒道知行观的逻辑进行理解。智慧的通达是佛教知行观最重要的目的与归宿，可以说，"中道学说"的运用构成其机体思想在阐释大乘佛教知行观的理论前提。

同样，在论述唯识宗时，方东美把"智慧"作为核心来评述，认为安慧大师的"转识成智"才是唯识宗的正途。对此，傅佩荣教授指出，可以通过方先生解释善恶同源问题进一步证实："方先生多次引用'如来藏藏识，是善不善根'一语，用以说明第八识为'染净同源'。染净若是同源，则无由要求也无力保障人的觉悟。于是可以再往上推出一个纯善的阿摩罗识，或者努力转识成智，就是转化凡夫的前五识为'成所作智'，第六识为'妙观察智'，第七识为'平等性智'，第八识转为'大圆镜智'。"① 方先生认可唯识宗的深刻，但也指出其弊端在于历史上讲唯识的人未把识变讲清楚。只有隋代慧远大师勘破唯识的阿赖耶识缘起及其弱点，意识到《大般涅槃经》的重要地位，从而提出新的缘起论，后来被华严宗发挥为"法界缘起"。② 诸佛众生本源的清净心以万法为根本，没有一法不是由本心彰显，没有一法不是在法界里面，万法彼此融通，互为缘起。有鉴于此，方先生致力于华严宗的宣扬，认为"在四十卷《华严》，就是《华严入法界品》最后的一大章，可以说是世界上最好的哲学概论"③ 方先生通过华严经中善财童子五十三参向文殊菩萨求道、取法最后得到毗卢遮那佛的授记，透过富有意味的故事折射出华严悲智双运，善

---

① 方东美：《中国大乘佛学》，中华书局2012年版，序言第14页。
② 方东美：《华严宗哲学》，中华书局2012年版，第332页。
③ 方东美：《中国大乘佛学》，中华书局2012年版，第212页。

知识与深妙行的结合。

二 依如实慧，运方便巧

佛教把最高的精神人格叫作觉者、菩提，亦即"佛陀"，处于最高精神境界佛陀在悟证过程中大悲心回向俗世，普度众生，凡夫在众菩萨的引渡下从十信圆满脱离凡夫地循阶而上进入涅槃妙境。这是大乘佛学各宗的基本极则，只不过所依据经典的差异、判教方式的不同使得各宗存在不同意趣。三论宗、天台宗都秉持《大般若经》《大度智论》《中观论》，其不同在于三论宗视《般若经》为经王，天台却把《般若经》思想作为"通教"，以《华严经》为起点，归结于《法华经》与《涅槃经》。《涅槃经》在于指示人人皆有佛性，众生皆归于常乐我净的理想境地。《法华经》则指出："开佛知见、示佛知见、悟佛知见、入佛知见"才是佛陀本怀的终极目标。这样，天台宗沟通了佛陀与众生之间的联系，从而也代替了偏于语言分析、理论批判的三论宗。但是，《华严经》立意甚高，非具有极高智慧者不能证悟。为了阐释诸宗旨趣与彼此殊异，方先生首先通过对比天台宗、华严宗的不同来指出各宗修行次第以及修行准则："《法华经》中提出方便善巧的权教去拯救世俗界的一切众生，使他们引导到涅槃的世界上去。因为涅槃世界是一个最后的宗教归宿。"[①] "《华严经》里有两尊大佛：一尊是文殊，一尊是普贤……文殊师利要开辟一个智慧的领域、理论的世界，去接引其他种类的众生；而普贤菩萨要开展出一个行动的纲领、悲愿的旅程。"[②] 其次，方先生运用西方哲学家把现代哲学划为"直线进程的哲学"与"曲线进程的哲学"的分类对天台同三论宗作了划分："三论宗是一个直线的进程，从世俗世界以不同的层级向上面去超升，其最后归宿就是所谓的涅槃世界。其实这就是双回向中的'上回向'功夫……或者回到世俗世界来拯救众生，他们所走的路途都是一条鞭的直线进程。天台宗则要把直线进程变为曲线进程，所谓'一即一切，一切即一。'"[③] 显而易见，方东美抓住了问题的核心，他看到了天台宗重在指出理想世界，指出一条宗教实践的路线与究极归宿，达到最高智慧的同时迂回曲折下贯

---

① 方东美：《中国大乘佛学》，中华书局2012年版，第377页。
② 方东美：《中国大乘佛学》，中华书局2012年版，第378页。
③ 方东美：《中国大乘佛学》，中华书局2012年版，第379—380页。

于俗世，形成圆满的思想系统。《法华经》首先就解说了它之于现实世界的大因缘：

> 诸佛世尊，欲令众生开佛知见，使得清净故，出现于世；欲示众生佛之知见故，出现于世；欲令众生悟佛知见故，出现于世；欲令众生入佛知见故，出现于世。

开佛知见是佛陀精神与使命的显现，天台宗从思想上开出新的领域，精神层面上亦开出崭新的境界，诸佛菩萨发心普度众生、应机说法，引渡众生出离黑暗无明，圆满具足精神人格而后成佛。因此，方东美总结说，天台哲学是一个机体统一性的哲学体系，"这种机体统一性的思想体系，在它的发展领域上是由直线进程化为曲线进程，由此而表现出圆满的精神道路；也可以说，天台综合了三论宗、《华严经》，而提出了另一个发展的新里程"①。

各宗所要面临的是真俗二谛的关系，三论宗以"无滞"见长，消融二谛之间的对立。天台宗不但消除"真谛"与"俗谛"的对立，连"真谛""俗谛"与"中道哲学"的对立一并消除，从而达到法满境界，正如《中论》四句偈所开显的一心三观："因缘所生法，我说即是空，亦为是假名，亦是中道义。"当然，对上述总结方先生做出了缜密翔实的论证，他借天台第五代湛然法师《始终心要》所言："空观者，破见思惑，证一切智成般若德；假观者，破尘沙惑，证道种智成解脱德；中观者，破无明惑，证一切种智成法身德……此三谛性之自尔，迷兹三谛，转成三惑。惑破藉乎三观，观成证乎三智，智成乎三德，从因至果非渐修也。"② 以点明三谛之深意。方东美把真俗二谛对立的消除、此二谛与中道观对立消除所凭借的机理称作"广大和谐性"，"这广大和谐性，就是说这三套思想，都要提升到达一个更高的据点上面去，那个更高的据点就是人类纯净的心灵，都是人类精神的真正体质；所谓把心灵往上面去提升，以接近那个心灵的根本观念"③。天台宗把心灵的观念或者精神的修炼叫作"禅观"，通过此

---

① 方东美：《中国大乘佛学》，中华书局2012年版，第380页。
② 方东美：《中国大乘佛学》，中华书局2012年版，第406页。
③ 方东美：《中国大乘佛学》，中华书局2012年版，第406页。

种修为法则而"入定",简而言之曰"四禅八定"。① 从欲界定、心灵界定、精神界定,最终入"三摩地"(冥想)。这一修行过程形成"止观法门",经过一切智、道种智、一切种智,其目的在于般若与菩提相应。

方东美对"禅观"作了两方面的引申,他指出,"事实上,'禅观'的意义就是小戴《礼记·大学》篇所说'知止而后有定,定而后能静,静而后能安,安而后能虑,虑而后能得'中所谓'定'。'禅观'就是指最高的精神镇定功夫,即所谓的止。其次就是指实践的功夫……由定而提升到精神上面的至善境界。这也就是《大学》中'明明德'的意思……其目的就在于止于至善之妙境上"②。方先生真知灼见,在于申明天台宗实现人间净土的愿望与儒家礼运大同的目标契合,其心灵智慧亦与中土文化气息相符。无疑,个中推论隐含着方东美生命精神与人文途径的致思。为了彰显他的这种思考,他从慧思的安乐行切入。慧思安乐行的出发点是融合《法华经》与《涅槃经》认可众生平等、皆有佛性,因此,方先生将慧思的安乐行分为三个层次:1. 尊重人性的安乐行;2. 超越善恶混杂的安乐行;3. 有相行与无相行。③ 因为,表面上看,天台宗的修行法门简单明了,践行于实际则需要环环相扣的理论依据。也因此,智𫖮大师六妙法门进入方东美的视野,方先生推崇《六妙法门》有一套次第相生的理论哲学,并对此殊胜义作了机体哲学的讨论:

> 行者调和气息,不涩不滑,安详徐数;从一至十,摄心在数,不令驰散,是名修数。证数者,觉心任运,从一至十,不加功力,心往息缘,觉息虚微,心相渐细。

方东美俨然深沐天台总旨趣——开权显实、会三归一,将大乘各宗归为一乘,将物性化作人性,人性提升至佛性。这个过程的实现在于修行,"止观统摄一切法、含一切法、解一切法、立一切法,在这些思想领域中,也就是《六妙法门》里所说的,以一心三观来作为机体统一的哲学,在那

---

① 天台宗"四禅八定":定生喜乐、离生喜乐、离喜妙乐、舍念清净、空无边外、识无边外、无所有处、非想非非想。
② 方东美:《中国大乘佛学》,中华书局2012年版,第416—417页。
③ 方东美:《中国大乘佛学》,中华书局2012年版,第421—427页。

里进行精神作用的一套循环原理"①。具体说来，就是要以客观的立场面对精神的最高境界，凝聚生命精神开显为德目回向俗世，面对一切黑暗、烦恼、罪恶，行般若智，以天台宗灌顶大师的说法便是"般若德""法身德""解脱德"三德的妙用。

三 一以贯之：生命精神与人文途径的圆融

方东美论佛学处处彰显其西学训练的功底，他擅长抛开佛学名相繁多的干扰，重在犀利的思辨，将佛教"双回向"的知行智慧化为精巧的生命境界与人文精神，并以华严宗作为典型代表。正如方先生高足及其著作主要译者孙智燊先生所言，方先生"在论及华严宗的内涵时，犹如鲸入大海，得其所哉"②。他之所以偏重华严，或者说，华严宗之于其他宗派而言更契合中国文化机体主义特质，一方面，最开始就把佛之法身"华藏世界"作为最高价值理想，"华严三昧"（闻、思、修）则是"法界三观"（真空观、理事无碍观、周遍含容观）的具体表现，循阶而上的修行次第是佛成等正觉的必经途径，把器物世界点化为生命境界，依次点化为精神境界、绝对的圆满境地；另一方面，华严宗主张"佛性缘起"（法界缘起），宇宙万象"真空万有"，而"十玄门"圆融无碍的旁通运用使得精神境界层层提升又层层回向，以彰显佛陀本怀，无尽的慈悲心回向现实世界度化众生。另外，方东美申明，与其他宗派把他生他世作为最终归宿不同，华严宗的思想在此生此世，这是修行意义最为关键的因素，也是人修炼成佛的可能性及其价值所在。最高的理想境界在于"一真法界"内，"'一真法界'的中心是佛的光明，而这个佛的光明是由一切人类伟大的理性所启发出来的，是自己内在的精神之光所照耀出来的内在自性，这样一来，才叫它为'别教'。换句话说，在这个世界出现的众生，都是以佛的身份——众生与佛不可分，——以彰显佛的神圣本性"③。在知行观的视域中，此三者相合不离最能说明问题，单从"机体"哲学的观点出发，华严宗无疑最符合机体主义内在维度的诠释，也符合方东美论证佛学知行观是

---

① 方东美指出，六妙法门是一个回旋的步骤，在于"妄尽还源"，私心妄念被一一破除，回返真如，真如观照一切世界，所体现的是一个机体统一性的机体形上学。详见方东美《中国大乘佛学》的第 446 页。
② 方东美：《华严宗哲学》，中华书局 2012 年版，序言第 16 页。
③ 方东美：《华严宗哲学》，中华书局 2012 年版，第 172 页。

建立在宇宙沦、佛性论基础之上的理论逻辑。

在申论过程中,方先生频繁使用"点化"二字,严格来说,就是"把《华严经》里面一套诗的语言、隐喻的语言、符号的语言转变为哲学智慧里面一套说明最高哲学真理的理性的语言"①。相比于置佛教于悲苦、消极、出世的态度,方先生的佛学论证显得轻盈、利落,其理论逻辑与对儒、道的申论同出一辙。首先,他确立人在宇宙之中的地位与价值,即人与宇宙万法的关联,明确人对自身的认知与局限;继而,肯定人性之光明与纯善,在佛学的语境下即佛性,依照这条线索,指引出佛教的修行目的与方法。华严宗的修行次第在于从十信、十住、十行、十回向"地地升进",从而达到最高的生命状态,这与儒道成圣成贤的理路是一致的。因此,在前文论述华严宗的思想特殊性时,方东美提到"透过儒道思想才能了解华严宗哲学的精神成就"②。方先生还提到,佛教出家、出世的修行理念与方式尽管与儒家重视家庭、社会、邦国的立场相冲突,但是,佛教秉承中国文化中"报德返本"的精神,这也是佛教之所以能在中土生根并且走向中国化的根本原因。譬如,他举例说,中国文化的特征之一在于极其重视宗族血脉,禅宗"心传"则重法脉的传续,方先生谓之"禅宗之传承犹如智慧上面的血缘关系"③。

"报德返本"在华严宗所展现的精神层次,方先生总括为"在整个《华严经》里面,首先所要讲的是'十信'法,先把一切下层世界的存在,都一一提升到高空里去;经过高升以后再表现'十住'法;并顺着表现'十行'法,然后到了夜摩天、兜率天、他化自在天里面去表现'十回向'法。也就是说,在精神世界达到高度的观点之后,再以这个'十回向'法来表现,除了回向菩提的最高智慧、最高光明之外,再回转过来回向人间,所谓下回向—回向众生"④。此一过程就知识的领域来说,就是平常所说的一切智,"所谓'一切智'就是科学的知识、艺术的知识以及文化上面的各种活动、各种经验所形成的知识。然后再把'一切智'集中在菩萨的精神生命里面,变成'道种智'……再圆满一切行愿,然后再变

---

① 方东美:《华严宗哲学》,中华书局 2012 年版,第 170 页。
② 方东美:《华严宗哲学》,中华书局 2012 年版,第 171 页。
③ 方东美:《华严宗哲学》,中华书局 2012 年版,第 163—164 页。
④ 方东美:《华严宗哲学》,中华书局 2012 年版,第 198—199 页。

成'一切种智'。换句话说变成佛智"①。方东美所强调的"道种智"即道德的知识,而它转变为"一切种智"则需要"行布"与"圆融"②两种观念的参与,终以形成华严宗教精神。显然,两种宗教精神的相合不碍正说明华严宗的本质为自力,确切地说,方先生重在进一步印证佛教本质上是自力宗教而非纯粹他力。这也是他在西方宗教的参照之下对佛教做出的判定,以强调人通过不断之努力通达佛性。如此而来,我们能够更好地理解大乘佛教精神及其践行,人一旦有了宗教信仰,就会根据信仰产生行动的计划、行动的理想,用《华严经》的经义讲就是将文殊的智慧转化为普贤的愿行。

综上所述,方东美通过明辨各宗从缘起论到修行智慧以明确大乘佛教核心之所在,同时,力图点出大乘佛教与中国本土文化、原始宗教并行不悖的原因。一方面,它们都持以泛神论的立场,泛神论在中国宗教亦称"万有在神论";另一方面,都区别于格位神,这是两者相通的地方。他认为《尚书·洪范》规定了中国原始宗教基本范式,其核心思想集中在宗教经验所肯定的永恒世界,经由儒道墨三家对其进行了"哲学的定制"③,即把宗教经验转化为理性的哲学思考,用哲学的话语和方式去表达。方东美就此对宗教和哲学的关系做出了区分与判定:"宗教可以诉之于'直接经验',而这直接经验是神秘的,只可感受,反映在情绪上;一旦要将它说出来,便诉之于抽象的分析性的语言文字,如此便把神秘变作平凡了。换言之,所谓哲学之诞生,就是要把神圣世界透过人之观察、研究、分析、了解,亦即以理性为媒介设想出一种境界……把宗教对象化为哲学对象,把玄之又玄的神秘性落入理性思想的范畴。"④ 与其说他着力分辨两者之区分,倒不如说他力图重申中国大乘佛学亦宗教亦哲学的特质,而其根本目的不外乎深究佛教与本土文化的共性——"原始儒家、原始道家与大乘佛学三家……其系统虽然歧异,然却同具三大显著特色:(一)旁通

---

① 方东美:《华严宗哲学》,中华书局2012年版,第199—200页。
② "行布":对于精神修养的各个过程需要循阶而上,深浅不杂,是教相施设;"圆融":人的精神修养发展到最后境界,便能以性融相,乃是理性德用。一真法界即是行布不碍圆融,圆融不碍行布,众生诸佛平等一如。
③ 方东美:《原始儒家道家哲学》,中华书局2012年版,第107页。
④ 方东美:《原始儒家道家哲学》,中华书局2012年版,第108页。

统贯论（二）道论（三）个人品格崇高论。"① 如果说，"一以贯之"是充溢在宇宙、人生间圆融无碍的精神，"道论"是贯通两者的根本途径，那么其最终目的（结果）还需指向人。"其最后之结果乃是个人品格之崇高化，儒家谓之高明峻极之人格典型或圣贤；道家谓之神人或至人；佛家则谓之觉者，而上参佛性。为求臻此种最高理想，三家戛戛独造，向往各有千秋，然其致之之道及精神护持方式，则表现各异。仅非三家之间，抑且于同派之内，彼此也风貌迥殊。"② 方东美之所以偏重宗教，正如他的机体哲学一样，是为了通过"内在超越"的途径解决人所面临的精神困厄。至此，在机体主义视域下，儒道佛宇宙观、人性论、生死观交错纵横，互为条件，形成绵密的体系交织于知行逻辑的铺陈与展开。换句话说，机体主义作为核心、脉络贯通于他整个理论体系，以生命为中心的本体论，把一切集中于生命之上。其"机体"哲学正是透过整个宇宙全体、整个人生精神的全体，透过人性的分析来发现人类生命精神的价值。

---

① 方东美：《中国哲学精神及其发展》，中华书局2012年版，第25—28页。
② 方东美：《中国哲学精神及其发展》，中华书局2012年版，第28页。

第六章

方东美机体主义思想与诠释理论

在前五章中,机体主义作为中国哲学之特质得到了详尽的阐释,方东美分别从儒释道三家各自在天人关系、人性论、生死观、知行观的论证中辩章学术,以突显中国哲学的基本精神。而就机体主义作为方东美阐释中国哲学精神的方法论而言,宏观上,它是在与西方"二元对立"的比较下凸显中国文化观不离机体主义思想的阐释;微观处,机体主义也被运用到分析某一思想家及其理论内部的逻辑之中。因此,作为诠释理论的机体主义不得不重新被纳入本书的思考,从而进一步深入对方东美思想的研判。

第一节 机体主义诠释之维

在方东美的理论体系中,作为方法论的机体主义与生命本体论完全是一致的,通过生命精神的理解以实现诠释方法的意义,方法的运用则进一步深入对中国哲学之通性及其精神的揭示。只有在这样的认知背景下,机体主义思想才得以完整的呈现。

一 中西印的汇通

机体主义作为方东美思想体系极为重要的核心概念,从一开始是作为方法学被纳入其哲学思考的。他在早期著作《科学哲学与人生》最早提及"机体"二字,其目的在于从生物学的角度出发,说明生命现象不仅仅是物质科学的表述,更不能将生命与物质等量齐观。"生命机气,备极繁杂,穷其究竟,亦可化成若干原形质,其同一也。电子积聚,组成物质;细胞和合,透露生机……生物机体的组织与化学的成分委退变化,新陈代谢,但不失其形态的齐全，功能的常度；机体各部分组织完成以后，乃发出有效的行为，积叠日新的经验。""无奈生命现象系统以机体全部为大本营，我们如只旁敲侧击讨论他的物质基础，未免有舍本逐末之消。"① 方东美以生物机体作为引子，引申出整体思维的合理性，他笃信机体主义的可贵之处在于承认世间万物自有其价值所在，既不损害单一事物的价值，又能使之彼此对照、相映成趣。基于这样的认识和理解，结合自身西方方法学的训练，方东美自然而然走上了"机体"哲学的探索。当然，其中有诸多解不开的机缘，"机体主义"这一学术用语初次使用于 1925 年阿尔弗来得·诺尔司·怀特海的《科学与近代世界》一书。怀特海受到近代物理学的启示，融合导源于生物学的有机的进化的概念，在认识论方面采取了现象实在论的形式，在形而上学方面是自然主义而不是唯物主义，因而归属于近代对二元论的反抗。他对价值采取客观主义的解释，力求在自然主义的宇宙中为上帝寻求地位。方先生称怀特海的形而上学为"有机的机械主义"或"有机主义哲学"，是一种形式的自然主义，但是，它和传统的唯物主义（科学的唯物主义）的自然主义形成对照。伯格森生机哲学曾对怀特海产生过影响，同样也对方东美产生了重要的影响，伯格森和浪漫主义、实用主义者、神秘派一样，宣称科学和逻辑不能透入实在的外皮，哲学是从其过程、生命推动力方面来理解和把握宇宙的艺术。我们的直觉同本能，即有意识、精微和化为精神的本能相仿，本能比理智和科学更接近生命。我们只能通过直觉的能力来了解实在的、"变化的"和内在的"绵延"、生命和意识，正常的哲学必须公正的对待理智和直觉，只有靠这两种能力相结合，哲学家才能接近真理。② 方东美认为《易经》中"生生"的思想与伯格森时间的绵延、创化论无不契合。依照贺麟的说法，"伯格森的哲学可以说近于维也纳派所谓的'玄学的诗'"③，这正契合了方东美诗意的哲学致思。

早在 1927 年方东美就对怀特海哲学表现了极大的兴趣，在方东美看来，西方科学把研究对象安排在孤立的系统，怀特海机体思想不仅提出要对宇宙进行整体而全面的观照，以"有机"的智慧解决宇宙万象的分歧，

---

① 方东美：《科学哲学与人生》，中华书局 2013 年版，第 136—137 页。
② ［美］梯利：《西方哲学史》，商务印书馆 1995 年版，第 630 页。
③ 贺麟：《现代西方哲学演讲集》，上海人民出版社 2012 年版，第 31 页。

并且对哲学家提出使命与要求。在此基础上,他结合《周易》等经典,以及中国哲学中与此相类的哲学智慧,形成独到的洞见。换言之,怀特海"机体哲学"与中国传统哲学有着内在的相似性,这种相似性为方东美提出机体主义的思想提供了可能。关于有机哲学与中国哲学文化有着亲缘性这一问题,东西方哲学家均有提及,怀特海曾在《过程与实在》序言中明确指出:"机体哲学似乎更接近印度或中国的思想,而不同于西亚的思想或欧洲的思想。"对此,张东荪也曾说道:"有机哲学一词倘若是作类乎怀特海那样的解释,我亦未尝不可同意。"① 全增嘏亦言:"今后中国需要一个有机哲学。"而李约瑟在谈及冯友兰的《中国哲学史》则说:"西方的有机自然主义曾得到过中国哲学的直接滋润……一个十分显然的事实是,黑格尔、怀特海哲学介绍到中国来,只不过是基于和源于中国的东西的回归,这一点将得到所有人的赞同。"②

孙智燊先生在《方东美先生演讲集》一注释中说李约瑟《中国的科学与文明》一书举证在 17 世纪以前,中国的科学成就远在欧洲各国之上。并在哲学上点出中国新儒学朱子在 12 世纪已经发展出一套机体论之哲学系统,可以呼应欧洲之机体论。欧洲机体论哲学,发轫于莱布尼兹,中经黑格尔之踵事增华,直至怀特海集大成。③ 怀特海采取"流变"与"生成"的创造性原理来说明宇宙及其发展历程,其"存在"在于它的"生成",过程就是实在。同时,怀特海理论中"永恒客体"概念助益其过程哲学的发挥。同样的,方东美认为作为中国文化源头的《周易》与《尚书》分别代表了"生生不已"的创造、变易历程与永恒哲学的启示。必须指出,机体主义之所以成为一种诠释方法,不仅仅在于中国哲学与机体哲学之间的亲缘性,更在于中西哲学的差异性,中国哲学思维中非逻辑性的特征决定了方东美"机体主义"天然地不同于怀特海基于对实体理性之批判而建立起的机体哲学,而成为中国哲学一种独特的诠释方法。方东美与怀特海之间的最大的差异在于,怀特海以现代科学成果来证成形上学,

---

① 张东荪:《十年来之哲学界》,《光华大学》1935 年第 3 卷第 9—10 期。
② 王锟在《李约瑟视野中的中国有机主义宇宙观》一文中论述了李约瑟的观点,即在公元 16 世纪以前,中国的科技水平领先于世界,中国科技思想的根基是有机主义哲学。而李约瑟认为阴阳五行家的"通体相关的思维"是中国有机哲学的源头。详见王锟《怀特海与中国哲学的第一次握手》,北京大学出版社 2014 年版,第 170 页。
③ 方东美:《方东美先生演讲集》,中华书局 2013 年版,第 34 页。

他的机体主义建立在理智论证的基础上；而方氏则反对科学唯物论，重返中国传统文化寻找精神理论依据，兼采伯格森直觉主义，用审美与艺术之境构建理论体系。这也说明了一个基本事实，即本土文化与异质文化的交流更多地取决于两者较为契合与相近的部分，但是一种理论的产生与发展的决定因素在于文化基因及其现实的诉求。

可以说，机体主义是方东美在西学方法论转化与提炼之后，基于中国传统文化的挖掘与诠释。他的思想体系中"机体主义"作为绳索贯穿始终，当然，"机体主义"一词也被他以多种形式阐释。总体而言，作为诠释方法的机体主义、作为本体论的机体主义、作为中国哲学之特质的机体主义是他最集中、最突出的论证。在他的所有论述中，诸种形式之间并没有明晰的划分，但是，通体梳理和考察之后，不难发现有迹可循。在东西方文化比较中，他所依循的多是作为诠释方法的机体主义，方先生中晚期思想中明确提出机体主义概念，此后便循着此一路径入乎其内，极深研几；出乎其外，演为异音。他于1964年第四届东西方哲学家会议论文《中国形上学中之宇宙与个人》完整的阐述了"机体主义"之意涵：

> 中国哲学一切思想观念，无不以此类通贯的整体为其基本核心，故可借机体主义之观点而阐释之。机体主义作为一种思想模式，约有两种特色：自消极面而言之（1）否认可将人物对峙，视为绝对孤立系统；（2）否认可将宇宙大千世界化为意蕴贫乏之机械秩序……（3）否认可将变动不居之宇宙本身，压缩成一套紧密之封闭系统……机体主义旨在：统摄万有，包举万象，而一以贯之。①

显然，上述"机体主义"概念是从其对立面以诠释，揭示机体主义旨在贯穿本体论、宇宙论、价值论，形成宇宙世界一以贯之的整体。接着，1969年在第五届东西方哲学家会议论文《从宗教、哲学与哲学人性论看"人的疏离"》中方东美再次提到机体主义："东方人采取机体主义的途径去探究事物，运用统观的直觉，就是假定了彻底的分析，再超越其限制，庶几乎对神、人与世界得到一个旁通统贯的理解。"② 这里的机体主义作

---

① 方东美：《生生之德》，中华书局2013年版，第236页。
② 方东美：《生生之德》，中华书局2013年版，第267页。

为一种人文主义的途径，包含着理论的预设，中国哲学直觉主义以及一元论整体思维的运用。方先生以西方二元论导致世界孤立系统的弊病作为参照，极为详细地分析了西方二分法导致人性堕落的历史三阶段，肇始于柏拉图的"理念"，颓败于中世纪"性恶二分法"，恶化于近代知、情分离的价值观实践。他认为，纵然客观上二分法的价值观为人类科技的进步和物质的提升带来史无前例的发展与进步，但后果遗害无穷，得不偿失。因此，机体主义的思维方法被他当作对峙西方割裂、分离的二元论造成的顽疾。必须强调的是，他也注意到此种途径可能引发的问题，从而与机械的化约作了区分，"除了机械的化约主义以外，一切演化论蓝图皆指向恒行不止的上升运动。由于机体的统一、创造的综合或突增的新质，万物皆在神明生生不已的无穷创造历程中，达到一种价值学上的统会……这种思想不仅见诸亚里士多德主义、斯宾诺莎主义或者黑格尔主义，而且在道家、儒家、印度教与大乘佛学中也都同样具备"①。也就是说，要给予机体主义以理论的规定性，辨明边界，避免把机体主义与机械的化约法区分开来。机体主义并非"一条鞭"地铺散开来任意囊括所有理论空泛而谈，而是从最高境界观照宇宙世界，认其为"一体"，本体的存在则含藏于种种过程与实际之中。极为重要的是，此过程需要理性秩序的辅证，以永恒的状态绵延，它必须建立在精微的理性思考之上。质言之，他试图以东方动态的"存有"观来对比西学中自古希腊延续至今的静态"存有"观，"中国近代约始于第十世纪中叶，是我们的本体论研究均以哲学人性论为基础。中国人所谓的'存有'，其意义辐射于基本人性，并且就其哲学含义看来，它恒为实存的"②。他指出，西方哲学家中只有柏拉图《诡辩家》、伯格森《创化论》、怀特海《过程与实际》、海德格尔《存在与时间》是动态的"存有"论者。方先生所撰写《黑格尔哲学之当前难题与历史背景》一文从心灵涉及"机体统一性"，"心灵不仅是感性、悟性、理性的'用'我们在前面称之曰完整的心力，兼有情感、意欲与知能三方面"③。同时，方东美还指出，黑格尔"在方法程序上，他把柏拉图、亚里士多德、斯宾诺莎、康德、费希特诸家哲学的成功纠合在一起，使之融会贯

---

① 方东美：《生生之德》，中华书局2013年版，第293页。
② 方东美：《生生之德》，中华书局2013年版，第282页。
③ 方东美：《生生之德》，中华书局2013年版，第195页。

通，形成机体的统一"①。

综合上述，简单的分析，作为诠释方法的机体主义重在宇宙观、本体论的统一，这种机体的统一在于变易不居的时间范畴，包举万类；就某一种思维方式、某一哲学家而言，但凡没有隔离物质世界与精神世界，认可宇宙万物之间轮转无穷，彼此关联，从理论上融会贯通便可纳入其中。但是，这种情况下机体主义尚未触及东西方哲学特质的分别。直到1972年他为东西方哲学会议阳明五百年纪念提交的论文《从历史透视看阳明哲学精义》再次重申了机体主义，他认为对于机体主义的哲学观，早期中国思想家视为哲学推理的结论，在阳明而言则是作为思想的重要起点。

> 若干年前余尝以"机体主义"一词，解说中国哲学之主流与特色，视其为一切思想形态之核心。此种思想形态，就其发挥为种种旁通统贯之整体，或表现为种种完整立体式结构统一而言，恒深蕴于中国各派第一流哲人之胸中，可谓千圣一脉、久远传承。它摒弃了单纯的二分法，更否认二元论为真理，同时更进而否认：（1）可将人物相互对峙起来，视为绝对孤立系统；（2）误把刚健活跃之人性与宇宙全体，化作停滞不前而又意蕴贫乏之封闭系统。机体主义旨在融贯万有、囊括一切，举凡有关实有、存在、生命、价值之丰富性与充实性，相与浃而俱化，悉统摄于一在本质上彼是相因、交融互摄、价值交流之广大和谐系统，而一以贯之。②

究其意思，方东美从正反两方面评述机体主义，尽管旨在阐明王阳明哲学的精义，但他从整个中国哲学精神之全域来探讨，从而也强调了大乘佛学各派共同宗趣，即"混化万物，一体同仁"之教，以及道家"我与天地万物为一"之旨。他的机体主义思想从最初方法学的探索，到从传统中国哲学思想出发对怀特海机体哲学进行了方法学的提炼和转化的过程，正是圆融无碍的整体思维的全面运用，据此开创出独特的机体主义思维模式以理解、诠释中国哲学之特质。中国哲学之特质亦在他中西统贯、相互对照的广阔视域下进行观照，中西印的汇通我们可以理解为，方东

---

① 方东美：《生生之德》，中华书局2013年版，第199—200页。
② 方东美：《生生之德》，中华书局2013年版，第306页。

美在对东西方整体文化通体观照之后寻求东西方之同异,同时,其中的殊异亦隐含着机体主义理论分界的一面,也是机体主义的应有之义。

二　儒佛道的融贯

我们知道,方东美的治学宗趣是从早期辗转于东西方到晚期彻底转向中国哲学。他一贯坚持中国文化百花齐放,齐驱并进,反对独尊一家。但是,一个有趣的现象是,早期他把儒道墨作为主要流派进行比较研究。晚期则几乎置墨家不论,"关于古代墨家,着墨尤鲜,几置不论。盖墨家亦犹希腊之毕特格拉斯学派,作为一套科学理论或宗教教条,固同其重要。然就形上学之眼光看来,其所肯定之'天志',据为根本原理及行为准绳,而强施诸人,主题过于执定,殆无心灵自由探索之余地"①。显然,从形而上的理论看,他更加重视思想之原创性及其思想体系的博大,也注重学派立足人之心灵自由的探索。因此,在晚期的著作中他把原始儒、道两家与大乘佛学比肩而立,相提并论,从而归纳出中国哲学之通性与特点:

> 中国哲学精神之显扬,恒以重重统贯之整体为中心,可藉机体主义而阐明之。作为一派形上学理论,机体主义可自两方面着眼而状摹之,其特色如次:就其消极面而言之,机体主义,一、否认可将人物互相对峙,视为绝对之孤立系统;二、否认可将宇宙大千世界之形形色色,化为意蕴贫乏之机械秩序,视为纯由诸种基本元素所辐凑拼列而成者;三、否认可将变动不居之宇宙本身,压缩成为一套密不透风之封闭系统,视为羌无再可发展之余地,亦无创进不息生生不已之可能。就积极面而言之,机体主义,旨在统摄万有,包举众类,而一以贯之……宇宙万象,赜然纷呈,然克就吾人体验所得,发现处处皆有机体统一之迹象可寻,诸如本体之统一、存在之统一、生命之统一,乃至价值之统一等。②

方东美从中国上古宗教展开论述,认为彼时所表现的是一套机体主义精神之宇宙观,"就理论层面而观之,中国上古宗教含藏一套饶有机体主

---

① 方东美:《中国哲学精神及其发展》,中华书局2012年版,第25页。
② 方东美:《中国哲学精神及其发展》,中华书局2012年版,第23页。

义精神之宇宙观,不以现实人生之此界与超绝神力之彼界为两者悬隔,如希伯来或者基督教所云。此外,人生界与客观界亦了无间隔,盖人与自然同为一大神圣宏力所弥贯,故为二者所同具。神、人、自然,三者合一,形成不可分割之有机整体,虽有权威、尊严、实在、价值等程度之别,而毕竟一以贯之"①。方东美承认中国上古宗教对儒家的影响,在儒家而言,谓之"升中于天",祈敬的是内在的仁爱神。"神明之道、自然之道与人之道,三者蝉联一贯,人、神、自然,相待互摄,蕴涵一套机体主义哲学,肯定普遍生命大化流行,于大宇长宙中一脉贯通,周运不息。"② 但是,他又强调对古代中国人而言原来是没有"隐秘之上帝"的,而是信奉"万有在神论",肯定永恒潜在界与变动不居自然界与人之间的一贯之道,这中间涵盖了一套机体主义哲学。"民受天地之中以生"不过是渲染人在精神上富有神圣性,它是理性宗教,与神秘主义迥然不同,因此不能将它与希伯来宗教混为一谈。在他而言,作为中国文化源流之一的《尚书》所传"洪范九畴"之"皇极大中"代表的就是一套神秘化宗教信仰,"在历史之发展上,此种神秘化之宗教,与上古之神权统治制度,原密不可分。正义势须诉诸理想君主天纵圣明之领导,乃有实现之可能,是即预涵德治"③。有鉴于此,方东美总结:"就理性上言,宗教之本质在于道德;复次,再就宗教之统观普遍生命大化流行而言,道德之基础乃在于宗教,故而影响于人生各种事业及活动。"也正因此,"中国之人文主义,既为一种哲学统观,复深具宗教根本意涵,其精义、胥在乎是亦!"④

毫无疑问,方东美对《易经》逻辑问题的研究亦采用了"机体主义"的方法,"《易经》全部重卦卦象系统,连同系辞部分,涵具一套典型之中国广大和谐哲学体系"⑤。方东美继而发挥了周易旁通统贯、轮转无穷的思维以解中国哲学精神,从微观来看,方东美对《洪范》篇的疏解中以"五行""九畴"为例说明原始儒家的宇宙观,"中国先民把宇宙当作一个整体,人在宇宙中有适当的配合作用,可以和谐,把自然现象与人类本身贯串起来成为连续整体。中国思想不是抽象的,不把统一的、丰富的思想

---

① 方东美:《中国哲学精神及其发展》,中华书局2012年版,第62页。
② 方东美:《中国哲学精神及其发展》,中华书局2012年版,第70页。
③ 方东美:《中国哲学精神及其发展》,中华书局2012年版,第312页。
④ 方东美:《中国哲学精神及其发展》,中华书局2012年版,第72页。
⑤ 方东美:《中国哲学精神及其发展》,中华书局2012年版,第103页。

内容化成抽象的、分析的部分,而是从一开始就是'机体的统一'"①。

顺理成章地,他把这种思维方法应用于对道家、佛教的理解、评骘。在他的理解中,庄子通过"和之以天倪"的调和把老子哲学中的疑难一扫而光,"原有之'有无对反',亦因各采其相待义、而在理论上得到调和,盖两者均冥同宇玄秘奥窔,'重玄'之境,将整个宇宙大全化成一,'彼是相因'、'交融互摄'之无限有机体"②。在评说道家时,方东美常常使用"实质相待性系统"一词,以彰显道家哲学中的机体思想。③ 显然,在论庄子《齐物论》时,方东美提到"实质相对性系统"可以视为机体主义的另一种表述,"实质相对性系统,乃一包举万有、含概一切之广大悉备系统,其间万物,各适其性,各得其所,绝无凌越其他任何存在者。同时,此实质相对性系统又为一交摄互融系统,其中一切存在及性相,皆彼是相需,互摄交融,绝无孤零零、赤裸裸而可以完全单独存在者;复次,此实质相对性系统且为一相依互涵系统,其间万物存在,均各自有其内在之涵德,足以产生相当重要之效果,而影响及他物,对其性相之形成有独特之贡献者……个人既于此无限之本身契合无间,在至人之精神生活境界,遂与天地万物一体俱化"④。方东美表明,他所采取的是以"后设哲学"的观点看庄子的思想,正如郭象注所谓"物任其性,各当其分",支道林所谓"无待"以彰显庄子自由解脱精神。而问题的关键是,要把真正的自由精神变做广大的平等、普遍的精神平等,最后达到"天地与我并生,万物与我为一"。从这个理论逻辑出发,他以机体主义方法论的视角对之从消极、积极两方面作了分析,"在这么一个大的开阔系统里面——'天地与我并生,万物与我为一'。消极的才能承认'大道未始有封',不会陷入一个封闭的系统。积极的才能建立'道通为一'的境界。然后,哲学家才可以说他是代大道立言。代大道立言就是站在无穷的系统里面,采取一个广大的立场,无所不贯,无所不通"⑤。显而易见,方东美所说的"消极""积极"并非从价值判断而言,准确地说,是从肯定与否定的态度对待某一观点。这正契合了他直接、正面给机体主义下定义的文本和

---

① 方东美:《原始儒家道家哲学》,中华书局2012年版,第51页。
② 方东美:《中国哲学精神及其发展》,中华书局2012年版,第133页。
③ 方东美:《中国哲学精神及其发展》,中华书局2012年版,第145页。
④ 方东美:《中国哲学精神及其发展》,中华书局2012年版,第226页。
⑤ 方东美:《中国哲学精神及其发展》,中华书局2012年版,第257页。

深义。

表诠相异，理趣则同，对于佛教的阐释不外如是。只不过，在佛学的探讨中方先生多以中西印比较文化的观点随处阐发，一方面，把大乘佛教与印度原始佛教对照比观，以彰显大乘佛学的中国化及其中国文化精神；另一方面，用西方的方法学、西方的宗教作为参照，以突出大乘佛学在"机体哲学"视域的优越性。方东美所侧重的佛教四宗他认为天台宗、华严宗是最符合机体主义的哲学系统，"天台宗在教义上，'一及一切，一切即一'，换句话说，他是一个机体统一性的哲学体系。这种机体统一性的思想体系，在它的发展领域上是由直线进程化为曲线进程，由此而表现出圆满的精神道路；也可以说，天台综合了三论宗、《华严经》，从而提出另一个发展的新里程"①。与此同时，方先生厘定理论体系内部的依托，认为天台宗有破有立，在历史上天台宗的兴起就是拯救三论宗有破无立所产生的理论缺陷，"天台另一套建构之玄想体系，依曲线进程，而全副展开，现为机体统一之哲学，以绝对之心体为枢纽，兼存在之支点（心为法本），彰显究极本体及其表相，藉范畴诠表而一统笼罩，义若连环，深入发挥大全整体"②。这样大而化之的论述不免令人产生疑惑，方先生又从六法门的践行来进一步解说："六妙法门的一个回旋步骤，也可以说是'妄尽还源'，一切狂妄的错误思想都被连根拔起，交回到纯净的真如，然后再应用真如来观照一切世界，这是一个机体统一的机体形上学。"③当然，方先生也申明，若要实现这种机体形上学，还须运用一心三观，即便已经获得了最高的精神修养还需回向人世间，这样，他提出的作为统摄一切的"真如"就有了确实的依据与价值。

从佛学来说，最能代表"机体"哲学的当属华严宗。方先生对华严宗的解说用力最甚，主要集结在《华严宗哲学》上、下两册，其论点也散见于《中国大乘佛学》上、下两册、《中国哲学精神及其发展》下册。在方东美看来，华严宗哲学在于建立即体即用无所不骇的形上学体系，"华严宗的哲学就是从杜顺大师提出法界观，然后智俨大师承继而撰述《十玄门》，再产生一个大宗师法藏的无穷缘起，然后澄观大师再把这些观念综

---

① 方东美：《中国大乘佛学》，中华书局2012年版，第379—380页。
② 方东美：《中国哲学精神及其发展》，中华书局2012年版，第219页。
③ 方东美：《中国哲学精神及其发展》，中华书局2012年版，第449页。

合起来（并且受到禅宗的影响）不仅仅笼罩一切理性的世界，而且可以说明这个理法界才是真正能够说明一切世俗界的事实构成。然后才能形成事事无碍法界，成立一个广大无边的、和谐的哲学体系"①。而华严之真谛在于"一真法界"。"'一真法界'定要透过我们现代人所了解的机体主义哲学，把整个的世界当作一个有机体的统一，在各种层次所具有的'事'，就是要说明宇宙里面深刻的'理'，而这个'理'则必须渗透到宇宙万象的各种层次里去，在宇宙万物的里面，宇宙万事的里面。如此一来，才把一切万有的差别性、对立性、矛盾性等多元的世界，都能综合贯串起来，成为一个广大和谐的体系。所以华严宗的哲学，我们可以称它为广大和谐的哲学。"② 即以"事""理"消融"空""有"，把无所不包的事相世界构成可以理解的概念，再借以说明千差万别的世界，并且使之衔接、融通。"'一真法界'就是一个完整的机体主义哲学中之最高智慧里面的一个根本对象。"③

在方东美的申论中，《华严经》所烘托的神圣微妙理境也因互摄性原理而演变为哲学上的重要原理。而互摄性原理也可以用"无碍"的概念取代之，"'无碍'就是拿一个根本范畴，把宇宙里面千差万别的差别境界，透过一个整体的观照，而彰显出一个整体的结果，然后再把千差万别的这个差别世界，一一化成有机体的统一……倘若我们引用近代西洋哲学上面的惯用名词来说，就是所谓机体统一，是一种机体主义"④。需要注意的是，方东美提及华严哲学与唯心一元论的差异在于，"华严宗承认'一真法界'本身就是客体，而在这种客体里面，包含了一切物质的存在、一切生命形式、一切精神状态和一切精神的归宿。而且它也不从认识论的立场去看，而是把客观世界领域化成主观的心灵状态"⑤。也就是说，在"一真法界"里可以找到物质存在的基础、生命的凭藉，以及生命世界向神圣的精神境界迈进以达到最后的归宿。这样的逻辑理路符合中国文化中整体通观的思想特色，"中国的思想界上所形成的一个哲学智慧就是机体主义的智慧，表现为圆融统观，认为宇宙是不可分割的，人生的各个阶层也是

---

① 方东美：《华严宗哲学》，中华书局2012年版，第337页。
② 方东美：《华严宗哲学》，中华书局2012年版，第123页。
③ 方东美：《华严宗哲学》，中华书局2012年版，第443页。
④ 方东美：《华严宗哲学》，中华书局2012年版，第413页。
⑤ 方东美：《华严宗哲学》，中华书局2012年版，第212页。

不可分割的"①。正因如此，方东美给予华严宗哲学高度的赞誉，从他博大而详尽的《华严宗哲学》两册之解说、评骘中一览无余。

可以说，方东美机体主义的运用贯穿他所有理论的思考，从宏观看，整体中国传统文化观不离"机体"思想的阐释；从微观处，在分析某一位思想家及其理论内部的逻辑，皆不外如是。譬如，尽管认为宋儒诸子之理论体系尚未形成统一之系统，但是，落实到个体理论的阐释，方先生"当机立断"，基于文本的分析，从机体思想立足而考察之，"明道旨在建立一套机体主义哲学，故力避掉人任何穷索致伪之陷阱耳。其哲学枢要，厥为万物一体论，倡'天人无间断'"②。方先生以二程《河南程氏遗书》中明道对仁的解说入手，认为明道所持乃一元论，据此而断言：在天为命，在义为理，在人为性，主于身为心，其实一也。兹四者形成本体论（而非仅止格物论）上之大全真际。③ 同时，他也点出了二程兄弟的不同："大程子崇信机体主义哲学，其真理可由内心体验，而笃行履践之。小程子却好抽象空疏为说，形成一套唯理一元论，率以逻辑上之同一性出之，复陷于内在矛盾，处处扞格不通矣。"④ 从中可以窥见，在方东美那里机体主义并非完全一元论，他有其理论的规定性和边界。此规定性在于理论自身的圆融无碍，逻辑的自洽，避免自陷矛盾。因此，在微观论述某一哲学家主要思想时方先生通常使用理论化的原则加以概括，而这些原则莫不表现本体的统一、生命之统一或者价值之统一。

三 机体形上学

在现代哲学境遇中，形而上学是极具争议性的问题，西方如实证主义、科学主义哲学提出拒斥形而上学的口号，与此相反，人本主义者、宗教神学家则趋于把形而上学的研究当作最为关键的核心力量以对抗前者的挑战与冲击。对形而上学问题的态度折射出基本的哲学致思与精神。从20世纪的现代中国哲学演变来看，新儒家无疑肩负起中国哲学转折的历史使

---

① 方东美：《华严宗哲学》，中华书局2012年版，第434页。
② 方东美：《中国哲学精神及其发展》，中华书局2012年版，第348页。
③ 明道曰：如是观仁，则仁者视天地为一身，天地之间，品物万形，为四肢百体，莫非己也。自己观之，何所不至？何所不亲？（《遗书》《宋元学案》卷十三，第18页）。详见《中国哲学精神及其发展》的第350页。
④ 方东美：《中国哲学精神及其发展》，中华书局2012年版，第354页。

命，总体而言，他们趋于形而上学诠释与现代重构。梁漱溟认为，中国的形而上学从来都是讲变化而非静止的，这样便以富有玄理的寓意，抽象的哲思进行诠释。唯有直觉方能体味其深意，当然，中国形而上学的意涵主要攫取于《周易》，其核心是"调和"；并且"调和"体现在变化过程中，"变化就是由调和到不调和，或由不调和到调和"①。可以说梁漱溟开启了现代新儒家的致思方向，但仅仅停留在对比中寻找契合点的接洽。谈到中西文化的关系之一种可能——"调和"时，梁漱溟先生直言："倘然东方化与西方化果有调和融通之道，那也一定不是现在这种'参用西法'可以算数的，须要赶紧有个清楚明白的解决，好打开一条活动。"②

在众多的研究途径中，方东美毅然选择形上学的途径，他表明中国哲学精神的显扬重在旁通统贯，"中国的形上学可以称之为机体形上学，注重机体的统一、思想的博大精深的各方面，而中间还求其会通、求其综合。这样才能避免思想孤立主义造成的弊端"③。这是方东美一贯的立场，他还提道："假使我们中国形上学要采取机体形上学的立场，首先对于宇宙应当了解为一整体，然后在宇宙里谈本体论、谈宇宙的真相，就要谈整体的实有界，如果我们认为宇宙真相还可以透过艺术、宗教、哲学、科学，看出它的艺术理想、道德理想、真理理想，然后就可以把真善美的最高标准同宇宙真相贯串起来，使得宇宙不但不贫乏，反而可以成为更丰富的真相系统、更丰富的价值系统。如果以这种哲学作为背景来建立人生的哲学，那么人生决非贫乏的活动，而是可以把一切价值贯穿起来，达到儒家在《大学》里面所说的要求——'止于至善'。"④ 这段论述可以看作方东美对中国哲学整体发展脉络的精炼阐述，亦是其机体主义哲学观立体构架的全景铺陈。

谈到中国形上学，方东美随即强调有两个要点首当注意：第一，讨论"世界"或"宇宙"时，不可执着于自然层面而立论，要不断加以超化。儒家表现为道德宇宙，道家则是艺术天地，佛家即为宗教境界。第二，"个人"一词是一个极其复杂的概念，非"一条鞭"之方法可以究诘。⑤

---

① 梁漱溟：《东西文化及其哲学》，商务印书馆2003年版，第86页。
② 梁漱溟：《东西文化及其哲学》，商务印书馆2003版，第244页。
③ 方东美：《原始儒家道家哲学》，中华书局2012年版，第21—22页。
④ 方东美：《原始儒家道家哲学》，中华书局2012年版，第23页。
⑤ 方东美：《生生之德》，中华书局2013年版，第239页。

他之所以明晰"宇宙""个人"具体概念,也在于深化了解中国形上学志业在于通透种种事实,蕴发对宇宙生命的领悟。故而,依照西方逻辑科学、宗教抑或知识论的路径去认识、理解、评判中国哲学是行不通的。唯有形上学的途径才是中国哲学研究的正途,方东美所理解的中国形上学其前提是将整个宇宙世界视为和谐无碍的生命机体,它具有超越而内在的特性。"形上学者,究极之本体论也,探究有关实有、存在、生命、价值等,而可全部或部分为人类悟力所及者。且其说不一,容有种种殊异之诠释。"① 以宇宙与生活于其间的个人之种种相互密切的基本事实作为基础,逐层递进以解释宇宙存在的奥秘、人类精神的高扬,从而贯通"天"与"人"。而"天人合一"的贯通是作为本体论机体主义的题中之意。究其原因在于,一方面,"超越形态之形上学"深植于现实世界,归根于"生命";另一方面又以理想之境点化现实,摒弃单纯二分法,更否认"二元论"为真理。

显然,在方东美的理论创建中,一方面,他从本体论的角度把中国形上学称之为机体形上学,以此区分于西方主客二分的"分离主义"方法;另一方面,始终以人为中心,强调宇宙与人之间相互贯通并形成雍容洽化的统一整体。在"机体"哲学的视域中,以生命为本体的宇宙,从本质上讲就是一个"和谐创造"的历程。那么,人短暂的生命与无限的宇宙在什么意义上相互贯通?对此,方东美于1957年在《中国人生哲学概要》一文中做出了相应的回答。他把"普遍生命"最终确定为"宇宙中创进的生命"②,使之作为一切生命存在的原动力。1969年他在《从宗教、哲学与人性论看"人的疏离"》一文中提道:"遍在万有的生生之德"可谓是"普遍生命"的别称。因为该文主旨在于申述,"神明生生不已的创造力分途流贯于世界与人性,使人类成为参赞化育者,使世界成为顺成创造之德的领域"。③

在方东美看来,普遍生命作为永恒的创造历程,导源于个体生命的践行不已。人的本质是宇宙的中心,上体神明之意而发挥创造力。这样,"生命"的本体论意义得到确定。但是,仅仅把生命视作宇宙万物的本体,

---

① 方东美:《中国哲学精神及其发展》,中华书局2012年版,第20页。
② 方东美:《中国人生哲学》,中华书局2012年版,第39页。
③ 方东美:《生生之德》,中华书局2013年版,第293页。

而不作本体之功用的发挥不足以体现生命本体的价值意义，也不足以构成"超越而内在形上学"体系。因此，他将生命精神的提升、创化落实在现实人生的实践上，所谓"下学而上达"，以这种"双回向"来完成生命本体论的构建，并借用《周易》"生生之德"概括普遍生命的本质。至此，人与宇宙世界的上下贯通找到了合理的解释。

依据以上的逻辑理路，中国哲学发展的趋势，大体上以形上学为主，除了阴阳家的唯物派，刑名家分析派，以及王充经验主义怀疑派等含有明显的反形上学倾向。方先生并非轻视它们的历史地位，而是从形上学的角度论述中国哲学精神而有所偏重。他始终致力于儒释道的汇通，辩章学术，考镜源流。纵然三家系统存有分疏但有共通之处，主要变现在同俱旁通统贯论、道论、人格崇高论，但是可以看出，此三者不仅构成方东美机体思想的主要内容，也为我们提供了理解儒佛道相融相摄的主要依据。它们贯注于一以贯之的宇宙主体与人类主体的无界以及人性至善的预设，用方东美的话来说："兹据种种儒家文献原始资料而观之，其形上学体系含有两大基本主要特色：第一，肯定乾元天道之创造力；第二，强调人性之内在秉彝，即价值。"① 这一观念决定了中国思想的终点与重点不落在天道本身，而落在天道与人性的贯通上。这是他对儒家形上学的概括，佛道的论述无出其右，皆肯定宇宙万物的创造力与人性元善的本旨。其庞大的机体形上学在此基础上得以建立，至于此间之种种复杂而歧义的关联，三家之趋同殊异前五章分别从宇宙论、人性论、人生观、知行观做出了细致的梳理和论证。某种意义上，"机体形上学"为精深的中国伦理道德文化找到本体论根据，因此，我们有理由认为，"机体形上学"涵盖了儒佛道一体化、三教合一的本体论特性。

一言以蔽之，方东美即哲学史以言哲学，从上古宗教神、人、自然无间隔的"机体主义精神之宇宙观"，到原始儒家创生宇宙论与人性崇高论彼此互涵的"天人和德论"。综括原始儒家、原始道家、大乘佛学、新儒家四大传统哲学体系，"回顾过去，吾人可谓：中国形上学之律动发展，悉依三节拍而运行。初则强调儒家，继则转重道家，终乃归结佛家，终于奏形上学之高潮于新儒家，此世人之公论也。然自余观之，新儒家乃是融

---

① 方东美：《中国哲学精神及其发展》，中华书局 2012 年版，第 89 页。

摄众流,而一是以折衷儒学为根本。犹川汇海,万流归宗"①。

第二节 机体主义的人文精神向度

在方东美看来,之所以儒佛道三家"殊途"而"同归",最主要的在于肯定人与宇宙天然的"中和"性,中和之理则是机体主义思想的发挥,意味着"人文精神"的构建是一种皆容并包的人文主义,往而知返,对生命本体做出内在价值的探求。

一 机体主义的解释和理解何以可能

方东美借机体主义诠释中国哲学之特质,其"机体"思想至少具备三个向度的哲学意涵:第一,作为诠释方法的机体主义,以中国传统文化为背景,对怀特海机体哲学做出方法学上的提炼和转化,由此逆向于中国哲学的挖掘与阐释;第二,作为本体论的机体主义,超越而内在的"普遍生命"通过"双回向"的上下贯通使得人与宇宙世界的无碍圆融找到形上的依据,在儒道佛中分别体现为"生生""大道""真如";第三,作为中国哲学通性的机体主义,表现在儒道佛同俱"旁通统贯论""道论""人格超升论"一以贯之的中国哲学精神。此三种意涵构成方东美独到的认知范式,他以"道通为一"的整体思维方法以及体察万物的中庸之道对中国哲学做出全面的梳理与评骘。本书前五章分别对上述三个面向的哲学意涵本作了全面的梳理,而对于这三者之间的关系,我们试图以诠释理论与人文精神的途径进行考察。对这个问题的检讨,不免遭遇最基本的疑惑,即作为诠释方法的机体主义、作为本体论的机体主义与作为中国哲学特质的机体主义如何统一?又如何展开?换言之,机体主义的解释与理解如何可能?由于以上问题的介入,对于方东美机体思想的研究不得不推向诠释学的思考。

首先,在如何厘定作为诠释方法的机体主义中,西学的训练为方东美阐释中国哲学的思想和范畴提供了工具。其中之缘由、机趣上文已做出详尽的论述,兹不赘言。最为关键的是,机体主义的方法与生命本体论的哲学建构的结合是方东美先生理论的主旨。从生命本体论言之,他以精微的

---

① 方东美:《中国哲学精神及其发展》,中华书局2012年版,第29页。

哲思把宇宙、生命、价值，宗教、艺术、哲学三位一体一以贯之。机体形上学是以"境界"提升为旨归，高扬一切万有含生，彰显人性之元善，从而构建以价值为中心的本体论。在此基础上，他主张中国哲学传统不应该独尊一家，不偏一执。因此他反对"道统"甚至提出严厉的批判，这也意味着他与其他新儒家不同，并不接着宋明儒讲，而是回到原始儒道。当然，他并非提倡完全的复古，而是以创造性的诠释为中国哲学提供一条富有生机、广大和谐的路径拓展源流。尽管不得不承认他的理论体系尚且存在内在的矛盾，譬如，对法家、名家概而不论，抑损两汉经学，批判宋儒"道统"，以及轻视中国伦理文化等等都有其局限性的一面。但是，总体来说，机体主义以西方作为参照，以现代性的精神在传统文化框架内寻求中国文化的重建与发展。因此，我们应该注意到方先生哲学理论与传统哲学本体论一致，并且以独到的见地开创了别具一格的理论用以阐释哲学史。换句话，机体主义的解释与理解首先要以方法论的角度切入解释，在此基础上延伸出对于哲学史及其哲学概念的理解。生命本体论的建构是他整个哲学系统的根基，机体主义则是核心、脉络贯穿其中，两者合力建构成机体的统一。

回到方东美理论体系本身，以上论述可以说是直觉思维在中国哲学中的运用，按方氏的话来说就是"掩其实体，显其虚灵"。他引用老子"天地之间，其犹橐籥，虚而不屈"以表明先哲体悟实者虚之的道理，由此引申出天人无间的超脱义。紧接着，他从宏观的理论着眼，申明"这三类哲学都在不同的形式之下，没有把宇宙当作孤立的系统……它要统贯到宇宙各种真相，把人的各个方面的意义和价值都显现出来！然后形成统一的理论，这是一种所谓'一以贯之'的精神"①。如果说"一以贯之"是充溢在宇宙、人生间圆融无碍的精神，"道论"是贯通两者的根本途径，那么其最终目的（结果）还需指向人。人的小我生命与宇宙的广大生命浑然同体，浩然同流，作为宇宙世界与社会活动的创造者参与者，参赞宇宙创造力，构成了中国传统形上学"以人（我）观物"的思想特色。

方东美先生称其为"人格的超升"，认为中国各派的哲人都肯定人的知能才性，"以文化的理想培养出来向善的发展，美的方面，引导向美的修养；真的方面，引导向真的修养。这样产生'自我理想'，一切理想都

---

① 方东美：《方东美先生演讲集》，中华书局2013年版，第42页。

在自我发展、自我训练、自我节制……正如《周易》里的'人文化成'"①。对儒家而言，要把常人变作士人，宋儒自周濂溪起就主张"士希贤，贤希圣，圣希天"，以达到原始儒家"博厚配地，高明配天"的理想人格；道家也要从天人、至人、神人、圣人的过度，抵达理想人格境界；佛家则要超凡入圣，悟入一真法界，再而做菩萨、阿罗汉、大菩萨乃至成佛。"这是'一以贯之'的方法，在各种不同的道论，都是要把世界提升到理想的存在平面。"② 以上所论便是中国哲学的第三通性——"人格的超升"，它与"一以贯之"精神互为条件，亦是"道论"的必然结果和目的。

也就是说，"道"可以从两个方面加以规定：其一，它囊括全宇宙之无上真理，而观照一切万物，是人与万物所共有的道路，由此则和谐贯通；其二，它是人之为人的规范，人的价值的显现，个人与无限之本身契合无间，遂与天地万物为一体。方东美主张，中国文化不能只讲儒家而抹杀道家，同时也应该肯定佛教的"菩提道"。佛家主张摒弃俗世的观念，寻得出离心，破我执，方显般若智慧，直探宇宙人生之奥秘而抵达宗教境界。般若之光照耀着整个世界全体，一方面，作为般若本身也就是菩提，般若本身同菩提之光是同等的，不能再分；另一方面，菩提之光不仅照耀精神的最上层，而且往下贯注，遍及世界全体各个层次，谓之"方便善巧"。从智慧（般若）的培养到光明（菩提）的体验，一直到价值的把握，人的生命向上发展，再切切实实向下贯注到不同层面。如此，方便善巧之"道"便指向了渐修顿悟的修养功夫，在此双向过程中表现出的般若智慧、慈悲济世即通往"一真法界"的"菩提道"。因此，所谓道者，乃融贯一切的最高本体，通天人、了生死、知善恶、合知行，继而合内外、统本末、摄体用。在儒家是为"生生"、道家称为"大道"、佛家谓之"真如"。总体上，对"道"的解释也构成了方东美生命本体论的阐释维度，也是我们通向其机体思想的理解最为关键的要道。

某种意义上，我们可以借用成中英先生关于方东美先生的机体主义是一种本体论的诠释的评价，深化对于方先生机体主义的理解。成先生首先指出，本体诠释的一个重要含义是：本体作为整体必须用相反相成的、开放创发的整体概念来克服"二律背反"显示的本体概念的局限性和内涵的

---

① 方东美：《方东美先生演讲集》，中华书局2013年版，第62页。
② 方东美：《方东美先生演讲集》，中华书局2013年版，第64页。

矛盾性，并以此辩证统一的方式来同时理解和诠释，用方法来解释本体的整体性和非方法性，也用本体来理解方法的整体性和非本体性。诠释兼含解释与理解两意：呈现为方法即为解释，是相对于一个既存的意义空间而言的；呈现为本体即为理解，是一个整体的意义空间的创造。① 显而易见，成中英先生的评价出于两个方面的依据，一方面是，基于方东美先生对机体主义所做的正反两面的定义，方先生的著作中"积极""消极"两面的论说；另一方面是，把机体主义放置在方先生整个理论体系中考察，以此来看他对中西之论衡、中国文化之重释。

　　成中英认为方先生的理论体系是建立在易经哲学之上发展出来的完整的系统。同时，他主张，方东美哲学的基本架构一方面将"无名之指"作为太极，据此其哲学是以本体到现象的架构本体哲学，即是在本体之中显露现象。另外，本体架构包含"情理两义"，他认为这一思想来源于《易经》中"太极有两仪"，依此为出发点把情与理作为"无名之指"的太极之两仪，继而开出哲学三慧，再拓展而文化四相，并最终总结成"道通为一"的本体思想即架构。而这一架构又具体分为八个层次：以超越逻辑与辩证的本体走向本体诠释学、由本体诠释学走向普通的诠释学、由普通的诠释学走向辩证法、由辩证法走向数理法相、由数理法相走向科学法相、由科学法相走向逻辑法相最后归于技术运用。此八个层面即本体到现象过程。这八个层次又分属五个阶段：太极无名—情理两仪—哲学三慧—文化四相—道通为一。他继而认为方氏的哲学是基于《易经》思想的分与合的逻辑，以一本体论开始，分之为三又合而为一。用三种智慧合成一个超人类、超人类文化的智慧是方先生的文化理想。因此之故，成中英将方先生的本体论概括为六个方法论性相：第一，创造性；第二，发展性；第三，融通性；第四，解释性；第五，和谐性；第六，包容性。这就构成了无名太极的本体架构，其中，理为静态之逻辑，情为动态之辩证法，情理圆融，和合为一。② 成先生通过严密地论证，为方先生的"机体主义"搭建了立体建筑式的构架，从其内部全面而细致地剖析，即从"解释"到"理解"的分梳与结合，机体主义三个向度的内涵在他的诠释理论中得以

---

　　① 成中英：《本体诠释学》（二），中国人民大学出版社2017年版，第219页。
　　② 国际方东美哲学研讨会执行委员会主编：《方东美先生的哲学》，（台北）幼师文化事业公司1989年版，参看成中英《论方东美哲学的本体论架构》的第77—78页。

清晰呈现，三个层次之间的关系得以明晰。

由此，不妨尝试着这样推论方东美的机体主义，其思想主要围绕着生命本体论全面展开，依照现实经验的观想和体验深入阐释了宇宙"普遍生命"这一概念在儒佛道三家思想语境中的互异与相契。关于儒释道三家本体论的意涵，其共性在于在提出"上回向"的超脱精神之后，始终会落于"下回向"的现实途径，其落脚点始终在人本身，即作为中国哲学特质的机体主义，它是超越而内在的形上体系，"形上学者，究极之本体论也，探讨有关实有、存在、生命、价值等，而可全部或部分为人类颖悟力所即者。且其说不一，容有种种殊异之诠释"①。沿着以上路径反观中国传统文化，在阐释中所采用的思维方式、诠释方法或者所依据的原理莫不是"机体主义"的运用。这个推导进一步证实了方先生屡次申明不能机械地运用西方方法学的良苦用心。② 因此，成中英先生认为方先生的本体论偏于现象学的呈现，也有学者认为方东美哲学是美化的哲学，他讲中国形上学处处以一个美化的"整体直透"方式来处理，诸如这样的评述有一定的道理。但是不可否认，在方东美的理论体系中，作为方法论的机体主义与生命本体论完全是一致的，通过对生命本体的理解与实现凸显方法学的含义，方法的诠释又进一步体悟中国哲学特质中生命本体的精神。只有在这样的认知背景下，才能理解方东美所揭示的"天人合一""一真法界""道通为一"等命题所蕴含的方法学的意义，也才能真正理解方先生何以用机体主义对峙西方"二元对立"带来的分野与歧义。可以说，生命本体论为机体主义奠定了基本的人文主义价值维度，使宇宙人生得以一贯，人生向上提撕的方向得以安立，亦为机体主义视域中讨论儒释道三家之通性奠定了基础。

二 精神人文内在维度的机体主义

方东美在方法学上坚定不移地选择了人文主义的途径，我们知道在英文中"Humanism"一词既可以表示人本主义，又可以表示人道主义、人

---

① 方东美：《中国哲学精神及其发展》，中华书局2012年版，第20页。
② 李承贵教授归纳了方东美解释中国传统哲学的原则与方法：1. 被认知对象之内容和特点是选择认知方法的前提；2. 西方哲学方法不宜机械地用于中国哲学研究之中；3. 知识沦、逻辑学方法用于理解中国哲学需特别慎重；4. 自然科学方法可能导致中国哲学去生命化；5. 自身思想文化系统是解释中国哲学的基础；6. 形上学方法是与中国哲学相契的方法。详见李承贵《哲学的解释与解释的哲学》，中国社会科学出版社2017年版，第123—130页。

文主义。由于方先生主要著作以英文亲笔写就，后来由其高足孙智燊等先生翻译成中文，因此，准确的理解他所言"人文主义""人本主义"极为关键，一字之差，失之千里。他在讨论华严宗哲学时直截了当地说明了自己的立场，只讲人文主义不讲人本主义。① 他认为人本主义的看法以西方"人是万物之尺度"为基本观点，势必产生种种弊端。在东西方对照比较之后，方东美指出作为"东方智慧"的人文主义则不然，他所说的人文主义"主张人在大宇长宙的万象运化中，能够不因其事功，便因其健行而至高上天相埒相抗，进而参赞化育、静观自得"②。并且"人文主义便形成哲学思想中唯一可以积健为雄的途径，至少对中国思想家来说，它至今仍是不折不扣的'哲学'……整个宇宙，在中国人文主义看来都是普遍生命流行的境界……中国的人文主义，乃是精巧而纯正的哲学系统，它明确宣称'人'乃是宇宙间各种活动的创造者及参与者，其生命气象顶天立地，足以浩然与宇宙同流，进而参赞化育，止于至善"③。不难发现，方东美人文主义的论说重在自然、人、人的文化成就展开论述，这时作为人文主义的途径即是机体主义的途径，"东方人采取机体主义的途径去探究事物，运用统观的直觉，就是说假定了彻底的分析，再超越其限制，庶几乎对于神、人与世界得到一个庞统统贯的理解"④。

方东美早期依照心性修养、天人合德的生命之统一、价值之统一的形上路径深究，即人文主义的途径，以此确证儒家同道家、墨家统会之结点在于生命价值积极的肯定。"所谓真人、圣人、完人的生活，就是摄取宇宙的生命，来充实我们自己的生命，更须推广我们自己的生命，去增进宇宙的生命。宇宙与人生交相和谐，取同样的步骤，向前创造，向前展开，以求止于至善。"⑤ 与此同时，方东美亦主张儒学的双重属性，即人文的宗教性与宗教的人文性。在此基础上，他形成了儒家机体主义宇宙观，"生命之自然秩序与道德之学，即同资始乾元天道之创造精神，且儒家复谓'人者，天地之心'，居宇宙之中心枢纽位置，故人在创造精神之潜能上，自能侔天配天。准此，儒家遂首建一套人本中心之宇宙观，复进而发

---

① 方东美：《华严宗哲学》，中华书局2012年版，第105页。
② 方东美：《生生之德》，中华书局2013年版，第280页。
③ 方东美：《中国人生哲学》，中华书局2012年版，第87页。
④ 方东美：《生生之德》，中华书局2013年版，第267页。
⑤ 方东美：《生生之德》，中华书局2013年版，第40页。

挥一套价值中心之人性论"①。

人性论在方先生的思想体系中占有极其重要的地位，对人性的理解伴随着他所有的哲学思考，无论是中西文化比较还是中国文化内部各流派之比较，皆注入了他对人的心性、人性之本质的关怀和理解。这些理解分散于他所有的著作之中，需要研究者统览全册方能全面地深入方先生的分析和论证之中。除此以外，从《生命理想与文化类型：比较生命哲学导论》纲目有关人性论的思考可以推断出，这是方先生最为集中精炼的探讨和总括。文章开篇拟定"哲学人性论"为纲要，第六章进一步深入"人性之探讨"，其中，涉及宗教与宗教性、人格之完整与二分，从东西文化对照人性之殊异，并且把中国心性论单独作为"人心一切禀赋纯善论"的编排。从缜密的纲目结构观之，此乃一部孕育着历久经年的巨制，惜乎哲人其萎，宏愿未果，后学姑且通过纲目一睹方先生博大深邃的哲学致思。

相比于儒道人性论的论证，方东美在论证佛性论时以缘起说为依据，五种宇宙发生论（缘起说）中侧重阐述法界（佛性）缘起，依缘起论，万物皆因缘和合而生，佛、法一如，无上理性了悟佛性与法性一如不二，乃可谓人人皆有佛性。此间依据"三法界""十玄门"层层递进，与儒道人性的论证相较逻辑更为绵密繁杂，例证华严宗之机体主义哲学。尽管，儒道佛在人性论的论说迥异，精神修持之道表现各有千秋，但是，方先生的论证宗旨始终没有离开在儒佛道之间寻求共性，即寻得不同宗派之间对人性之最为本质的看法与判断。这一本质就是人性崇高的精神人格，在儒家表现为宇宙普遍生命之源，从实然和应然着眼理解人性本善的两种情况，高明峻极止于至善；道家观待万物，归于"道"，个人理想成至人神人；在佛家则力证精神人格无上正觉，上参佛性，一切众生所同具。有鉴于此，方东美论说儒家生死观的路径，是通过宇宙论和人性论的双重映证展开，严格地说，他重点论及"生"的普遍性，关于"死"的思考却着墨不多，必须层层揭开普遍生命的局限性才得以知晓。但似乎"普遍生命"在方东美机体思想的视域中是无穷无尽的生机和创造力，尤其在其早期的思想中还并没有把所有机体生命最后不得不终结这一事实纳入思考之中。"当儒家提到'生命'时，他们总是追溯到'元'作为根本来源，然后分于命，以言性。""生命之所以伟大，即是因为它无论如何变化，无论

---

① 方东美：《中国哲学精神及其发展》，中华书局2012年版，第113页。

如何进展，总是不至于走到穷途末路。"① 这也就意味着，在一定程度上他直接否认了普遍生命的局限性。在他的思考中，儒家并非追求宗教意义上的"永生"，而是倡导生命精神的"不朽"。总之，三家之统会就在于生命价值之积极肯定，方氏这样的论说，是基于中国人关于"天""人"独特之理解，中国文化思维历来尊崇生命的价值，摒弃生命之价值，则宇宙蹈于虚空，藐视生命本身的善性则人类必将趋于诞妄。

在他的认知中，中国传统基因是善性的耻感文化，形成以道德为中心的伦理精神，西方则源自罪感文化，否认人性之本善，人格神的存在决定了西方以宗教为主的文化特色。换言之，方东美人文精神内在维度的机体主义趋向外在人文与内在人性的融通，首先，他在东西方比较的前提下，彰显中国文化中生命精神的推广，人文主义的途径透过生命创造而通达哲学。其次，通过美学意蕴、政治哲学来显扬生命精神之阐发与完成。显然，一种理论倘若面面俱到，不免会有走向"统而观之，流于表面"的危险，有鉴于此，我们有必要将纷繁复杂的机体思想进行凝练，也就是方东美所言："理的鉴托"。

基于中国哲学之特质，他把"理"统摄为六义：（1）生之理，生命包容万类即《易》生生之理；（2）爱之理，故易以道阴阳、合天地、定人道、类物情；（3）化育之理；（4）原始统会之理；（5）中和之理；（6）旁通之理。他强调大易之用，大道之行，全在旁通。② 总体上看，方东美的机体主义思想主要围绕着生命本体论全面展开，深入阐释了宇宙"普遍生命"这一概念在儒佛道三家思想语境中的互异与相契。从生命本体论出发，方东美认为，人的个体生命与宇宙普遍生命是一个创进不息、生生不已的统一体。但是，也有学者对此提出了质疑，认为方氏"机体主义哲学"的内在矛盾在他精心结撰的理想文化蓝图中得以集中展现和暴露。

其实，面对这样的疑问，一方面，我们要深入中国文化去理解，儒释道各家都是关于生命的学问，都注重人的主体性，都以不同的方式开启生命的自我觉悟，所展现出来的形式有儒家表现为通过道德实践贯通万物上通天道，达到天人合一的境界；道家更注重艺术境界的超升，但还是"下

---

① 方东美：《中国哲学精神及其发展》，中华书局2012年版，第57页。
② 方东美：《生生之德》，中华书局2013年版，第123页。

回向"于人；佛家则以悲智双运的宗教精神使人解脱。另一方面，则要深入方东美对自然（宇宙）的理解。他认为中国人取"自然"之意胜过"宇宙"，理由有三："其一，自然和性禀是一体的，《易经》'成性存存，道义之门'自然两字可以使天人合一；其二，中国人具有诗的气质，常把自然拟人化，《道德经》'天下有始，以为天下母。既得其母，以知其子；既知其子，复守其母，没身不殆'；其三，自然的境界上，把天地人合成一片，把万有组成一个和谐的乐曲。"① 这意味着，他把宇宙普遍生命当不可分割也不可简单化成机械物质的场合，并且自然是一个和谐的系统，中国人的高明之处也在于把个体懿美、至善投射到普遍生命之中，以求忠恕体物，深觉人与自身、人与物，达成和谐的统一。

在方东美看来，之所以儒佛道三家"殊途"而"同归"，其最主要的条件或者说前提在于肯定人与宇宙天然的"中和"性。"为了避免掉入形而上矛盾的无底坑，我将提供有关人与世界的另一张完全不同的图片，这一张图片中所画的是我所谓的广大悉备的和谐……要把这个理想化为事实，唯一的条件就是我们要确信人和自然（也即宇宙）都是生元所发，都是中和的，这样才能从根本上拔除矛盾及不幸。"② 他认为中和之理，是中国哲学"甚高、甚深、极广大之妙谛"，诗书礼易尚中和，修齐治平亦莫不尚中和。他把中和之理归为五义：（1）一往平等性；（2）大公无私性；（3）忠恕体物性（同情感召性）；（4）空灵取象性；（5）道通为一性。③ 这正囊括了他"超越而内在"的形上学之形态，"唯天下至诚，唯能尽其性。能尽其性，则能尽人之性；能尽人之性，则能尽物之性，则可以赞天地之化育；可以赞天地之化育，则可以与天地参矣"（《中庸》二十二章）。既肯定了人与自然的体合无违，又肯定了内在的价值诉求，不偏为中，相应为和。

可以说，方东美创造性地提出了以"机体主义"阐释中国哲学精神之显扬，以宇宙生命之整体为中心，阐明中国哲学"究天人之际，通古今之变"之通性。这是他对中国哲学传统独到的认知、理解，做出的富有创见的诠释，面对"二分"法思维方式的诘难掷地有声地做出中国文化理应兼

---

① 方东美：《生生之德》，中华书局2013年版，第231页。
② 1960年方东美应邀在欧波林学院之神学研究院所做的英文演讲《从比较哲学旷观中国文化里的人与自然》，详见方东美《生生之德》的第218页。
③ 方东美：《生生之德》，中华书局2013年版，第225页。

容并包的回应,即"情"与"境"的和合促使机体主义思想作为一种思维模式或者是认知范式成为方东美解释与宣扬中国文化的可能性前提。

机体主义认知范式得以成立,最根本要义在于深藏于中国文化传统内"中和"思想的钩隐抉微和发挥。"中和"意味着"精神人文"要构建的是一种兼容并包的人文主义,这种人文主义在机体主义(广大和谐)原则下,往而知返,对生命本体做出内在价值的探求。"中国哲学在这种广大和谐的原则下,以理想主义作为追求崇高价值的表现,自可与自然主义携手合作,共同肯定生命的意义——不论是宇宙或人类生命,然后,在这种意义下的自然主义,也能与人文主义密切融通,共同在文化创造中肯定人性的尊严。"①

诚然,从人文主义途径出发论证时,方东美已然完全用中国哲学乃至东方哲学的智慧强烈对照甚至对抗西方思想中关于"人的疏离"之种种。这意味着,机体主义于他而言,不仅仅是重新思考并深入阐释中国哲学特质的方法,也是中国哲学之特质在中西文化中的凸显,以及在其时代背景下中国哲学创新发展的重要路径。

第三节 机体主义与现代诠释学思潮

方东美致力于中华传统文化的复兴,作为将中国文化推向西方的探险者,搭建了"援西入中"到"以中释中"的桥梁,其思想的价值与独特性,应当被放置在现代中国哲学内有古今之变、外有中西激荡这一时代背景下予以观照,才能在恰当的语境下做出合理的评骘。

一 中国哲学与诠释思潮

20世纪中国哲学的发展面临着中西激荡,相融相斥的局面,面对时代的潮流、中西文化交流的需求与困境,中国近现代学人长期以来做出积极的探索。严复是第一位进行中西比较研究的先行者,以西学作为标尺反观中学之价值。梁启超承其后,将科学方法运用于中国文化宝藏的挖掘。王国维则认识到中国文化博大精深却也缺乏系统之规范与方法,显然,在西学的对照下,对自身文化之省思,急切建立"中国哲学"话语体系已成

---

① 方东美:《中国人生哲学》,中华书局2012年版,第94页。

为共识。1911 年蔡元培废黜经学，瓦解经学的同时建立了哲学。而后，作为开中国现代学术风气之先的典型代表，胡适 1914 年初就清醒地意识到中国现代学术有必要采取并且建立系统的现代方法论，他提出："今日吾国之急需，不在新奇之学说，高深之哲理，而在所以求学论事观物经国之术。以吾所见者言之，有三术焉，皆起死之神丹也：一曰归纳的眼光，二曰历史的眼光，三曰进化的观念。"① 众所周知，胡适乃出于"整理国故"的迫切需要而提倡以"批判的态度""科学的方法"检讨并重构中国文化，他的观点在"科玄论战"中到以充分表达。与此相对，张君劢、梁启超等玄学派代表则反对将科学普遍化，而是主张精神科学应该独立于自然科学之外。五四运动时期，在"打倒孔家店"的风潮中，以儒学为基础的哲学反思卷入历史的狂潮，新儒家三代人付诸行动力图为儒家文化争取应有的地位。一般认为，梁漱溟、熊十力开其端续，与马一浮、冯友兰、张君劢、贺麟为第一代，这一时期的主要工作在于中西对比并且凸显中国哲学的价值，尤其彰显儒家的地位。尽管他们对西方的认知、理解不够全面，但是，为方东美、唐君毅、牟宗三、徐复观为第二代的新儒家奠定了基础，促成他们开辟了一条深入西方的理解道路；成中英、刘述先、杜维明等为第三代的新儒家以及致力于中西学研究的学者在中西相互定位与挖掘中进行了拓展与推进。

冯友兰先生把上下五千年中国传统文化中主要的思想观念和思维模式称作实际的哲学史，而发端于近现代的哲学学科称之为书写的哲学史。② 可以说研究中国哲学史的方法论问题是实践中国哲学重构的首要问题，重构是为了更好地诠释哲学史，并为此提供方法及其依据。有的学者认为，在比较哲学的视域下，中国哲学是在西方概念或者思想模式下按图索骥，辨名析理。其实质是作为学科的归属，以中国文化为研究要素，进行西方哲学概念、理论结构的研究。在这样的时代背景与中国哲学发展的诉求下，冯友兰、熊十力、贺麟、牟宗三等先生致力于中国哲学义理的阐释。胡适、冯友兰两位先生所写的中国哲学史的功绩，其贡献在于使中国哲学史摆脱传统经学的羁勒而成为独立的学科。1932 年熊十力文言文版本

---

① 胡适：《新思潮的意义》，载欧阳哲生主编《胡适文集》，北京大学出版社 1998 年版，第 551—558 页。
② 冯友兰：《中国哲学史》，重庆出版社 2009 年版，第 12—14 页。

《新唯实论》的出版将探索深入到具体的问题之上，也就是体用问题的分析。牟宗三建立了以"道德的形上学"为中心的诠释体系，唐君毅提出了"至美"说："论儒教之尽主观之性，以立客观之天命，而通主客，以成此性命之用之流行之大序，而使此性德之流行为天德之流行，而通主客、天人、物我，以超主客之分者。"① 这些均指向了审美之理想境界，美与道德生命相融相契。

与牟宗三、唐君毅的形上致思倾向不同，徐复观主张一切思想均应向具体生命敞开，主张从"心性"来建立人生价值。把"仁"引渡到心性之上，同时也在人性论上融合儒道两家。但采取形上学的途径及其复归宋明理学接着讲中国哲学，这是上述新儒家的共识。方东美在复兴传统文化的道路上并不接着宋明理学往下讲，而是回到原始儒家、原始道家、大乘佛教那里寻找可资借鉴的思想资源，根据方先生的理论主旨可称之为机体主义的诠释。诸哲各创新意，各自对中国哲学做出理解、诠释，为中国哲学的诠释铺垫了深厚的基础。在西方学术的促进与冲击之下，中国哲学的兴起包含着两个层面的发展，一方面是中国哲学界致力于破除西方哲学话语权的钳制，企图改变以往"以西释中"的文化概念依附窘境；另一方面，在反思与变革中，传统中国文化的自我觉醒和呈现在世纪之交形成了有识之士认知、理解、评论中国文化的新模式。伴随着诸多理解、诠释中国文化新径的出现，诠释学必然成为现代中国哲学研究不可或缺的方法与内容。

20世纪末，中国诠释学研究在汉语学界兴起，伽达默尔在1960年《真理与方法》中提出的诠释学观念，1963年传入中国。② 他认为诠释学是一种语言的转化，作为文化中介沟通古今、化解隔阂，它既是理论又是实践。与此不同的是，在此之前很长一段时期西方还有源于亚里士多德《解释篇》中作为逻辑学的解释传统，直至初次使用诠释学一词的丹恩豪尔继续沿用。而西方作为一门专门学科的诠释学是经过施莱尔马赫、狄尔泰、海德格尔、伽达默尔等人逐渐演变形成的。"援西入中""以西释中"

---

① 唐君毅：《生命存在与心灵境界》，河北教育出版社1996年版，第40页。
② 伽达默尔在《真理与方法》中指出，"诠释学"（Hermenutik）一词源于古希腊神话诸神信使赫尔默斯（Hermes）之名，为其词根，其任务是传达众神信息到人间，诠释学的初始义即不同世界文明之间的传达与转化。详见伽达默尔《诠释学：真理与方法》，洪汉鼎译，商务印书馆2010年版，第114—116页。

的研究方法成为趋势与潮流，无疑，西学研究刺激并影响着中国哲学的研究，这个时代的潮流一方面裹挟着对中国传统文化尤其经典诠释的展开与总结，另一方面则显扬中国传统文化特质及其精神在现代的探索与重构。但是"效仿"西方仅仅是时代特色之一面，我们还需从根本上来理解这一文化现象及其特点。

首先，应该指出，诠释学作为现代性的研究方法，在中国尚未形成专门、独立的学科。即便在西方，起初也重在实践经验的技艺，中世纪神学诠释早已发达尚未形成独立学科门类，西方诠释学进入现代才逐渐形成一门精准的学科。当然，中国文化中有史以来便不乏经典的诠释，我们有着历史悠久的诠释传统与经验。而中国诠释学作为学科的称谓，它既表示中国文化经典注释、经学、训诂学等传统学科的现代性，又表示西方哲学诠释学的本土化与民族性。因此，诠释学既是传统经典与现代之间，又是中西文化之间的一座桥梁。

某种意义上，"中国诠释学"是从"中国是否有哲学"这一基本问题发展而来的，汤一介先生长期致力于中国哲学"解释问题"的思考，从最初徘徊于西学诠释到提出"中国解释学"的构想。经历了许多同时代人的思想抗争与文化自觉。他归纳了中国古代早期经典诠释的三种路向：一是以《左传》对春秋的注解为代表，称为"历史事件的解释"；二是以《系辞》对《周易》的发挥为代表，称为"整体性的诠释"；三是以《韩非子》对《老子》的论说为代表，称为"社会政治运作型的解释"。无疑，从"中国哲学"到"中国解释学"再到"中国诠释学"，浓缩了几代人思想的曲折跌宕与文化自觉的兴起。其根本目的是对中国哲学精神的显扬，对中国哲学价值的肯定以及确立中国哲学应有的地位。无论"中国哲学的合法性"问题有无定论，都不妨碍中国哲学在历史进程中被诠释与发挥。1997年，台湾大学黄俊杰提出，以儒家诠释为主结合中国经典诠释传统，建构"中国的诠释学"，这种诠释学"不是指作为现代学术领域的诠释学，而是指中国学术史及思想史上以经典注疏为中心所形成的诠释传统"[①]。傅伟勋"创造的诠释学"用"实谓""意谓""蕴谓""当谓""必谓"五个层次加以说明，指证"创造性的诠释学家"，通过对文本别出心裁的解读，领会经典蕴含的深意，通过重新对原典的诠释而建构自己

[①] 黄俊杰：《孟学思想史论》，台湾"中研院"中国文哲研究所1997年版，第58页。

的理论体系。傅伟勋的这种诠释学理论是综合了现代哲学的进展提出来的，也适用于他的老师方东美先生机体哲学的理论创建。现代中国诠释学无论是傅伟勋的"创造的诠释学"还是洪汉鼎重建中国诠释学①，都是现代哲学家对中国哲学、中西文化交流与省思的回应。洪汉鼎先生指出，冯友兰先生两卷本的《中国哲学史》凸显了究竟是哲学在中国还是中国的哲学这一两难问题，现在我们所面临的也是诠释学在中国还是中国的诠释学之两难问题。同时，他还提到西方诠释学最重要的一点启示就是，经典的普遍性并不在于它的永恒不变，而在于它不断翻新，永远是活生生的，永远与现代和我们的生活联系在一起。实际上，经典要发挥作用，就必须要有现代性，经典作为一种文本，无论是历史的还是文学的或者其他的等等，都只是一种材料，都是要不断地获释。可以毫不夸张地讲，诠释学是人文学科的生命力。②

综上所述，20世纪以儒家文化复兴为主的中国文化吸收和消化西方思想，借用西方哲学的范畴、方法、视角、概念研究中国哲学称为中国哲学研究重要的形式。较之于佛教初传到中土以老庄术语诠释佛经的"格义"方法，20世纪以来的西学中用被称之为"反向格义"或"逆格义"，中体西用进一步促进儒学资源全方位的挖掘和拓展，胡适、冯友兰、金岳霖、方东美、牟宗三、唐君毅、徐复观诸先生均自觉地运用"反向格义"。诚然，客观上儒学一度因为政治批判而花果飘零，但最终在多元文化的激荡和推动下重新多向度地展开与发展。解释与理解中国文化成为时代的主题，之后，无论是杜维明的"中国文化能否再出发"、李泽厚的"中国哲学如何登场"都是对这一主题在自身文化内部的反思与回应。这一时代的主题及其历史背景包含无数先哲累积沉淀的智慧结晶，方东美先生亦是其中的探险者之一，因此，这也构成本书理解方东美先生哲学体系的极好坐标与标尺。把方东美的机体主义置于上述语境之中做出思考，一方面是为了探讨方东美所言中国哲学精神及其发展、特质何所指，意义何所在；另一方面则是揭示方先生与同时代的思想者之同异，挖掘其理论中针对同时代人物和思想而发的意义与价值。这些问题的探讨，不仅仅关乎我们深入理解方东美的整个理论体系，更牵涉他的机体主义思想的核心，我们也以

---

① 洪汉鼎主编：《中国诠释学》第一辑，山东人民出版社2003年版，第253页。
② 洪汉鼎主编：《中国诠释学》第一辑，山东人民出版社2003年版，第249页。

此为契机检讨中国哲学发展过程中孰轻孰重、利弊得失。

二 方东美的"述"与"作"

黑格尔曾说，哲学史即哲学。哲学是集中了的哲学史，哲学史是拓展了的哲学。哲学史家的工作在于对历史上哲学思想的复述，通过考据文献、引经据典的整理、挖掘，以还原文本及其历史的原貌。哲学家则具有原创性的哲学思考和批判时代的问题，针砭时弊的同时将思考置于哲学史的语境之中。方东美对中国哲学原点的回归，从论述形式上表现为对中国传统文化的复归，而事实上则是在宏阔的中西哲学背景下对中国传统文化做出深远的反思与重构。他前半生致力于中西比较研究，深得西学之堂奥，经过理性的理解、认定之后复归于中国哲学的建构与发挥。

故而，一般认为，依据方先生的著作、思想演变和特征可以把方东美哲学发展分为四期说。具体而言，分别是，1937年至1938年的哲学方法奠基阶段；1938年至1960年的系统建立阶段，其论述以哲学三慧、科学哲学与人生、中国人生哲学为内涵，西方哲学为方法此为第二期；1960年至1972年是其中国哲学思想的阐述阶段，以儒家为体，这是第三阶段；1972至1975年以英文著述《中国哲学的精神及其发展》为主，此为第四阶段。这四个时间节点的分期又可以反映出方先生三个阶段的理论特点，第一阶段，深入西方哲学的全面理解，在此基础上对方法学的提炼，即结合怀特海的"机体哲学"与伯格森的"生命哲学"进行融合、提炼、转化，此为机体主义形成阶段；第二阶段，复归于中国传统文化，以机体主义的方法全面呈现与阐释中国哲学精神及其特质，此为机体主义的发展阶段；第三阶段，机体主义的方法与本体论蝉联一贯，视其为对治西方哲学弊病的一剂良药，为中国哲学的发展开辟新径。

这三个阶段的递进反映了方东美的思想方法与生命本体论的确立与融合，诚然，他是以中国传统文化为基础建立自己的理论构架。以中国哲学史为线索，以"时间"为主轴在东西方文化的对照比观下展开了"机体"哲学的分析，于中国文化他主张《尚书·洪范》与《周易》作为中国文化之源头，如屋脊之两面分别代表了中国传统文化的历史与发展。一个代表了守旧及永恒，后者代表创造与变化，两方面相辅相成，塑造了儒家"实际人"的人格特质。他把《周易》视作儒家思想的根本，"乾元是大生之德，代表一种创造的生命精神贯注宇宙一切；坤元是广生之德，代表地面上之生命冲动，孕育支持一切生命活动；合而言之就是一种'广大悉备的生命精神'，这就是儒家之本。"① 更明确地说，《尚书》给予儒家文化一个基点，而《周易》则从源溯流地把它展开在历史之流中。他着重厘清了《周易》的历史发展脉络，以儒家对《周易》的定位为准绳，认为周易从单纯的符号系统转变为具有道德和艺术价值以及哲学意义之存在的过程。"周易的系辞大传中，不仅仅形成一个本体论系统，而更形成以价值为中心的本体论系统。第一是以生命为中心的哲学体系，第二是以价值为中心的哲学体系。周易从宇宙论、本体论、价值论的形成，成了一套价值中心的哲学。"②

方东美这样的论说是基于文本的深入解读，对《易》之逻辑问题做出了深入而独到的分析，尤其把《周易》的根本思想视为人类生命浩然创造的冲动，对中国哲学的原貌做出基本判定，在他的著作中，常通过对周易进行文本的解读和义理的疏证的方式。从经典认同与凭借的角度说，他的"怪异"之处在于轻《论语》，他认为《论语》是格言式的智慧学说，毫无宇宙本体论之探究，另外，对宋儒"道统"论做出了极为严厉的批判，并且从"机体主义"的视域出发做出了论证，以"学统"取代之。基于这种认识，方东美自然反对冯友兰先生对中国哲学的量裁，也不同意胡适所代表的从老子开始讲中国哲学的说法，而是以儒家为源头。在他看来，儒家经典、文献"有史有册"代表历史的赓续与传承。但他又并非以儒为尊，而是综扩四大传统，原始儒家、原始道家、大乘佛教、宋儒新儒家三派作为主要典型论述中国传统文化。把孔孟荀之前的儒家称为原始儒家，以区别于以训诂考据为主的汉儒，儒道佛杂糅的宋儒，也就是说，方东美极其偏重于理论的纯粹性。这一点在道家的划分也极为明显，他把老子和庄子称为原始道家，黄老之学以及之后的道教在他的论说范围之外。对佛教的论述亦是，把小乘排除在佛教的阐述之外，侧重于大乘各宗的具体论证。依据中国哲学史为线索，把主要思想家之重要理论进行梳理和讨论，依照他所判别的原则进行筛选，有所偏重。并且致力于寻求它们之间的共通之处，他以机体主义解说中国哲学之主流与特色，视其为一切思想形态之核心。他把它发挥为种种旁通统贯之整体，正如宋学所呈现的儒道贯

---

① 方东美：《原始儒家道家哲学》，中华书局2012年版，第28页。
② 方东美：《原始儒家道家哲学》，中华书局2012年版，第146页。

通，佛道相融，可谓千圣一脉、久远传承。这一切旨在融贯万有，统摄于一有机整体，形成广大和谐的有机系统。从这个意义上而言，方先生可谓原创性的哲学家，同时亦是创造性的诠释者，"述"而有"作"。

方东美以诗哲独到的洞见阐述道家艺术之神韵，他认为，道家论及生命的歙合与拓展，是将哲学理性与艺术创意相辅相成，独创"超本体论"一词，揭示道家游心太虚，振翮冲霄，直登"寥天一"之高远。"超本体论"的诠释充满了诗哲空灵诗境和意趣，他把老子之道高悬于胜境与其形上学路径的中国哲学研究方法不无关联。准确地说，形上学的理路决定了方东美不仅停留在价值导向上，而是更深入探求价值背后的生成土壤，这种探求基于时代精神并触及传统的本体论。在佛学研究方面，他极为注重佛学典籍的考证，透过佛教历史的发展演变，把名相深奥，经典浩瀚的研究化作后设哲学的思考，深究典籍背后的义理、玄思；另则，通过西方逻辑方法阐发佛学在中国哲学中的特殊意义及其中国哲学之通性，从而形成严密的理论系统。不同于欧阳竟无先生"佛教非宗教非哲学"的观点，方先生主张"佛教亦宗教亦哲学"。也就是说，他本着机体主义的原则与思维方法量裁中国哲学，从中挖掘中国哲学的特质和通性。这些特质通过宏观的宗派理论和史料展现，也从微观的哲学家及其内部思想系统得以爬梳钩沉。

然而，他庞大的理论系统融汇中西印，统摄儒佛老，其语言风格俊逸洒脱，玄思汪洋澎湃，甚至一定程度上造成了他理论缺乏精致严密的系统。故而，若要给予他的思想妥当的定位似乎显得非常之棘手，因此才有了关于方氏是儒是道、非儒非佛等悬而未决的公案。同样的，他一方面说中国文化的决定因素是哲学与艺术，所以中国文化是高度哲学精神与高度艺术才情相结合的文化；另一方面又说中国文化是伦理文化，以道德精神为主。从学理层面的考量，似乎构成了逻辑的矛盾，但是如果从机体主义的视角切入，他的文化观实则是中国文化中"真""善""美"的圆融无碍而非思想困境。① 也就是说，在提出"上回向"的超脱精神之后，始终还会落于"下回向"的现实途径，其落脚点始终在人本身。"此儒家之所以向往天道生生不已，创进不息之乾元精神，以缔造一个广大和谐之道德宇宙秩序也。此道家之所以重玄，一心怀抱'无'之理想，以超脱'有'

---

① 冯沪祥：《方东美先生的哲学典型》，（台湾）学生书局2007年版，第260页。

界万物之相对者也。此中国佛家之所以悲智双运，勇猛精进，锲而不舍，内参佛性，修菩提道，证一乘果者也。"① 进而言之，他首先把中国文化上升至高度的艺术境界与哲学境界观之，再论及以道德精神为主的伦理文化。至于三家之关联，在方东美看来，儒家通过以子解经融汇道家超脱和谐的精神，佛教又因道家精神的接引在中土扎根。三者相融相荡促成中国传统文化的基本模式，决定中国哲学精神的特质。

方先生主张儒、佛、道系统虽异，却共同具备三大显著特征：第一，一本万殊论；第二，道论；第三，个人品德崇高论。对此，他从更细致的角度做出了思考，一方面，通过透视哲学系统后面所隐藏的精神人格使其呼之欲出，把崇高心灵的典型和文化之领域落实并指导生活。不管是孔子的"志于道，据于德，依于仁，游于艺"（《论语·述而》）表现圣者气象，还是道家"圣人处无为之事，行不言之教"（《道德经》第二章）处于超脱之境以观照现实，它们最后所指向的还是生命，任何思想体系都是生命精神的发泄，形上学的发展历程就是人的自我认识的过程。总体而言，方东美基于本体论、宇宙论、人性论、知行论等逻辑建构"机体"思想体系，从"描述性质"的发挥到"解释性质"的呈现。

方东美的整个哲学体系可以概括为机体主义哲学，这一点毫无疑问。而作为独创性的理论体系，他的思想放在近现代中国哲学语境中予以观照离不开所处的社会背景与文化环境，内有古今之变，外有中西激荡。所以，方东美"机体"思想一方面是为了避免西方"二分法"思想将人与世界对立所带来的弊端，在深入中西文化比较之后更加肯定了中国文化传统"一以贯之"的优势；另一方面则是面临西方文化的侵入以及现实中西方对中国文化的误解，使得他不得不挺身而出做出强有力地回应，使其深厚的中国文化底蕴结合西方方法学的提炼之后形成独特的理论体系。可以说，方东美的出发点是为了中华民族文化传统的赓续与弘扬，其进路则是择善固执，不偏于一家。正如方东美所说："哲学思想，自理论看，起于境的认识，自实践看，起于情的蕴发。"② 这同样适用于他自身的思想进路，在时空上深入事理之了解，事理上专注价值之估定。

---

① 冯沪祥：《方东美先生的哲学典型》，（台湾）学生书局2007年版，第314页。
② 方东美：《科学哲学与人生》，中华书局2013年版，第11页。

作为方法论的诠释是为了提供正确的、客观的理解与解释，通过机体主义的诠释方法以达到沟通中西的技术保障，同时也是融合儒释道寻求其共性的根本方法；本体论的诠释则揭橥中国传统文化主要流派的同质性，即中国哲学精神及其特质，将理解过程中体悟到的价值与意义视为人存在的意义。两者的互为补充，从各自的出发点促成机体主义的解释与理解，是为"述"中有"作"。倘若把机体主义置于诠释学的范畴理解，其意义在于激发经典与传统的生机，挖掘传统文化中多元思想精粹，使之适用于当下，而非停留于过去以作古，方先生机体主义的创造性亦在此。他一方面从诠释方法的向度赋予传统文化以新的生机，一方面则赓续源远流长的道德理性，究天人之际，通古今之变。正如潘德荣教授所言："若我们将诠释学的任务定位为立德弘道之学，使所有的诠释活动都以'德行'为核心而展开，那么，诠释的方法论也不会沦为纯粹的技术性工具，伽达默尔的诠释学本体论也因具有了一个价值向度而得以避免陷入相对主义的泥潭。我以为这就是当代诠释学所应取的发展方向。"[①] 从这个立场反观机体主义，方先生在诠释方法上可谓充当了"走出西方"到"以中释中"的桥梁。

三 机体主义的评骘与方东美的历史定位

方东美的"机体主义"尚且不能说直接来自怀特海的《过程与实在》中的机体哲学，但两者确实存在相契之处，从方氏"交融互摄"的原理可以瞥见怀特海"融摄"的影子；但是他们之间有非常大的差异，最大的差异在于哲学起点的不同，怀特海以现代科学成果来证成形上学，他的机体主义有体有用，并且建立在理智之上的论证。方氏则反对科学唯物论，力图重返中国传统文化寻找精神理论依据，兼采伯格森直觉主义，用审美与艺术之境构建理论体系，以至于有学者评论说道："方氏机体哲学显得缺乏现代知识气息，也不同于朱子的有机主义将理智、审美和道德并重的面向。"[②] 我们注意到，这样的评论是把方先生置于两种东西方的"机体"哲学中去鉴定，而忽视了方东美思想的特殊性以及他显露在中国哲学研究中的直觉思维的运用。毋庸讳言，方东美采取形上学的途径研究中国哲

---

① 潘德荣：《论当代诠释学的任务》，《华东师范大学学报》2015 年第 5 期。
② 王锟：《怀特海与中国哲学的第一次握手》，北京大学出版社 2014 年版，第 116 页。

学，所依托的是直觉的思维特色，它是对认识对象的整体性、综合性的直观把握。正如郭齐勇教授所言，中国有自己的语言学与语言哲学的传统，以"象"为中介，经验直观与理性直接把握、领会对象之全体或底蕴的思维方式，有赖于以身"体"之，即身心交感地"体悟"。这种"知""感""悟"是体验之知，感同身受与形神融在一起。我们要超越西方一般知识论或认识论的框架、结构、范畴的束缚，发掘反归约主义，并扬弃线性推理的"中国理性""中国认识论"的特色。① 方东美先生机体主义正是超越了西方认识论的框架，复归于中国文化的思维模式。其中最为关键的是他对"旁通之理"的运用，"整个宇宙大易之用，大化常道之行，只有在'旁通'的原理下才能领悟。这旁通原理又统摄了下列各特征——（1）生生条理性；（2）普遍相对性；（3）通变不穷性。（4）一贯相禅性"②。也就是说，方先生通过一系列原理的梳解来辅证"机体"思想的阐发，理论的发展含藏着方法的意识，方法的意识又是理论推进的基础。

在东西方比较意义上来说，机体主义在解释中国哲学特质时呈现为方法，在深入儒释道通性的挖掘与理解时，机体主义呈现为本体。换言之，机体主义的解释与理解两意又构成了方东美对中国哲学的诠释，即基于本体的解释与对本体的理解。由此，机体主义具备了三重维度的内涵：第一，作为诠释方法的机体主义，以中国传统文化为背景，对怀特海机体哲学做出方法学上的提炼和转化，由此逆向于中国哲学的挖掘与阐释；第二，作为本体论的机体主义，超越而内在的"普遍生命"通过"双回向"的上下贯通，使得人与宇宙世界的无碍圆融找到形上的依据，在儒道佛中分别体现为"生生""大道""真如"；第三，作为中国哲学通性的"机体主义"，表现在儒道佛同俱"旁通统贯论""道论""人格超升论"一以贯之的中国哲学精神。此三种意涵构成方东美独到的认知范式，他以"道通为一"的整体思维方法以及体察万物的中庸之道对中国哲学做出全面的梳理与评骘。在此基础上，结合中西印、儒佛道哲学史的背景察其相异，求其贯通，并展现中国哲学以生命为中心的形上智慧。机体主义融贯万有，终究还是寻求天人合一，从而融贯一切的最高本体，通天人、了生死、知善恶、合知行，继而合内外、统本末、摄体用。正如刘述先对方先生的评

---

① 郭齐勇：《中国哲学智慧的探索》，中华书局2008年版，第150—155页。
② 方东美：《中国人生哲学》，中华书局2012年版，第129页。

价："学问博极古今，情趣流注到中外各家各派的哲学，再加上丰富的文学才情，致使他'真与美'彻底熔合成为一种冲和超远的异质和谐的境界。"①

方先生擅长从历史的脉络、思想的进路平章儒佛道，涵化中西印，力图通过中西方的比较彰显中国哲学的特质甚至优越性。在某种程度上，他的理论体系缺乏严密的理论结构，"机体"思想大而化之的概括不免带来一系列的问题，这些问题集中于如何界定其论说边界、如何理解他自身内部的理论矛盾。比如，方先生在讨论人性论时提道："中国的人性论纯以哲学思想为根据，即未挟有任何宗教痕迹，也未沾有任何遁世思想。"②但是，他在原始儒家论说中又提到上古宗教是一套"机体主义"的精神宇宙观，"神、人、自然，三者合一，形成不可分割的有机整体……此种宗教思想，宜名'万有通神论'一方面与主张神乃超绝万有之'自然神论'迥异；他方面，又与'位格有神论'有别"③。显然，表面上看似相互矛盾，实则含藏着方先生从对"宗教"的理解，划定自身内部的问题意识与理论边界。他所认同的中国文化中的宗教并非西方格位神的概念，"真正之宗教，恒启人悲悯之情，哀此浊世之堕落下流，而油然向往，腾冲超拔，趋入更崇高之人生胜境，以上契神明"④。这样，方东美的理论中，中国哲学宗教性在儒家表现为"升于中天"的神圣性，在佛教则是"一真法界"的神秘性，它们同具超越而内在的形上特质。但是，当我们试图进一步设法寻求理论的边界问题时，又不得不发现方先生早期与晚期自相矛盾的地方，方先生早期思想把佛教排除在纯正的中国文化之外。"我所谓纯正的中国人，系指受过老、孔、墨一类先哲思想支配的人，至于自汉、魏一直到隋、唐，历代中国佛学大师，他们的思想纵极高深广博，但是他们的思想种子依然是外来的……就哲学立场着想，真正的中国人是此生此世的人。"⑤ 这与中晚期将佛教纳入中国文化并与儒道相提并论的观点形成尖锐的对比。

---

① 刘述先：《方东美哲学思想概述》，《中国论坛》卷四十，第七期，见朱传誉编《方东美传记资料》，（台北）天一出版社1985年版。
② 方东美：《中国人生哲学》，中华书局2012年版，第133页。
③ 方东美：《中国哲学精神及其发展》，中华书局2012年版，第62页。
④ 方东美：《中国哲学精神及其发展》，中华书局2012年版，第63页。
⑤ 方东美：《中国人生哲学》，中华书局2012年版，第27页。

再进一步思考，从方先生早期对墨家与佛教的态度可以看出其思想的重大转变，中晚期他从儒佛道三家阐述中国哲学之通性，从中也可以窥见，机体主义形成并确定于方先生思想的中晚期。同时，可以看出，其理论边界在于儒佛道三派的历史脉络与理论进路。不可否认，作为"机体形上学"的论证与机体主义积极、消极两方面的定义与初衷形成矛盾。也就是说，方东美一方面力证机体主义可以从多重角度诠释理解；另一方面又主观的将墨家以及其他一度作为显学的宗派排除在外。这些理论冲突的消长影响着方先生理论结构的完整及其统合，无疑形成隐匿于机体主义理论体系的建构之中的巨大的威胁。我们只有通过对他思想的转变有明确的认识，才能消减这种担忧，也才能通透的理解机体主义之内涵与外延，以及他的思想、学理在曲折反复中推进的过程。

而事实上，其理论的疏漏亦是不可否认的。对此，许多学者也提出了自己的观点，比如，项退结在《方东美先生的生命观及未尽之义》一文指出方先生未尽之意有以下内容：1. 尽管方氏的"生生之德"融合了怀特海"创生力"伯格森"创生的进化"，但他并没有取消中国传统哲学中"生生"之意。原因在于，"生生之谓易"在传统中国哲学中是指生生不息。唐孔颖达所谓"生生之谓易"是说"阴阳变转，后生次于前生，是万物恒生，谓之易也"①。他依据《易传》中"生"字义的分析并无直接关系生命而是生发的意思，同时还指出，方东美英文著述与中译之间存在翻译的误差，因此，"生发的变易"与伯格森、怀特海的"创生"类似，但它保持易传中原有的含义。在作者看来，创造性和原生意义二者皆不可偏废。在此基础上，作者认为《易传》中泛神论在战国时代已受道家影响，而方东美将泛神论视为原始儒家的特征之一，甚至视为中国古代宗教的特征之一是有待商榷的。2. "善"的价值问题。方东美的一贯主张是："大自然贯穿着生命，大自然负荷着价值。"如《中庸》所言："唯天下至诚为能尽成性。能尽其性，则能尽人之行；能尽人之性，则能尽物之性，能尽物之性则可以赞天地之化育，则可以与天地参矣。"这样，自然秩序与道德法则相互贯通，与宋儒"仁者以天地万物为一体"有异曲同工之妙。但是，与此同时，也陷入了同样的困境，即天地自然之理如何能成为道德价值的源泉。中国哲学思想常常把历史发展中各种不相容的思想相互

---

① （清）阮元校刻：《十三经注疏》（清嘉庆刊本）第一册，中华书局2009年版，第162页。

融合而不自知，这正是把万物的生发、知识、道德、艺术等高度精神活动一概称为生命的原因之一。①

另外，方东美把老子、庄子学说称为原始道家，汉代黄老之学及其之后便没有出现在他的论说范围。任继愈先生认为先秦无道家之说，只有老子、庄子学派，并且老庄之间并无传承关系，第一次关于"道家"之提法出现在司马谈《论六家要旨》中②。因此，我们不得不考虑方先生划分道家学说的依据及其合理性。"我对于先秦哲学门派，一向不敢赞同司马谈、刘歆、班固的分类方法，所以'六家'及'十家'之说暂不引用，只就纯粹的中国古代哲学，选择三派，统称之曰孔、老、墨三宗，这些都是探究宇宙人生真际而穷极根底的哲学。他们的气魄伟大，体系完备，而又极富创造性。"③ 可见，学术的原创性与创造性是方先生抉择的首要条件，而他晚期之所以置墨家而不论，在于"墨子之学，传于别墨及其他名家，战国以降，即已绝嗣"④。也就是说，他注重思想创造性的同时也强调学说必须在历史时空上得以赓续延绵。"究天人之际，通古今之变"既是方先生对中国哲学思想特点的判断，亦是他在裁量中国哲学史的重要依据。因此，他的思想早晚期的重大转变，以及对墨家的态度等似乎都可以得到合理的解释。

故而，我们不能狭隘地陷于方先生机体主义定义与宗旨——"融贯一切、囊括万有"与他宗派学说限定之间的纠缠，而是要回到方东美整体思想的全面理解，上述困顿才能迎刃而解。确切地说，从机体主义的角度切入方东美思想的研究是最为妥当的途径，一则出于他的思想学说本身的特点；另则，出于对其时代背景的考察。方先生之所以提出机体主义思想理论并非企图"一条鞭"囊尽所有中国文化要素，而是竭尽全力开拓新径深入中国哲学的理解与诠释，不遗余力地把中国哲学之赓续与传承作为毕生使命。

中国"当代新儒学"的产生及其存在理由可以从它所批判的对象"五四"中得到相应的理解。1958年1月，唐君毅、牟宗三、张君劢、徐

---

① 详见国际方东美哲学研讨会执行委员会主编《方东美先生的哲学》，（台北）幼师文化事业公司1989年版，第67页。
② 任继愈：《任继愈论儒佛道》，国家图书馆出版社2016年版，第146页。
③ 方东美：《中国人生哲学》，中华书局2012年版，第15页。
④ 方东美：《中国人生哲学》，中华书局2012年版，第15页。

复观联名发表的《中国文化与世界》一文，是对当代新儒学"返本开新"的理境所做的最为精要宣告。从诸位新儒家的立场和理论观点比较来看，方先生有其一致性，但又与其他人存在着极大的差异性。徐复观先生是当代新儒家中唯一拒绝对儒门义理作形上玄观的人，他鄙弃"形而上者谓之道"的"天道"，而人生价值的答案归之于"形而中者谓之心"。方先生则与其他新儒家一样认同形上学的路径，并展开了深入的探讨。

当然，我们从方先生对胡适、冯友兰中国哲学史问题的批判中，对熊十力先生新唯实论的责难中，可以看出方先生更多特殊之处，即其理论的独特风格，正是他深切关注现代中国哲学精神发展蕲向的产物。因此，在"现代新儒家"内部他亦臧否人物，对梁漱溟、熊十力、牟宗三、徐复观等多位新儒家的学术立场提出了自己的看法。方东美对梁漱溟的评价较为中肯，肯定梁漱溟学术气概与高尚品质，与他对中国形上学以及《周易》的理解趋于相似，"中国形上学这一套大约都具于《周易》……其大意以为宇宙间实没有那绝对的、单的、极端的、一偏的、不调和的事物；如果有这些东西，也一定是隐而不现的。凡是现出来的东西都是相对的、双、中庸、平衡、调和。一切的存在都是如此"①。在中西方文化的观点上，两者存在相似而又有冲突之处。方东美认可梁漱溟先生对西方文化的反思以及对中国文化的复兴，"所谓东西文化问题不是讨论什么东西文化的异同优劣，是问在这西方化的世界已经临绝到东方化究竟废绝不废绝呢？但是所谓的不废绝，不是像现在的东方化在西方化的太阳没有晒到的幽暗所在去偷生可以算作不废绝，须要从临绝处开生机从新发展方可。所以这东方化废绝不废绝的问题的真际就是问东方化能复兴不能复兴……东西文化问题推到最后就要问东方哲学能复兴不能？"② 同时他认为梁先生对西方文化的涉及和理解不够全面，认为梁先生"以杜威罗素来笼罩西方之全部文化精神"③，并不能通达西方哲学之精髓，因此也不能达到很好的中西方哲学的对照与交流。在梁漱溟看来，东方文化属于古化，"一切今人所有都是古人之遗，一切后人所作都是古人所余"。西方文化则是今化，"如此说来，东西文化实在就是古今文化，不能看作一东一西平列的"④。方

---

① 梁漱溟：《东西文化及其哲学》，中华书局2013年版，第126页。
② 梁漱溟：《东西文化及其哲学》，中华书局2013年版，第249页。
③ 方东美：《生生之德》，中华书局2013年版，第176页。
④ 梁漱溟：《东西文化及其哲学》，中华书局2013年版，第249页。

东美则视东西方为平列的文化进行对照，以取中国文化之优长。

我们知道方先生在研究中国思想史时侧重先秦忽视两汉，这与徐复观先生形成鲜明的对比，徐复观《两汉思想史》中所强调的正是方先生所轻视的。与此同时，徐复观先生亦反对以西方哲学的方法研究中国哲学，这是两者极为明显的差异，但是这些差异仅仅是研究方法与角度的差别，并无实质性的分歧。方先生在"道统"问题与牟宗三先生的相左，对怀特海机体哲学态度的相异则构成了极大的分歧，牟宗三"三统并建"以"道统"为儒家根本精神，坚决捍卫"道统"合理地位，并把传统文化之复兴归根于宋明儒学的接续与发展。方东美则对宋儒道统论提出批判性的阐释①，认为儒家之根本精神在于原始儒家，传统文化之复兴不仅仅以儒家为主，更要协同道家、佛教的奇驱并进、相融相摄。同时，他既是时代的先锋又远离政治，既是民族文化的拥护者，又对胡适虚无的民族文化主义予以激烈的批评，对丁文江、胡适为代表的"科学"派给予批判，并且痛斥全盘西化的主张。对于"科学"的态度他与贺麟有一致的观点："唯有哲学活着玄学才能见到真理，见到实在，而科学只是假象，只是片段地抓到僵死的幻影。"② 毋庸置疑，方东美始终致力于深入时代的思考与时代问题的批判，并且把这种思考置于哲学史的语境之中。"方东美对中国哲学与文化的不落俗见的诠释，很可以看作是一种另辟蹊径的哲学史研究，然而，倘使把它断言为一个有机的'自证慧'借哲学史的辩证演论其若干几微也许更妥切些。"③

借着对于上述问题的梳理，方先生是否属于"新儒家"这个归属问题显得并不重要，正如方先生自己也不曾把自己归于哪一家哪一派。从其机体主义思想的层层推进，我们更愿意称之为坚定的中国传统文化传承者，富有批判精神、独具理论创见的哲学史家。他依据中国哲学史为线索，把主要思想家之重要理论进行梳理和讨论，依照他所判别的原则进行筛选，有所偏重，并且致力于寻求它们之间的共通之处。在内有古今之变，外有中西激荡的时代背景下，他以机体主义解说中国哲学之主流与特色，视其

---

① 对宋儒"道统"论的批判是方先生理论体系中较为关键的部分，对此，笔者以小论文的形式集中讨论，兹不赘述。详见《理论月刊》2018 年第 11 期中《方东美对宋儒"道统"论的批判性阐释》一文。

② 贺麟：《现代西方哲学讲演集》，世纪出版集团上海人民出版社 2012 年版，第 32 页。

③ 黄克剑主编：《方东美全集》，群言出版社 1993 年版，第 23 页。

为一切思想形态之核心,不仅仅重新对中国哲学的思想特质深入思考,而且以其独到的见解进行了阐释,为中国哲学的研究开发了新的研究路径。他把幽深的哲思、诗意的艺术神韵流瀉于刚健典雅的中英文字,集结于中英文著作 Chinese Philosophy: Its Spirit and It Development(《中国哲学精神及其发展》)、A Philosophical Glimpase of Man and Nature in Chinese Culture(《从比较哲学旷观中国文化里的人和自然》)、The Alienation of Man in Religion(《从宗教、哲学、与哲学人性论看"人的疏离"》)等中,这些论文都是在东西方比较研究的视域下与西方学术界的积极交流,致力于将中国文化传向东西方世界,以"诗哲"的气魄与学养回应印度哲学家拉达克里希南善意的挑战。他通过对西方哲学家的评说、西方哲学史的梳理论评,比照中西之差异,彰显中国哲学之特质,作为"走出西方"到"以中释中"的桥梁,让中国哲学走向世界哲学的舞台。从这个意义上,方先生可谓文化民族主义者,他毕生的使命即是将中国文化推向西方,且不遗余力地在中西文明对话中获得中国哲学的话语权。以切实的行动实现中华文化的创造性转化与更续,在中华民族文化从自觉走向自信的历史进程中做出了举足轻重的贡献。

在现当代,中国哲学的研究需要自省的方式有多种,其中重要的方式便是儒道佛之间的相互对话,通过对话可以完成各家内部的我自反省与重构。方东美的机体主义不但在中国哲学内部提供了极好的诠释理论与方法,对儒佛道三家别具一格的阐释亦可谓"三教关系"研究之典范。他为中国哲学与西方哲学进行对话与比较研究同样提供了有效的参照坐标,关于中国哲学在未来世界的发展图景与当代价值亦做出了明确的指示。当然,这些问题需要通过众人共同努力才能形成文化之自省—自觉—自信的中国哲学话语系统。正如方先生所言,"哲学基本问题之阐发,非一人所能为力,亦非一时所能凑功。须萃众人之心力为之,历时久者其效远。"①

---

① 方东美:《生生之德》,中华书局 2013 年版,第 23 页。

结　　语

　　方东美机体主义思想无论是对怀特海的借鉴，还是对伯格森的采纳，其最本质的根源在于二者的相关思想与中国哲学有着理论的亲缘性，在中国文化深处可以找到可资参照与会通的思想渊源。从他对柏拉图、海德格尔、尼采等某些与中国传统哲学有相契合之处的思想之肯定中，无处不透露出方东美对中国文化由衷敬慕之情。方东美对宇宙人生的深切思考直接通向人之现实生命的本体论建构与审视，"机体形上学"的致思路向为精深的中国道德文化找到本体论的依据，而兼具哲学统观与宗教精神的人文主义路径，为儒释道三家之共同旨趣提供了理解与解释的可能性。在方东美看来，中国形上学之志业在于通透种种事实，而蕴发为对生命之了解与领悟，儒家致力于道德宇宙的塑造，道家力求艺术天地的超升，佛家至臻于宗教境界的了悟。它们贯注于一以贯之的宇宙主体与人类主体的无界以及人性至善的预设，用方东美的话来说："兹据种种儒家文献原始资料而观之，其形上学体系含有两大基本主要特色：第一，肯定乾元天道之创造力；第二，强调人性之内在秉彝，即价值。"[①] 这一观念决定了中国思想的终点与重点不是落在天道本身，而是落在天道与人性的贯通上。这是他对儒家形上学的概括，佛道的论述与之相差不远，皆肯定宇宙万物的创造力与人性元善的本旨。他庞大的机体形上学在此基础上得以建立，至于此间之种种复杂而歧义的关联，三家之趋同殊异，前五章分别从宇宙论、人性论、人生观、知行观做出了细致的梳理和论证。

　　人本主义路径的选择也意味着他在构建思想体系时做出了相应的理论

[①]　方东美：《中国哲学精神及其发展》，中华书局2012年版，第89页。

预设：其一，宜采取形而上的途径，从究极本体入手探索哲学第一问题；其二，哲学理应以机体主义的思维旷观世界；其三，哲学思想作为意境之写真基于境的认识，情的蕴发，要强调"感受生命的机趣""时空上做出事理之了解、价值之估定"；① 也就是说，方东美始终把存在、生命、价值视为统一的系统。生命本体论的建构是他整个哲学系统的根基，机体主义则是贯穿其中的核心、脉络，两者合力建构成机体的统一。机体主义的解释与理解首先要以方法论的角度切入，在此基础上延伸出哲学史及其哲学概念的理解。可以说，作为方法学的机体主义是方先生在对于怀特海"机体哲学"的提炼与转化下，扎根于中国文化传统，另辟蹊径，为审视传统中国文化及其中国哲学研究开辟了崭新的道路。

"援西入中"的中国哲学诠释方法不仅仅是同时代哲人共同的时代选择，也是中国哲学之展开过程中不可回避的命运。诚然，无论以何种形式在历史进程中展开，其根本始终在中国文化之自身，它所要诠释的、所要面临的仍旧是给出迂远历史之回应，面向未来之革新。方先生的贡献在于置身于"援西入中"的时代背景之下，独具批判力，创造性地提出机体主义思想以照映历史，回应现实。作为中国哲学现当代发展历程中"走出西方"到"以中释中"的桥梁，他对儒释道的阐释为三教关系的反思与重构提供了参照，为中西文化之间的对话亦开拓了新径。

本书试图以机体主义的视角综览方东美先生思想之全景，但并不先入为主地将其划入哪家哪派，而是以中国哲学为背景观照方先生的诠释与方法。因此也看到方先生机体思想融会贯通、旁通统贯儒释道的同时，无意取消了中国哲学的丰富性。他的机体主义从纵向历史、横向理论进行裁量与建构，但是无论对西方哲学史的论述还是中国哲史的判定，不免倚轻倚重、顾此失彼。这些都是我们今后的研究中务必要加以反思的，不仅作为方东美思想研究的反思，亦是中国哲学研究的借鉴。同样，方先生孜孜以求亦津津乐道的"超越而内在"的中国形上学也是现代新儒家所推崇的，遭到了当代学者的诘难与质疑。方先生一面在中西对话中披荆斩棘，在中国文化复兴中拓展新径；另一面又给我们提出难题，这些理论困顿有待于解决，并将盘绕于中国哲学自我反思与重构之中。

---

① 方东美：《科学哲学与人生》，中华书局2013年版，第11页。

参考文献

一 经典古籍

郭庆潘:《庄子注解》,王孝鱼注解,中华书局2012年版。
(清)嘉庆刊本 阮元:《十三经注疏》,中华书局2009年版。
(魏)王弼:《老子注》,诸子集成本,世界书局1935年版。
(宋)朱熹:《四书章句集注》,中华书局1983年版。

二 中文著作

方东美:《方东美文集》,武汉大学出版社2013年版。
方东美:《方东美先生演讲集》,中华书局2013年版。
方东美:《华严宗哲学》(上下册),中华书局2012年版。
方东美:《坚白精舍诗集》,中华书局2013年版。
方东美:《科学哲学与人生》,中华书局2013年版。
方东美:《生生之德》,中华书局2013年版。
方东美:《中国哲学精神及其发展》(上下册),孙智燊译,中华书局2012年版。
方东美:《新儒家哲学十八讲》,中华书局2012年版。
方东美:《原始儒家道家哲学》,中华书局2012年版。
方东美:《中国大乘佛学》(上下册),中华书局2012年版。
方东美:《中国人生哲学》,中华书局2012年版。
国际方东美哲学研讨委员会编:《方东美先生的哲学》,(台北)幼师文化事业公司1989年版。

牟宗三：《心体与性体》，上海古籍出版社1999年版。
钱穆：《中国文化史导论》，商务印书馆1994年版。
唐君毅：《中国文化之精神价值》，广西师范大学出版社2005年版。
熊十力：《原儒》，岳麓书社2013年版。
徐复观：《中国人性论史先秦篇》，九州出版社2014年版。

三　研究专著

陈鼓应：《道家人文主义精神》，中华书局2015年版。
成中英：《从中西会通到本体诠释》，中国人民大学出版社2013年版。
冯沪祥：《方东美先生的哲学典型》，（台湾）学生书局2007年版。
黄克剑：《百年新儒林——当代新儒家八大论略》，中国青年出版社1992年版。
蒋国保、余秉颐：《方东美哲学思想研究》，北京大学出版社2012年版。
赖永海：《中国佛性论》，江苏人民出版社2010年版。
李安泽：《生命理境与形而上学——方东美哲学的阐释与批评》，中国社会科学出版社2007年版。
李承贵：《生生的传统》，中国社会科学出版社2018年版。
李焕明：《方东美先生哲学嘉言》，（台北）文史哲出版社1992年版。
李维武：《长江流域与近代中国哲学》湖北教育出版社2005年版。
刘梦溪：《中国现代学术经典·方东美卷》，河北教育出版社1996年版。
沈清松、李杜等：《中国历代思想家［二十五］冯友兰·方东美》，九州出版社2011年版。
宛小平：《方东美与中西哲学》，安徽大学出版社2007年版。
王锟：《怀特海与中国哲学的第一次握手》，北京大学出版社2014年版。
王月清、李钟梅：《东方诗哲方东美论著辑要》，南京大学出版社2009年版。
杨士毅编：《方东美先生纪念集》，（台北）正中书局1982年版。

四　中文译著

［法］伯格森，肖聿泽译：《创造进化论》，译林出版社2001年版。
［法］伯格森：《形而上导言》，商务印书馆1963年版。
［英］怀特海：《过程与实在——宇宙论研究》，李步楼等译，商务印书馆

2011年版。

五 学位论文

1. 博士论文

李春娟:《方东美生命美学研究》,博士学位论文,浙江大学,2007年。

李志军:《疏离与圆融——方东美化验宗教哲学研究》,博士学位论文,武汉大学,2011年。

刘欣:《情理圆融的生生之美——方东美生命美学及其现代意义研究》,博士学位论文,陕西师范大学,2012年。

刘玉梅:《方东美智慧美学思想研究》,博士学位论文,苏州大学,2015年。

施保国:《方东美论道家思想》,博士学位论文,安徽大学,2010年。

孙红:《方东美论华严哲学》,博士学位论文,安徽大学,2015年。

王彬:《启蒙与人的问题——尼采和方东美的比较研究》,博士学位论文,山东大学,2015年。

许金哲:《方东美哲学研究》,博士学位论文,河北大学,2018年。

2. 硕士论文

黄秉正:《原始儒家道家哲学与方东美的生命本体论》,硕士学位论文,河北大学,2014年。

刘敏敏:《方东美的生命哲学研究》,硕士学位论文,河北大学,2011年。

陶莲君:《广大和谐的生命精神——方东美中国哲学思想研究》,硕士学位论文,浙江大学,2009年。

薛晓霞:《方东美生命本体论思想探究》,硕士学位论文,山西大学,2010年。

周巍巍:《原始儒家的神圣性和永恒价值—方东美对"皇极大中"的阐释》,硕士学位论文,海南大学,2014年。

六 期刊论文

[韩]安载皓:《方东美之老庄观浅析》,《哲学与文化》第四十卷第六期。

陈正凡:《广大和谐的中华文化:方东美先生论王学的机体主义》,《华梵人文学报》(未注明刊号)。

成中英:《反思儒学的真诚性与创发性:兼论当代儒学的"三偏""三正"

与其精神信仰》,《哲学分析》2016 年第 7 卷第 4 期。
郭齐勇:《熊十力关于人类存在终极意义的思考》,《人文天下》2015 年第 58 期。
洪汉鼎:《横跨中外 通达古今——诠释学与中国传统哲学现代转型的反思》,《文史哲》2016 年第 2 期。
洪汉鼎:《诠释学与中国》,《文史哲》2015 年第 2 期。
胡军:《方东美哲学思想的道家精神》,《中国哲学史》2000 年第 1 期。
蒋国保:《方东美研究中国哲学的方法》,《哲学研究》1998 年增刊。
蒋国保:《"机体主义"与"二分对立"的精神悖反——方东美东西哲学比较抉奥》,《学术探索》2003 年第 2 期。
李承贵:《方东美生态思想及其意蕴——以对中国传统哲学的理解为例》,《江西社会科学》2011 年第 5 期。
李承贵:《解释中国传统哲学的原则与方法——方东美的探索与回应》,《福建论坛》2009 年第 11 期。
林晓希:《近三十年来"天人合一"问题研究综述》,《燕山大学学报》2014 年第 4 期。
沈素珍、钱耕森:《方东美论王阳明哲学——机体主义哲学》,《阳明学刊》第 5 辑。
孙业成:《论中国哲学的永恒境界——以方东美机体主义哲学为例》,《广东社会科学》2013 年第 3 期。
汤一介:《儒家的"天人合一"观与当今的"生态问题"》,2005 年国际儒学高峰论坛专辑。
颜玉科:《方东美思想简述》,《孔子研究》2005 年第 5 期。
叶海烟:《方东美新儒家哲学》,《鹅湖月刊》第二卷第九期 309 号。
余秉颐:《以生命的精神价值为中心——方东美论中国哲学的"通性与特点"》,《中国哲学史》2003 年第 5 期。
赵敬邦:《略论方东美先生对华严的诠释——回应屈大成先生》,《鹅湖学志》第五十期。

七 外文文献

"An Exposition of Zhou Yi Studies in Modern Neo-Confucianism", *Frontiers of Philosophy in China*, Vol. 1, No. 2 (Jun., 2006).

"In Search of Modernity and Beyond-Development of Philosophy in the Republic of China in the Last Hundred Years", *China Review International*, Vol. 19, No. 2 (2012).

"Tang Chun-I on Transcendence: Foundations of a New-Confucian Religious Humanism", *Monumenta Serica*, Vol. 46 (1998).

"The 'Exotic' Nietzsche—East and West", *Journal of Nietzsche Studies*, No. 28 (AUTUMN 2004).

索 引

B

伯格森 3，5，9，14，20，21，23，25，26，28，31，35，36，40，124，179，181，182，207，211，214，219

D

道家 1，2，4～6，9，10，13，14，18，27，30，37，39，41～49，52～56，60，62，64，66～71，74～78，87，92，93，96～109，115，118，124，129～135，143，144，147，152，154～164，166，176，177，182，183，186，190，192，195，198～200，204，208～210，214，215，217，219

道生万物 46，66，131，143

方东美 1～21，25～31，33～56，58～62，64～66，68～143，145～204，206～220

F

佛教 2，9，17～19，30，37，39，41，43，47，48，51，68，76～82，85，87，91，107～112，115，127，128，135～140，142，151，164～168，170，171，174～176，186，187，195，204，206，208～210，213，214，217

G

《过程与实在——宇宙论研究》 3，20～22，24，25，27，31，48

H

海德格尔 3，31，104，124，182，204，219

贺麟 6，12，13，21，24～27，29，36，179，203，217

黑格尔 1，28，41，180，182，207

《华严经》 79～81，85，86，112，115～117，139，140，142，167，169，171，172，175，176，

187，188

华严宗　5，6，10～12，14，15，26，43，44，79～86，107～109，111～117，138～142，166，167，169～171，174～176，187～189，198，199

怀特海　3，5，8，9，14，17，20～28，31，33，35，36，40，41，43，48，49，124，126，179，180，182，183，193，207，211，212，214，217，219，220

J

机体形上学　2，42，174，187，189～192，194，214，219

机体哲学　3～5，14，18～20，22～28，37，41，48，49，81，94，122，143，145，153，173，177，180，183，187，193，206，207，211，212，217，220

机体主义　3～6，8，10，14～20，22，23～26，28～31，33，35，37～45，48～50，56，58，61，62，64，66，71，74，77，80～82，84，86，87，92，96，97，105，107，110，112，113，117，119，121，124，127～129，132，134，135，137，140，142，143，145，149～154，165，174，177～202，204，206～215，217～220

L

《老子》　9，46，51，67～71，75，76，98～100，103，104，133，144，154，155，158，163，205

梁漱溟　5，6，10，21，26，35，36，39，190，203，216

M

牟宗三　5，8，10，12，16，19，27，28，39，66，105，146，203，204，206，215～217

Q

诠释理论　178，193，196，218

R

人本主义　2，31，37，189，197，198，219

人文主义　17，31，44，59，147，182，185，193，197，198，200，202，219

人性论　2，4，17，31，42，44，49，60，61，84，87～97，99，102，103，105～107，111，112，117，119，121～123，130，135，137，146，152，164，177，178，181，182，191，192，199，204，210，213，218，219

S

《尚书》 5，13，48，50，52～56，58，64，88，119，121，180，185，208

《生生之德》 4，18，31，34，35，41～43，46，54，60，71，75，76，95，105，106，111，122，123，126，128，130，131，134，149，151，153，181～183，190，191，198，200，201，216，218

生死观 17，49，119～124，126～131，134，135，137，139，142，143，146，164，177，178，199

T

天人观 50，57，66，67，71，77，78

天人合一 2，11，14，42，43，45，56，57，60～64，67，90，97，106，126，127，143，145，150，162，191，197，200，201，212

X

西方哲学 1，3，5，9，11，12，15，17，18，20，21，24～31，33，34，36～40，49，149，171，179～183，197，203～207，216～218，220

熊十力 5，6，10，27，39，111，138，203，216

Y

亚里士多德 22，75，141，182，204

一真法界 10，44，45，47，80～82，84，85，112～115，141，142，167，174，176，188，195，197，213

原始儒家 2，4，13，39，41，44，47，48，51～55，60，63，64，69～71，87～89，91，92，94，97，101～105，108，115，121，124，127，129，130～132，134，135，157，166，176，185，186，190，192，195，204，208，213，214，217

Z

知行观 4，49，143，146，149～152，154，165，167，169，170，174，178，192，219

知行合一 143，147，149，150，152，153

《中国大乘佛学》 79，108～111，133，136～139，166～174，187

中国哲学 2～15，17～20，25～30，36～53，55～64，66，68，69，71，73，74，76～78，80，88～91，93～96，102，105～107，111，114，117，118，120，121，123～126，132，134，135，142，143，145，148，150～153，155～159，163，164，166，167，

177，178，180~187，189~195，
197，199~220
《中国哲学精神及其发展》 30，39，
40，42，43，45，47，52，58~62，
68，71，73，74，77，80，88~91，
93，102，107，111，114，117，
118，120，121，126，132，134，
145，151，152，155~157，159，
163，164，166，177，184~187，
189，191~193，197，199，200，
213，219
《中庸》 9，46，65，88，92，93，
120，144，150，201，214
《周易》 5，7，9，13，15，43，
47，48，50~57，59，61，88，
92，121，124，146，180，190，
192，195，205，207，208，216
《庄子》 9，72~74，101，131，
156，157，166

后 记

寒暑迭迁，忽然而已。两年前在南京冬雪纷飞、辞旧迎新的时节，我完成了博士论文初稿的写作。两年后，在秋高气爽的昆明完成了博士论文的进一步修改、完善，并着手出版事宜，借着修改书稿的机缘，又一次沉浸于传统文化的厚重与方东美先生超然物外的精神世界中。南京大学的求学岁月亦历历在目，在山水波澜、钟灵毓秀的"仙林"，领略百年南大励学敦行的治学精神，感受生机盎然的学术生命力以及导师李承贵教授的悉心栽培。承蒙导师教泽，让我学有所思，思而知不足。

学贵得师，哲学系诸先生博学多识、严谨求真的师者气象给我留下深刻的印象。他们饱学深思、躬临垂教，使得南哲成为我领受中国传统文化涵养的沃土。期间有幸结识中国政法大学孙国柱老师，不时给予我文献资料的分享，论文写作的提点，并且把拙文推介给远在大洋彼岸的孙智燊先生点评，孙先生是方东美先生的高足和方著的主要译者，能够得到他的指点，亦是后学之幸也。得益于众师友鼎力相助，我受益匪浅，始终牢记"学以成人"的教诲，为学不能幸至，为人切当笃实，须臾以自勉。

本书是在博士论文的基础上写就，对部分章节作了稍微改动，对一些问题的探讨进行了完善。感谢中国社会科学出版社给予我博士文库立项出版的机会，让我进一步走向对中国哲学及其诠释的思考，得益于编辑刘亚楠女士耐心的帮助与提点让我有充裕的时间进行书稿的补充。如果说，赓续人文思想传统的方东美先生用典雅刚健的文字、汪洋磅礴的玄思引领我走向哲学智慧的探险。那么，拙著的出版是对笔者探险的检验，书中有不当之处，还请方家赐教！

如今翻到方先生著作扉页的照片时都能有所触动，哲人如斯，目光如炬，敦促我理解生命与思想的意义。谨借《诗的哲学史》中的咏赞："我们敬仰这条长河中的伟大浴者，是他们抬手溅起颗颗浪花，映出一片精妙的哲学天空。"向方先生致以崇敬的缅怀与谢意！

本书由云南大学民族学与社会学学院资助出版，感谢云南大学民族学与社会学学院博士后导师何明教授、伍奇副院长在出版资助过程中给予帮助与支持。

2021 年秋
于昆明